Sur l'auteure

Après des études de philologie moderne à l'université de Naples, Monica Acito a fréquenté la Scuola Holden. Elle vit aujourd'hui à Turin où elle enseigne la littérature. *Uvaspina* est son premier roman. Publié en 2023 en Italie, il a conquis vingt mille lecteurs et a été salué par la critique.

MONICA ACITO

UVASPINA

Traduit de l'italien
par Laura Brignon

ÉDITIONS DU SOUS-SOL

Titre original :
Uvaspina

ISBN 978-2-264-08675-4
Dépôt légal : janvier 2026

À Gennaro, Rosanna,
Donatella et Melissa, ma famille

1

Tous les mercredis soir, Uvaspina et Minuccia attendaient la mort de leur mère.

Chaque fois qu'elle se sentait mal, le frère et la sœur se prenaient par la main.

— Ce coup-ci, elle va mourir, sûr, disaient-ils.

Graziella la Dépareillée gisait sur son lit en laiton, la bouche ouverte comme une grosse baudroie rejetée sur le rivage : elle respirait si doucement que parfois Uvaspina et Minuccia devaient passer leurs doigts sous son nez pour s'assurer qu'elle était encore vivante.

Puis la Dépareillée recommençait à haleter et murmurait :

— Si votre maman meurt, vous lui apporterez une fleur au cimetière, hein ?

Quand elle posait cette question, elle avait le même regard terrible et satisfait que lorsque, à Noël, elle raflait le plus gros *struffolo* du plat et l'engloutissait en suçant ses doigts vernis de rouge.

— Non, maman, t'iras pas au cimetière, tu dois rester avec nous ! piaillaient Uvaspina et Minuccia devant la Dépareillée qui faisait le signe de croix et leur demandait d'appeler le père Domenico pour l'extrême-onction.

Ses cheveux couleur rouille – une erreur de Barbara la coiffeuse – ressemblaient déjà à ceux d'un cadavre et, sous le lustre à pampilles de cristal, ses racines étaient du même gris que les pierres tombales du cimetière des cholériques.

La Dépareillée avait la raie au milieu : elle coupait son crâne en deux, de la même façon que l'artère de Spaccanapoli séparait le nord et le sud de la vieille ville. Au nord de la tête de la Dépareillée se trouvaient les malepensées, les cigarettes de contrebande et les épisodes des *Feux de l'amour* ; au sud, tous les enterrements où on l'avait payée pour chialer et gruger, et qui lui avaient laissé un talent naturel pour le mélodrame et l'art de faire des allers-retours entre la vie et la mort en fonction de comment la couleur de la tomate variait dans la marmite.

Quand la Dépareillée respirait aussi doucement, Uvaspina et Minuccia se serraient la main plus fort ; puis Uvaspina, qui était un peu plus âgé, prenait la tête de Minuccia contre son ventre, il lui bouchait les oreilles et la tenait immobile, parce qu'il ne voulait pas que sa sœur voie les yeux de leur mère devenir blancs et visqueux comme les têtes de calamar au marché de la Pignasecca. Le tout, c'était d'éviter que Minuccia commence à flipper, sinon il fallait la gérer elle aussi.

Mais Minuccia ne se laissait pas immobiliser, elle se libérait de la prise d'Uvaspina et revenait à côté de la Dépareillée. Elle appuyait son oreille contre son cœur, si fort qu'elle écrasait son sein : elle semblait vouloir enfiler sa bouche dans le corsage de sa mère pour siphonner tout le lait que, petite, elle allait recracher dans les toilettes de la plage de Marinella. Minuccia reprenait la main de son frère.

— Uvaspì, ce coup-ci elle va mourir, sûr.

— Minù, à mon avis dans cinq secondes elle est debout pour aller pisser !

— Son cœur bat tout doucement ! C'est pas comme les autres fois, ce soir elle va mourir pour de bon.

D'habitude, à ce stade, la Dépareillée levait les yeux vers le lustre à pampilles de cristal – celui dont elle rêvait à l'époque où elle était une morveuse mangeant du pain rassis et des oignons sur les marches du vico Limoncello –, et elle avait l'impression que les pampilles venaient se planter dans son front bistre. Ces pampilles étaient pour elle autant de crachats à la gueule, qui lui rappelaient qu'elle restait une fille du vico Limoncello, même maintenant qu'elle habitait à Chiaia et avait une bonne pour ranger ses culottes en dentelle et lui demander si elle préférait manger du calamar farci ou de la morue le vendredi saint. La Dépareillée aurait beau bouffer tous les calamars du monde, son haleine puerait toujours l'oignon. Et sur son cul empaqueté dans ses culottes en dentelle, elle sentirait toujours les cailloux pointus des marches de la via dei Tribunali.

La Dépareillée regardait le lustre, puis demandait à ses enfants de mettre Radio Maria, qu'elle puisse mourir dans la grâce de Dieu et avoir au moins droit à un Notre-Père, mais ils n'arrivaient pas à trouver la fréquence sur la radio du salon et, en général, ils tombaient sur la chronique du match du Napoli ou la publicité des poêles Casolaro : « Casolaro, ce n'est pas la même chanson ! » Alors, elle portait une main à son front en fixant le tableau de sainte Lucie, qui semblait lui rire à la face comme une putain du corso Umberto accostée par des vieillards au pénis microscopique, format pouce. Elle n'en revenait pas : comment ça, ses enfants ne connaissaient pas la fréquence de Radio

Maria ? Même Nénnè la Miro, la voisine du dessous qui, une fois, avait blanchi des boutons à la place des petits pois, aurait été fichue de la trouver.

— Uvaspì ! Minù ! Allons bon ! Radio Maria, ça capte même sous terre !

Ils tournaient le bouton, passaient de fréquence en fréquence, mais ils laissaient tomber quand la Dépareillée se mettait à brailler d'une voix presque masculine :

— Aah ! Je meurs ! Aah !

Uvaspina et Minuccia revenaient dare-dare au chevet de la Dépareillée et lui caressaient le ventre afin de vérifier qu'il continuait à se soulever et à s'abaisser.

Tout était dépareillé, chez Graziella : la couleur de ses cheveux ; ses dents de devant : l'une allait vers l'avant, l'autre vers l'arrière ; son rouge à lèvres rougepute, qui jurait avec son teint d'Arabe du vico Limoncello ; le rythme de sa respiration, mesuré par les mains de ses enfants. Sous la lumière du lustre, son double menton, amoureusement engraissé au cours d'années gavées de *struffoli* et de journées au lit, avait une apparence à la fois maternelle et effroyable.

— Montrez-vous bien à votre maman, mes poucets, que bientôt elle pourra plus vous voir !

Alors, elle se redressait sur ses coudes, fronçait ses lèvres peinturlurées et regardait ses enfants comme si elle venait de prononcer une phrase capitale, et eux la caressaient frénétiquement comme un chaton errant : dans le sens du poil et à rebrousse-poil, dessus et dessous, dessous et dessus, mais la Dépareillée ne mourait pas.

En général, ce bazar se poursuivait pendant un quart d'heure encore, durant lequel la Dépareillée s'évanouissait puis se réanimait, mourait puis ressuscitait, comme Jésus-Christ le troisième jour selon les Écritures, et pour finir, elle se levait, parce qu'elle en avait sa claque d'attendre la mort ; autant aller s'en griller une sur le balcon d'où l'on voyait Mergellina et la lune rousse : les cigarettes de contrebande l'avaient toujours aidée à supporter l'attente.

2

Uvaspina et Minuccia avaient la même façon de se mordiller l'intérieur des joues et la peau autour des ongles, et faisaient pipi tous deux les yeux fermés pour se concentrer. Au fil des ans, Uvaspina avait pris l'habitude d'uriner assis pour éviter que les gouttes atterrissent à côté de la cuvette.

Pourtant, ils n'étaient pas jumeaux, une grossesse classique c'était déjà assez compliqué comme ça pour la Dépareillée, si elle avait dû accoucher de deux petitous à la fois, ah ça, elle aurait beuglé ! De Naples jusqu'aux montagnes de l'Alta Irpinia, même les chèvres de la Valle Ufita l'auraient entendue ! Et beugler, la Dépareillée savait faire : une pleureuse hors pair, ça avait même été son métier pendant des années.

Ses premiers parfums Chanelnumérocinq et bâtons de rouge Christiandior, elle se les était achetés en chialant et en braillant. Elle s'était cogné tous les enterrements de Naples et elle avait la glotte si experte qu'elle aurait pu faucher son rôle à Katia Ricciarelli ou à n'importe quelle soprano de *Madame Butterfly* au théâtre San Carlo ; tartinée de maquillage, elle se plaçait en tête du cortège funèbre et donnait le *la*.

La Dépareillée avait pleuré de tout. Des nonagénaires morts dans leur sommeil, et elle était bien la seule parce que depuis longtemps ils n'étaient plus bons qu'à se pisser dessus comme des clébards ; des petitous morts écrasés dans la rue, et eux, ils avaient droit à un bonus : elle s'arrachait les cheveux par poignées et se frappait la poitrine, si bien qu'à chaque tressautement de son soutien-gorge débordant, les hommes dans le cortège oubliaient le petit Alfredo de service, victime d'un chauffard ou d'une balle perdue ; des femmes mortes en couches, et là elle pensait : *Hors de question d'arrêter de fumer pendant neuf mois si c'est pour se retrouver dans le manteau en bois.*

Elle s'était cogné les enterrements les plus misérables dans les ruelles où les gens n'avaient plus que leurs yeux pour pleurer comme les cortèges funèbres aussi longs que des serpents exotiques qui défilaient élégamment entre la promenade Caracciolo et la via Partenope.

C'était justement à l'enterrement du notaire Lello Riccio qu'elle avait donné le meilleur d'elle-même : le panorama offert par son décolleté était plus vaste que le belvédère de la Floridiana et son rouge à lèvres était si parfait qu'on l'aurait cru appliqué par Le Tintoret en personne, avec ses contours nets qui faisaient de sa bouche deux cerisettes à croquer.

Pasquale Riccio l'avait immédiatement remarquée, la Dépareillée, vu qu'elle pleurait son père plus que lui-même : *Ce qu'elle chiale bien, celle-là ! Ce qu'elle braille bien ! Si je l'embarque dans la Mercedes de papa, elle va me chanter un aria d'opéra.* Et le soir même, son père encore chaud dans sa tombe, le filet de bave au coin de sa bouche encore humide, il l'avait emmenée admirer la vue depuis la chartreuse San Martino.

Pasquale Riccio n'avait pas eu à trop se fatiguer pour s'adjuger la Dépareillée : il lui avait suffi de lui payer un prosecco à la sortie du cimetière en jouant les rejetons éplorés par la mort de papa et, dix minutes plus tard, il la faisait monter dans sa voiture sous le prétexte de la ramener chez elle.

Il s'était cru drôlement finaud, ce soir-là, sans imaginer un instant que la Dépareillée avait déjà tout planifié ; elle avait placé ses pions, comme la reine de cœur, elle avait enfilé le masque de la *bella 'mbriana*[1] : ce n'était pas lui qui la baisait, mais elle qui avait décidé de se le taper. Et rayon baise, la Dépareillée s'y connaissait mieux que personne.

Elle avait scrupuleusement étudié la manœuvre pour faire croire à Pasquale Riccio que c'était lui qui l'avait choisie, conquise et attrapée comme un lapin de la forêt de Fontegreca. La Dépareillée avait déployé tout son art : dans sa manière de se mettre à califourchon sur lui, de se faire retourner et enfiler, la tête qui cognait contre la vitre, la hanche sur la boîte de vitesses et les loches écrasées sur le cuir rugueux du siège. Dans sa manière, une fois la chose faite, de prendre Pasquale Riccio par le menton et de l'embrasser, lui montrant sa douceur et sa gentillesse, mais aussi qu'il valait mieux l'avoir comme amie que comme ennemie.

Il était devenu accro à cette pleureuse, dépendant du camaïeu de rouge sur ses lèvres – teinte franche des cerises griottes, des baies de genièvre et des

1. Dans la croyance populaire napolitaine, la *bella 'mbriana* est l'esprit bienfaiteur de la maison. (*Toutes les notes sont de la traductrice.*)

cornes porte-bonheur sur les étals de la via San Gregorio Armeno avant qu'elle prenne sa queue dans sa bouche, puis orange blafard virant au rose bonbon à mesure qu'elle le suçait et le léchait et, pour finir, couleur de la peau d'une nouvelle-née ou de l'aube au-dessus de l'îlot de Megaride, où se dresse le Castel dell'Ovo.

Pasquale Riccio voyait la Dépareillée dans tous les crépuscules carmin et dans tous les nuages qui se formaient au-dessus de Nisida, Pouzzoles et Bacoli : malgré son surnom, la Dépareillée savait assembler toutes les couleurs du ciel.

Il l'avait épousée à l'église de la Pietatella a Carbonara, au grand dam des femmes de sa famille, qui, arborant des faces de chouettes acariâtres, murmuraient, furieuses : « Fichue Vierge Marine », car il était inconcevable pour elles de blasphémer. Jamais elles n'auraient pris la liberté de pousser un beau juron bien senti sur la Vierge Marie, San Gennaro et sainte Lucie. Ainsi, à l'acmé de la rébellion, elles imitaient le roi François II s'indignant contre la Marine, qui n'avait pas su arrêter Garibaldi. Leurs jurons puaient la naphtaline néobourbonienne, tout chez elles était vieilleries et papier peint : elles avaient du moisi jusque dans les mailles de leurs colliers en or. C'était la raison pour laquelle elles regardaient la Dépareillée de travers : les femmes de son acabit, elles, ne craignaient pas de jurer la Vierge, même revêtues de leur robe blanche comme de jeunes pucelles tout juste débarquées de leur cambrousse. Les femmes de la famille Riccio avaient perdu le sommeil, avec cette histoire du rejeton du notaire marié à une pleureuse, rencontrée à l'enterrement de son père, en plus ! Lello

Riccio aurait tapé des pieds dans sa tombe, s'il avait été au courant.

Mais Pasquale Riccio avait quand même épousé la Dépareillée et personne n'avait intérêt de toucher à un seul de ses cheveux. Il était si jaloux qu'il lui avait interdit de continuer à pleurer aux enterrements, hors de question que d'autres aillent fourrer leurs yeux dans son corsage ; non, la Dépareillée ne travaillerait plus, elle passerait son temps sur son balcon à Chiaia, où l'odeur du jasmin se mêlait à celles des gaz d'échappement et des calamars frits. Et puis, avec l'argent de l'héritage, ils étaient largement à l'abri et avaient de quoi vivre à l'aise.

Bien que le fils Riccio soit con comme un manche, les clients fidèles du père ne se décidaient pas à déserter son étude, cela leur paraissait incorrect.

— Ah, le père, c'était autre chose… Le fils est ce qu'il est, mais comment c'est le dicton, déjà ? On respecte le chien pour son maître, disaient-ils.

Le vieux avait au moins servi à quelque chose, et par chance il n'avait pas eu d'autres enfants, car ils auraient forcément été plus intelligents que Pasquale Riccio, qui était complètement à côté de la plaque. Depuis son mariage, son unique activité consistait à embarquer la Dépareillée dans sa voiture à n'importe quelle heure du jour et de la nuit pour l'emmener sur la côte amalfitaine déguster des *delizie al limone*, ou aux temples de Paestum manger une glace au lait de bufflonne. Sur le chemin du retour, il s'arrêtait dans les replis les plus secrets et les plus accidentés des contreforts des Apennins de Campanie, où le squelette de la péninsule de Sorrente s'effritait tout doucement. Il aimait conduire la Dépareillée dans les vignes et les bosquets où ne passait âme qui vive : c'était dans ces coins-là que les fantasmes les plus bizarres lui traversaient l'esprit.

« Descends de voiture, appuie-toi à cet arbre le cul tourné vers moi », « Assieds-toi sur ce rocher les jambes écartées », « Mets-toi à poil et couche-toi sur ces feuilles ».

Un jour, Pasquale Riccio avait pris la Dépareillée par la main et l'avait guidée entre les arbres, dans un recoin à l'ombre épaisse où flottait un parfum intense, un parfum de vie grouillant dans le noir. Il l'avait embrassée contre un tronc, puis ils avaient glissé ensemble sur la mousse et, en revenant à la voiture, elle s'était aperçue qu'elle était éclaboussée de taches verdâtres évoquant des larmes. Elle avait rebroussé chemin et avait vu un arbuste qu'ils avaient heurté dans leur étreinte. Elle s'était penchée au-dessus des petites baies pour en cueillir une, mais une épine s'était enfoncée dans sa peau, et, irritée, elle était retournée à la voiture en suçant son doigt. Uvaspina était venu au monde huit mois après, avec une tache en forme de grain de raisin aussi pâle que la lune sous son œil gauche.

La Dépareillée avait continué de fumer pendant sa grossesse et tout le monde s'était étonné que la tache de l'enfant n'ait pas la forme d'une clope.

— Ce petitou, c'est Luigino le buraliste qui doit le baptiser, pas le curé ! riait la Dépareillée, heureuse que son fils soit beau et en bonne santé, sans aucun défaut, à part cette tache, qui était à coup sûr une trace du baiser que sainte Lucie avait déposé sous son œil pour lui assurer une destinée favorable.

Un an et demi plus tard, Minuccia avait été conçue, après l'enterrement de la mère de Pasquale Riccio. Ce coup-ci, la Dépareillée n'y avait pas participé comme pleureuse, mais en tant que membre de la famille, et tout le monde l'avait saluée en l'appelant madame et en ôtant son chapeau. Après avoir enterré la vieille, Pasquale Riccio et elle avaient été pris de la même excitation que lorsqu'ils s'étaient connus des années auparavant, et la Dépareillée en avait été contente car, les derniers temps, son mari se montrait moins avide d'elle.

Bon, après la naissance de son premier, la Dépareillée avait grossi, elle évoquait à présent les robustes juments du mont Faito, mais elle voulait encore se sentir femme. Elle voulait que Pasquale Riccio continue de vivre pour elle et ses lèvres-cerisettes qui savaient donner et ôter la paix, pareilles à l'Agneau de Dieu qui ôte les péchés du monde. Et quand il lui avait arraché sa robe de deuil après l'enterrement, la Dépareillée s'était mise dessous et s'était fait baiser en croisant les jambes derrière son dos pour le maintenir sur elle : à chaque coup de reins, la Dépareillée s'encollait un peu mieux. Lorsqu'il avait été sur le point de jouir, elle avait serré plus étroitement les jambes et pressé son ventre contre celui de Pasquale afin que leurs nombrils s'épousent : le coup de reins décisif, c'était la Dépareillée qui, impulsant une dernière secousse tellurique à son bassin, l'avait donné à son mari pris au piège de cette forêt de bras, de jambes et de transpiration, comme un insecte préhistorique dans une goutte d'ambre.

Ainsi Minuccia avait-elle été conçue, et la Dépareillée s'était particulièrement attachée à cette créature née d'un enterrement : la Faucheuse se fout des convenances, et Minuccia avait hérité de sa mère certaines zones d'ombre et certains clairs-obscurs qu'elles seules comprenaient.

Au cours des ans, la Dépareillée avait dû réemployer son art de la chiale et de la gruge, de la même manière qu'elle réemployait le pain rassis pour faire des boulettes de viande. À force de pleurer tous les morts pendant des années, elle avait appris à mourir elle aussi si nécessaire et à ressusciter quand ça l'arrangeait.

Sauf que sur Pasquale Riccio, son art ne fonctionnait plus : elle était persuadée que c'était elle qui l'avait grugé en l'épousant et en lui faisant des enfants, et pourtant c'était l'inverse.

Quand il allait prendre son petit déjeuner chez Scaturchio avec les amis de feu son père, ou s'attardait au cercle nautique de Posillipo, la Dépareillée perdait la tête et se foutait bien que son mari soit le président du cercle. Toute l'énergie accumulée au cours de ses journées passées à regarder la riviera depuis son balcon se transformait en une fièvre qui la propulsait vers Pasquale Riccio au moment où il enfilait son manteau pour sortir. La Dépareillée l'arrêtait sur le pas de la porte, déboutonnait sa chemise, l'embrassait dans le cou, et lui la repoussait sans brusquerie.

La Dépareillée en crevait, de ce rejet manifesté avec une gentillesse toujours égale : elle aurait mieux accepté une réaction bestiale, des coups de pied et des bousculades, parce qu'elle aurait su se défendre, mais comment se défendre d'un homme qui partait en tirant la porte derrière lui avec délicatesse ?

Ce mot n'avait pas d'entrée dans le dictionnaire de la Dépareillée : la délicatesse et elle, c'était comme le diable et Padre Pio. Elle était demeurée la gamine de la ruelle qui se jetait au-devant des chiens enragés, mais restait terrorisée par un papillon diaphane voletant autour de son nez.

Elle n'avait plus le choix : elle devait jouer la carte de la mort et de la résurrection.

Tous les mercredis à vingt et une heures, Pasquale Riccio allait manger du homard bleu chez la Figlia d' 'o Marenaro avec les membres du cercle nautique : dès dix-huit heures, la Passion de la Dépareillée commençait. Un chemin de croix du salon à la chambre : première station aux toilettes, où elle faisait semblant de vomir, et à cette fin elle repensait à quand, petite, elle devait manger les abats de poulet de Mimì le charcutier parce qu'ils n'étaient pas chers ; deuxième station à la cuisine, pour se préparer de l'eau sucrée en marmonnant « Sainte Vierge quel tournis » ; troisième station dans la chambre des enfants, pour qu'ils lui épongent le visage et se mettent en procession ; terminus sur son mont Golgotha en laiton couvert d'oreillers et de draps brodés.

Pasquale Riccio ne voyait pas la couronne d'épines de la Dépareillée, seulement les vilaines racines de ses cheveux aux allures de fils de cuivre, ses nénés aussi tombants que ceux d'une brebis qui a mis bas : tout était de plus en plus dépareillé en elle, chacun de ses grains de beauté et chacune de ses rides étaient des veines du bois de la croix qu'elle portait sur son dos. Avant de sortir, il jetait un œil à la chambre à coucher, la saluait, toujours avec délicatesse, puis disait à Uvaspina et Minuccia :

— Hé, faut que je file. Vous inquiétez pas, l'a rien, votre maman.

La porte se refermait derrière Pasquale Riccio, et la Dépareillée était grugée. À quoi toutes ces années de pleureuse, de voisinage avec les morts, lui avaient-elles servi ? À quoi apprendre d'eux à mourir et à ressusciter lui avait-il servi ? Elle aurait mieux fait de passer ces années-là en taule, à Poggioreale. Là au moins, elle aurait vraiment appris l'art de gruger son prochain.

3

Ce mercredi soir de fin juin non plus, la Dépareillée n'était pas morte.

On était à quelques jours de la Saint-Jean, des odeurs de friture et d'encens entraient par la fenêtre. Uvaspina et Minuccia poussèrent un soupir de soulagement et allèrent se préparer une *zuppa di latte*, comme tous les mercredis où ils attendaient la mort de leur mère. Ils auraient été incapables de se souvenir de l'un d'eux en particulier : ils étaient tous parfaitement identiques.

Uvaspina caressa la robe bleu ciel de sa sœur.

— T'as vu, Minù ? Maman est pas morte ce coup-ci non plus !

Minuccia leva ses yeux jaunes vers lui : les lèvres dans sa tasse de lait, elle ressemblait à ces chatons qui lapent les gamelles devant les portes, à ces bêtes qui peuvent aussi bien faire ronron que planter leurs dents dans une jugulaire.

Uvaspina et Minuccia se prirent par le petit doigt et se regardèrent : quand ils se fixaient, leur gémellité était telle qu'il était impossible de savoir où finissait l'un et où commençait l'autre. Une fois, plus jeunes, ils s'étaient entraînés à s'embrasser sur la bouche par jeu, Uvaspina avait eu sa première érection, mais cela ne lui avait fait ni chaud ni froid : il avait eu l'impression d'embrasser un miroir saliveux, luisant et glissant.

Les deux adolescents se frôlèrent les index puis les paumes, les gestes accompagnant la vieille comptine qui disait « fichu petit diable », puis ils éclatèrent de rire en entendant le vacarme dans la chambre de la Dépareillée, bourdonnement de mille guêpes ou clairon. Uvaspina déposa un baiser sur les cheveux de sa sœur.

La clé cliqueta dans la serrure : Pasquale Riccio rentrait à la maison, la panse pleine de homard bleu, arborant un sourire à faire pâlir d'envie les saints dans leur niche votive. Le volume du bourdonnement de guêpes ou du clairon monta d'un cran : quand la Dépareillée ronflait, même les vagues du cap Posillipo se retiraient.

Pasquale Riccio se pencha sur les têtes noires et bouclées de ses enfants, il embrassa celle de Minuccia et jeta à Uvaspina son regard coutumier. Mais son expression dégoûtée ne dura pas : cette fois encore, il lui fallut capituler devant la drôle de tendresse qui l'envahissait, aussi irrépressible qu'un éternuement.

La respiration asthmatique de la Dépareillée atteignit un pic inédit, grondement d'instruments à vent se brisant en mille morceaux.

— Y a l'orchestre du théâtre San Carlo dans cette baraque, ou quoi ? À moins que ce soit la Philharmonie de Paris ?

Pasquale Riccio se mit à rire et fit aussi un bisou à son fils : Uvaspina se serra contre lui et sentit une odeur pénétrante, mélange de muguet et d'eau de Cologne. Une auréole baveuse se détachait sur le col de la chemise de son père, de la taille d'une coccinelle, une tache couleur cerise qui maculait le tissu comme le péché originel : Pasquale Riccio avait trouvé ses cerisettes ailleurs, ce soir-là sa bouche avait baisé d'autres couleurs que le bleu du homard. Uvaspina pensa que, par chance, ce n'était pas la Dépareillée qui lavait le linge. Pasquale Riccio souhaita une bonne nuit à ses enfants et entra dans la salle de bains.

Uvaspina et Minuccia gagnèrent leur chambre, la même depuis leur enfance ; bien qu'ils soient désormais âgés de dix-neuf et dix-sept ans, ils paraissaient plus jeunes. Ils se sentaient bien entre ces rideaux nacrés à volants et ces murs tapissés de vieux rose ; les placards abritaient encore les chaussons en laine que, petitous, ils mettaient l'hiver.

Uvaspina se coucha sur son lit, celui de gauche, et Minuccia sur celui de droite : ils n'avaient plus changé de place depuis l'époque où ils mouillaient encore leurs draps et cachaient leurs dents de lait sous l'oreiller. La lampe de chevet arrosait les jambes d'Uvaspina de sa lumière blanche : glabres, à la différence de celles, simiesques, de ses camarades de classe. La pâleur d'Uvaspina était telle que quand il buvait, on voyait le liquide ruisseler dans sa gorge. Sa peau était si transparente qu'elle ressemblait à celle de l'*uvaspina*, la groseille à maquereau, à l'origine de son surnom : des veinettes bleues palpitaient sur ses tempes, un réseau vert se ramifiait sur ses poignets, et ses lèvres pleines frémissaient imperceptiblement, faible coup de queue d'un minuscule anchois mourant. Tout en lui était peau de fruit, groseille translucide, baie diaphane traversée de vaisseaux.

Uvaspina s'étira et se détendit, mais alors qu'il était sur le point de sombrer, il écarquilla brusquement les yeux et manqua de faire tomber sa lampe par terre en sentant une lacération sur ses chevilles. Assise au pied de son lit, Minuccia le regardait de ses yeux jaunes, d'où toute complicité avait disparu. Uvaspina sut alors que la mort et la résurrection de la Dépareillée ne seraient pas les événements les plus moches de la soirée.

Après tout, telle est la destinée des groseilles à maquereau depuis la nuit des temps : être pressées, écrasées et foulées pour faire des sirops qui guériront les maladies. Minuccia était venue le rappeler une énième fois à son frère.

4

À l'âge de treize ans, Uvaspina avait compris une fois pour toutes que sa sœur était un *strummolo*. À l'instar de ce jouet en bois, tout chez Minuccia était mouvement et rotation : quand ses yeux se voilaient d'une opacité pareille à celle de la poussière du vico Belledonne, alors Uvaspina savait que sa foltoupie de sœur était lancée.

Dans ce cas, il était inutile de tirer sur la ficelle ou la cordelette, car Minuccia se mettait à tourbillonner aveuglément et raflait tout sur son passage, comme un as au jeu de la *scopa d'assi*. Oui, Minuccia jolie raflait tout : les cartes de carreau et de cœur, celles de coupes et d'épées, les cils noirs d'Uvaspina, puis elle allait se cogner contre le double menton de la Dépareillée, et n'épargnait personne, pas même Jésus-Christ.

Une fois lancée, la foltoupie pirouettait si vite qu'elle ne touchait plus le sol : elle s'élevait comme un avion en papier, comme les langues de feu sur les tableaux de la Pentecôte, aspirées par la lumière du Père éternel. Minuccia aussi était aspirée par quelque chose, tout le monde le pensait, mais Uvaspina, lui, savait que c'était seulement par sa force centripète, impulsée par la toupie qui tournait, tournait, puis prenait son envol.

Minuccia était incapable de rester à terre, autour d'elle rien ne restait arrimé au sol, tout perdait ses jambes, ses fondations, ses racines. D'ailleurs, peut-être que l'église dell'Ascensione elle-même s'appelait ainsi car elle guignait le ciel, comme tout le quartier de Chiaia, objet décoratif que les gens auraient voulu avoir dans leur salon, mais cet endroit n'était pas fait pour rester sagement sur une étagère.

Ce quartier avait été construit à la verticale, il poussait vers le haut et vivait sur la pointe des pieds, dans une ville qui voulait l'attraper par le col et le forcer à s'agenouiller, à la manière dont, des années auparavant, Pasquale Riccio attrapait la tête de la Dépareillée et la poussait vers sa braguette. Tout à Chiaia était tension vers le ciel, craquements de genoux, talons décollés du sol, églises sur le point de prendre leur envol ; une personne comme Minuccia ne pouvait naître que là, si elle avait vu le jour dans le vicolo Scassacocchi, elle n'aurait pas été une toupie, mais une simple gamine des rues qui se serait retrouvée en cloque dès ses premières règles.

C'était justement à l'église dell'Ascensione, le jour de la confirmation de Minuccia, qu'Uvaspina avait compris que sa sœur était une foltoupie.

Pasquale Riccio, assis à l'avant-dernier rang à côté de la Dépareillée, mâchonnait un bâton de réglisse. *C'est peut-être débile... mais faut bien trouver quelque chose pour faire passer l'envie de fumer*, se répétait-il. De temps à autre, il glissait un regard dans le décolleté de sa femme, davantage par habitude que par désir, car pour lui les tétons gonflés de la Dépareillée étaient entrés dans le domaine de la normalité, comme le velours violet du confessionnal ou le chapeau du sacristain qui circulait pour la quête. Il aperçut deux gouttes de sueur qui allaient mourir à la lisière en dentelle noire de son soutien-gorge : le sacristain les lorgna aussi, mais Pasquale ne s'en formalisa pas. Il se remit à sucer son bâton de réglisse avec des bruits de ruminant qui firent se retourner trois dames, couvertes de la même étole vert punaise, deux rangées devant lui : elles le regardèrent et lui intimèrent le silence en portant leur index à leurs lèvres, comme des enseignantes salésiennes.

Il jeta un regard à Uvaspina, engoncé dans ses habits du dimanche, qui cherchait le banc de ses parents : avec sa démarche jambes écartées, à la limite du dandinement de cul, son fils donnait l'impression de s'être pissé dessus. Puis ses yeux revinrent inspecter le décolleté de la Dépareillée : ces nichons, il n'avait plus envie d'y plonger son visage, sa queue ne durcissait plus à cette idée, tout ce qu'il éprouvait, c'était une colère noire, nichée à un endroit indéfini entre son ventre et son entrejambe, parce que fallait bien être la Dépareillée pour lui donner un trou de balle pareil de fils.

Le bâton de réglisse se cassa et Pasquale Riccio faillit s'étouffer : la Dépareillée lui assena deux puissantes tapes dans le dos, il toussa et cracha le bâton sur la mosaïque en marbre polychrome. Puis il rota.

Un enfant de chœur dodu agita la clochette en criant : « Silence ! Il est arrivé. »

Un frémissement parcourut l'assemblée, du premier au dernier rang, comme une fièvre. Tout le monde se donna des coups de coude et se fit signe de se taire : chacun voulait paraître plus discipliné que les autres.

— Tout ce bordel pour un type déguisé en pute, commenta la Dépareillée à voix basse.

L'évêque fit son entrée par le portail finement travaillé : il alla se placer devant l'autel, tout parfumé et les doigts couverts de bagues. Les binômes de parrains et filleuls sortirent enfin du côté gauche de l'église et commencèrent leur défilé en direction de l'autel central.

Minuccia avait enfilé sa robe neuve en velours, lilas et blanc, et des escarpins vernis couleur pêche. Les anglaises qui encadraient son minois effilé de bestiole lui conféraient un air encore plus innocent. Ses yeux semblaient vouloir dévorer les stucs de l'église ; elle portait également un serre-tête criard, orné d'un pompon qui évoquait une queue de lapin.

Dans la poche de sa robe, elle avait une toupie en bois : c'était la femme de ménage qui la lui avait offerte. Avec Genny, sa marraine de confirmation, elles attendaient leur tour pour s'avancer devant l'autel : elles n'étaient pas bras dessus, bras dessous, comme tous les autres binômes ; Minuccia se tenait dans son coin, le nez en l'air, jetant parfois un regard à son frère avant de caresser la toupie dans sa poche.

Uvaspina essaya de retenir son souffle, comme quand, petit, il faisait de l'apnée sous le rocher de la Gaiola. Il ne savait pas ce qui allait se passer, mais il avait peur et ne voulait pas y assister : il se rappela la fois où Minuccia avait plongé ses mains dans le bénitier de cette même église pour se les laver, une sacristaine l'avait grondée et Minuccia lui avait hurlé qu'elle n'était qu'un vieux débris chauve, tout le monde avait décrété que cette petitoune n'était pas normale, que c'était l'Antéchrist, et Uvaspina avait eu autant honte que si c'était lui qui avait fauté. Pour chasser ce souvenir, il regarda par terre, puis son pantalon, puis les bancs de l'église, puis de nouveau son pantalon.

Ce fut enfin le tour de Minuccia et de sa marraine. L'évêque appela : « Filomena Riccio ! », et Minuccia, aussi docile qu'une agnelle conduite à l'abattoir, inclina la tête et se fit bénir. Puis elle saisit les doigts de l'évêque, observa ses bagues et baisa le dos de sa main. Après quoi elle pivota sur les petits talons de ses escarpins vernis dans un imperceptible froufrou de colibri. Elle scruta Uvaspina, puis toute l'assemblée : elle paraissait attendre les applaudissements.

Une dame aux cheveux orange assise au premier rang commenta avec l'accent du Rione Alto :

— Ce qu'elle a été mignonne, cette petitoune, elle a fait une bien jolie apparition devant le monseigneur !

Uvaspina se remit à respirer normalement. Il se reprocha ses a priori sur Minuccia, ses caprices n'étaient que des toquades d'enfant, des bizarreries. La Dépareillée n'arrêtait pourtant pas de le lui répéter : « Uvaspì, si toi tu comprends pas ta sœur, qui la comprendra ? »

Après la cérémonie, ils allèrent déjeuner chez Giuseppone a Mare, sous la fenestrella di Marechiaro, où, en contrebas, les poissons faisaient l'amour.

Ce jour-là, la mer était en colère, elle avait une odeur de bête crue et bouillonnait comme une marmite de sauce tomate. Quand Uvaspina la fixait trop longtemps, ses yeux se mettaient à pleurer ; il se concentra sur un goéland qui virevoltait dans le ciel.

— La place de Mlle Filomena Riccio est en bout de table ! s'exclama un serveur aux favoris gris et à l'haleine lourde de bruschetta à l'ail, et tout le monde acquiesça.

Pasquale Riccio prit Minuccia par la main, s'empara d'une chaise et la plaça sous ses fesses avec des gestes gauches et hâtifs.

De son poste, Minuccia voyait toutes les tables, occupées par des groupes de quatre ou cinq personnes. Elle ouvrit un peu la fermeture Éclair latérale de sa robe : elle avait le bedon des fillettes avant leur puberté, cette ceinture de graisse qui soit disparaîtrait avec le temps, soit se développerait et finirait par ressembler aux bouées du Lido Mappatella.

Uvaspina s'assit en face de sa sœur, à côté de la Dépareillée.

— Bon sang de sort, on m'y reprendra pas…

La Dépareillée avait enlevé ses chaussures à talons et haletait comme si elle venait de gravir les treize volées de marches de Sant'Antonio ai Monti.

L'air de la mer faisait frémir les bougies sur la table et tintinnabuler les verres remplis de Fiano di Avellino ; quelques convives plièrent leur serviette et la posèrent sur leurs genoux ; d'autres, à l'inverse, perdirent toute dignité devant le buffet couvert de fleurs de courgettes frites et d'anchois marinés.

Pasquale Riccio avait disparu sur la terrasse : enfin, il pouvait s'en fumer une.

C'était Minuccia qui avait choisi le menu, de A à Z : gnocchis aux palourdes et gambas saupoudrées de zestes de citron ; carpaccio d'espadon ; *paccheri* à la rascasse ; gratin d'anchois frits.

Minuccia mangea de bon appétit et se resservit de tous les plats : elle ne reprenait son souffle que le temps d'avaler des verres d'eau pétillante, les uns à la suite des autres et d'un seul trait. Puis elle se donnait une tape sur le bedon et poussait de petits rots qui faisaient rire ses tantes, lesquelles s'écriaient en chœur : « Bravo, Minuccia ! »

Elle dévorait avec une voracité animale, la voracité de qui a su se maîtriser et veut se récompenser : chaque fourchetée était un « bravo ! » qu'elle se susurrait, chaque anchois frit un « hourra ». Elle se léchait les doigts pour ne pas perdre le moindre résidu d'huile ou de citron, car cette sauce incrustée sous ses ongles symbolisait sa réussite.

Uvaspina, lui, n'avait pas faim ; il caressa les palourdes de la pointe de sa fourchette et déplaça les zestes de citron, mais ne toucha à rien. Minuccia en fut contrariée : quoi, elle allait manger seule ? Ce jeûne lui semblait signe de crevardise.

— Ben quoi, Uvaspì ? Tu laisses ton assiette ?

— J'ai pas faim, Minù. Tu veux mes palourdes ? J'y ai pas touché.

Minuccia prit la serviette qu'elle avait sur les genoux et s'essuya la bouche. Son regard, ses pupilles dures brillaient d'une lueur nouvelle, adulte.

— T'as pas pigé, Uvaspì. Aujourd'hui, c'est ma confirmation. Sois pas malpoli.

Elle lui servit du carpaccio.

— T'es une cause perdue, toi. T'as pas de respect pour les fêtes des autres.

— Je mangerai peut-être plus tard, là j'ai vraiment pas faim.

— Ah oui ? Ben, mange pas, alors. Reste un nase toute ta vie, et puis voilà.

Uvaspina se garda de répliquer et pensa : *Serre les dents, serre les dents, toi qui peux*, comme lui disait la Dépareillée. Minuccia faisait toujours la pluie et le beau temps, et Uvaspina, lui, jouait les paratonnerres, car lorsque Minuccia tonnait, l'orage suivait toujours.

— Tes copains de classe, eux, ils peuvent déjà mettre une fille enceinte, et ils sont pas chichiteux. C'est pas comme toi qu'as même pas un poil au menton.

Uvaspina ne répondit pas. *Serre les dents, serre les dents, elle va finir par en avoir marre*, continuait-il de se répéter, la foltoupie s'arrêterait tôt ou tard, il fallait juste être un peu patient.

Sans le lâcher des yeux, Minuccia prit le citron vert qu'elle avait écrasé avec sa fourchette, y fourra ses doigts et en retira les pépins un à un. La peau autour de ses ongles la brûlait comme le feu de Saint-Antoine : dans cette douleur ardente, elle percevait la cruauté des agrumes et la désobéissance de son frère qui ne lui répondait pas.

— Tiens, j'y ai mis du citron. T'en manges, maintenant ?

Uvaspina ne leva même pas la tête : tout en lui était figé, à part sa narine droite, irritée par l'acidité du citron. La foltoupie ne le lui pardonna pas.

Minuccia quitta sa chaise pour aller secouer sa mère ; la Dépareillée mangeait une grosse portion de gratin aux anchois sur une belle tranche de pain de campagne, comme les maçons qui bâfrent leur sandwich à l'omelette à la pause déjeuner sur les chantiers. Tout en se léchant les doigts, elle se plaignait à sa voisine, Mme D'Anzuoni, des travaux à côté de l'église dell'Ascensione, « ça nous réveille le matin et ça déconcentre les gosses quand ils doivent se préparer pour l'école ». Minuccia tapota l'épaule de sa mère.

— M'man !

La Dépareillée lui jeta un regard agacé puis se tourna de nouveau vers Mme D'Anzuoni. Minuccia tira un peu les cheveux de sa mère.

— Maman, je te cause ! Uvaspina est malpoli. Tout le monde mange à ma confirmation, à part lui. Dis-lui quelque chose.

La Dépareillée se mit à tousser : pas de pot, elle était tombée sur une arête. Elle but un verre d'eau puis regarda sa fille.

— T'occupe pas de lui, Minù. S'il veut manger, il mangera. Tu as mangé, toi ?

Minuccia sentit de nouveau cette chose monter en elle : c'était la foutre de fête à qui ? La sienne ou celle à sa mère ? Elle, elle voulait même pas la faire, sa confirmation. Pourquoi c'était la Dépareillée qui se gavait, installée peinarde, et elle qui souffrait parce que Uvaspina voulait même pas manger un bout de pain à la fête en son honneur ? Pourtant, elle avait été mignonne à l'église, elle avait baissé la tête et laissé l'évêque la bénir et lui dire qu'elle commençait une nouvelle vie dans le Seigneur.

Elle réprima son envie de pleurer, elle ne pleurait jamais en public. Ça lui faisait honte, c'était une réaction de gamine ; quand elle pleurait, c'était assise seule sur le bord de son lit, après s'être bourré le ventre de coups de poing.

Une fois, elle s'était arraché une touffe de cheveux juste au-dessus du front, et pendant un mois elle avait gardé sa casquette jaune vissée sur sa tête pour cacher qu'elle s'était déplumée comme un poussin. Une autre fois, elle avait pris des ciseaux, fauchés à la femme de ménage, et les avait frottés contre sa cuisse ; deux mois avant, elle avait passé trois heures devant la glace parce qu'elle voulait se ravager la figure. Tous ces actes naissaient comme des fleuves en crue de son bedon grassouillet, et elle ne comprenait pas pourquoi : c'était comme si elle avait un *monaciello*[1] dans le ventre, un de ceux qui chuchotent des horreurs aux enfants.

Parfois, quand ils jouaient ensemble à la marelle, elle avait envie de prendre la tête d'Uvaspina et de la fracasser contre le mur du vico Belledonne ; parfois, elle était curieuse de savoir si le zizi de son frère se dressait, et se demandait comment faire pour le voir aussi dur que du fer ; d'autres fois, elle rêvait d'écraser un oreiller sur son visage pendant son sommeil. Quelle belle gueule il avait, Uvaspina ! Il était plus beau qu'elle, avec ses jolies lèvres pleines et ses pommettes bien dessinées.

Minuccia voulait l'attraper par le cou et le voir marcher à quatre pattes comme les chiens errants, elle voulait le voir écumer, lui sauter dessus à pieds joints, lui faire du mal. Tous les plus vieux amis de Pasquale Riccio disaient toujours : « Ce qu'il est beau, ce petit gars ! » et d'elle, jamais rien. Comme si elle était faite d'air.

Et ce jour-là non plus les amis de son père ne s'étaient pas privés de répéter leur foutre de discours : Uvaspina grandissait, c'était un beau petit gars, on aurait dit que son visage avait été dessiné par un artiste, ce costume lui allait drôlement bien, tout le monde s'extasiait de sa bonne mine, il devenait un homme, il avait tout pris des Riccio. Elle, personne ne la voyait, même si c'était sa confirmation, parce que son frère s'interposait toujours entre elle et les autres, et dans l'ombre d'Uvaspina il faisait un froid glacial, il faisait aussi froid qu'au cimetière des Fontanelle.

1. Le *monaciello*, « petit moine », est dans le folklore napolitain un esprit prenant la forme d'une sorte de gnome en tenue de moine qui joue des tours, bienfaisants ou malfaisants, dans les habitations.

Minuccia ne pleurait jamais en public, mais ce jour-là elle n'avait qu'une envie : chialer, vomir son repas aux pieds d'Uvaspina et de la Dépareillée – qu'elle s'étouffe, la Dépareillée, qui avait toujours la bouche pleine –, casser en deux toutes les cigarettes de Pasquale Riccio, cracher à la figure de Genny, sa marraine de Salerne, qui était farcie de pognon mais n'avait glissé que deux mille lires dans l'enveloppe pour elle.

Uvaspina ne l'avait pas quittée des yeux un instant : il avait déchiffré de loin chacune de ses expressions et compris qu'il devait se lever, faire quelque chose, sinon la situation allait s'empagailler.

Il la rejoignit, effleura son bras d'un geste délicat et lui fit signe d'aller se rasseoir.

— Minù, j'ai faim tout d'un coup. Qu'est-ce que tu veux que je mange ?

Minuccia le suivit en souriant.

Uvaspina ingurgita des bouchées à contrecœur. Il adressait à sa sœur des sourires incrustés de persil, comme pour lui dire : « T'as vu, Minù, je mange pour toi, pour ta confirmation. T'arrêtes tes histoires, maintenant ? » Il s'emparait des poissons marinés et des filets d'une main de prestidigitateur pour enchanter sa sœur, dont le regard retrouvait peu à peu sa limpidité. Il prit les couverts avec des gestes doux, découpa de petits carrés bien droits de poisson et les porta à sa bouche.

Minuccia regardait son frère se nourrir, sa petite bouche mi-close : avec quelle grâce il mangeait ! Enfin il avait un geste d'égard pour elle, c'était peut-être pas un maltype après tout, bravo Uvaspina, si on lui disait les choses il les faisait ; Uvaspina qui n'avait pas de poil au menton et était aussi lisse qu'une statuette de la Vierge ; Uvaspina à qui une fois elle avait égratigné les jambes au compas pendant son sommeil ; Uvaspina qui lui avait pardonné la semaine précédente quand elle s'était jetée sur lui et avait baissé son pantalon pour voir s'il avait au moins du poil au zizi ; Uvaspina qui finissait toujours par revenir jouer avec elle et sa toupie en bois et par se laisser presser, et elle le presserait encore, elle continuerait de boire le jus de ce frère fait tout exprès pour son palais.

Uvaspina mangea de tout, à part du carpaccio d'espadon, le plat préféré de sa sœur.

— Attends, t'en manges pas, Uvaspì ? Tu veux pas faire cet effort ?

Il crut que sa sœur s'était calmée : il pouvait hasarder un pas supplémentaire, une infime manœuvre pour l'approcher et la faire rire, pourquoi pas une blague, afin de clore l'épisode dans un éclat de rire.

— Quoi ? Avec tout ce que tu t'es enfilé, l'en reste encore ?

Il n'avait pas fini sa phrase qu'il la regrettait déjà. *Sainte Vierge, mais qu'est-ce que j'ai dit ? Pourquoi j'ai fait ça ? C'était même pas drôle, qu'est-ce que j'ai fichu ? Ça va être l'enfer.*

Uvaspina sentit un cri sinueux lui monter à la gorge mais, au lieu de sortir par sa bouche, le cri fit demi-tour, ravalé par la honte. Il sentit une ficelle d'acier s'enrouler autour de son cou ; cette fois, personne ne le sauverait parce qu'il s'était saboté tout seul.

— L'a bien raison ton frère, demoiselle !

Passant derrière pour débarrasser, le serveur ébouriffa les cheveux de Minuccia.

— On le sait que notre carpaccio l'est drôlement bon, mais…

Il empila les assiettes et rassembla les fourchettes luisantes d'huile.

— … tu peux quand même pas te le manger en entier toute seule ! Enfin, aujourd'hui, t'es excusée parce que c'est ta fête !

Les assiettes et les fourchettes cliquetèrent. Minuccia regarda son frère. Son visage était un linge. La ficelle et la toupie virevoltaient dans ses yeux.

— Attends, Uvaspì, j'ai pas bien compris ce que t'as dit.

Uvaspina se lança d'une traite :

— Tu m'as pas laissé finir. Je voulais dire que, vu que tu t'es resservie, un peu d'eau ça t'aidera à digérer et à pas avoir mal au ventre !

Il lui tendit un verre d'eau pétillante. D'un geste décidé et plein de souffrance mesurée, elle renversa l'eau, qui s'étendit en toile d'araignée sur la nappe.

— Je t'en sers un autre, sinon tu vas être malade, tu te rappelles la fois où on a mangé chez Petrucci et que t'as vomi ? Hein, Minù, tu t'en souviens ?

Uvaspina s'effraya de sa propre voix, qui évoquait le piaillement étranglé d'un oisillon.

La décision de Minuccia était prise : elle ne voulait plus entendre son frère parler.

— Non, tu voulais dire que je me suis goinfrée. Tu voulais dire que je suis grosse. Toute façon, tout le monde ici pense la même chose, c'est pas très original.

Elle regarda son bedon, qui avait drôlement gonflé avec tout ce poisson, puis sa cousine Mariarca, enceinte de quatre mois, dont le ventre semblait plus plat que le sien. Enfin, elle regarda l'ami de son père, le brigadier Dragotto, qui une fois avait chuchoté à Pasquale Riccio : « Dis donc, elle aime ça, les boulettes de viande, Minuccia ! »

Uvaspina épongea l'eau sur les brocarts à l'aide d'une serviette, qu'il pressa bien fort, son cœur palpitant dans sa main.

— Non, Minuccia, je me suis mal exprimé, je voulais juste dire que c'est peut-être bien que tu boives de l'eau pour digérer, c'est tout.

Minuccia se leva et le prit par la main.

— C'est bon, j'ai compris. T'as raison, on va boire.

Le frère et la sœur traversèrent la salle en se tenant par l'auriculaire : tout le restaurant puait la transpiration, la chair. Uvaspina n'arrivait pas à lever les yeux : il vit les escarpins vernis de Minuccia se diriger vers l'escalier de Marechiaro.

L'air était si brûlant qu'on se serait cru en plein mois d'août, les vagues avaient l'air de vouloir monter vers le ciel pour aller se briser à la face du Père éternel.

De temps en temps, Minuccia se tournait vers Uvaspina : seul le cordon formé par leurs auriculaires crochetés, aussi serrés que des tenailles, séparait leurs corps, un cordon de plus en plus semblable à la ficelle de la toupie que Minuccia avait dans sa poche. Les petits pieds de Minuccia s'arrêtèrent devant la fenestrella di Marechiaro. La mer gémissait d'une voix agaçante et pulvérisait des embruns et des grains de terre noire sur leur visage. Minuccia prit Uvaspina et le serra très fort dans ses bras.

— J'ai soif, Uvaspì. T'as pas soif, toi ?

Uvaspina continua de regarder l'eau sombre et les barques retournées sans répondre.

Ils marchèrent encore en se tenant par le petit doigt et gagnèrent un bout de plage porcasse, jonché d'os de seiche et d'ossements d'une bête sans doute morte là.

Minuccia demanda à Uvaspina de jouer à la toupie. Il pensa que sur le sable le jouet ne fonctionnerait pas, mais il ne dit rien : dans le monde de la foltoupie, chaque chose avait des lois primordiales bien précises, façonnées par ses mains à elle avec autant de savoir-faire que le Père éternel. Dans la tête de Minuccia, tout avait un sens particulier, qui renvoyait à la magie et à la diablerie, à l'alchimie et à la nature : dans son monde de foltoupie, elle jouerait pour toujours avec cette toupie, car ce n'était pas un jouet pour gosses, c'était son jouet à elle et personne ne devait y toucher. Minuccia était un animal qui se déplaçait par bonds, et ses bonds suivaient le cliquetis de la pointe de sa toupie.

Le jouet en bois se mit à danser gauchement sur le sable, il se mouillait un peu, puis s'arrêtait, et Minuccia s'énervait et le reprenait : elle le lançait vers le ciel de Marechiaro puis le faisait retomber sur le sable crasseux. Au bout d'un moment, elle se lassa.

— Je dois boire, Uvaspì, pas vrai ? Tu disais quoi au restaurant, déjà ?

Ses yeux brasillaient, chauffés à blanc par l'air de la mer.

Uvaspina essaya de murmurer quelque chose, mais la robe de Minuccia était déjà par terre : la petite robe de la confirmation dans le sable porcasse.

Minuccia ne portait plus que ses escarpins vernis. Elle avait sa toupie à la main. Son bedon n'était plus dissimulé par le velours de la robe : il était révélé, luisant, tremblant. Minuccia était face à la mer, le cul vers Marechiaro.

— Alors, Uvaspì ? J'ai trop mangé, c'est ça ?

Elle enfonça ses doigts dans son ventre.

Uvaspina fit mine de ne pas entendre, prit un bâton et se mit à tracer des hiéroglyphes dans le sable. Il ne voulait pas regarder sa sœur nue, il ne voulait pas que son œil tombe précisément là, là d'où sortait le pipi.

Mue par une impulsion qui lui était en partie inconnue, Minuccia frotta la pointe acérée de la toupie contre son ventre, à côté de son nombril, sur ses bras.

La foltoupie dansait sans prendre d'élan, sans pirouetter vers le ciel, cette fois elle traçait des sillons invisibles sur cette peau souple d'enfant, déjà couverte de vergetures.

— Viens là, Uvaspì !

Uvaspina comprit que désormais la foltoupie était lancée : il n'y avait plus qu'à attendre qu'elle s'arrête.

Minuccia appuya plus fort la pointe contre son bras, elle se racla la peau, puis contempla les traits rouges zigzagant qui faisaient leur apparition.

— Viens là me dire que je suis grosse ! Maintenant, tu peux regarder mon bide comme il faut ! Allez, viens !

Elle fit deux pas dans sa direction et l'attira à lui de force : elle s'empara des mains d'Uvaspina et les posa sur son ventre, sur son bas-ventre, ses petits seins, son cul, sur son bras parcouru de nouveaux traits, qui donnaient à sa peau l'allure de la robe zébrée d'une bête.

— Allez, vas-y, dis-moi que je suis grosse !

Minuccia était nue et Uvaspina se sentait nu aussi en palpant cette chair qui était en partie la sienne, et Minuccia guidait sa main vers son nombril, la faisait glisser sur ses hanches qui ressemblaient déjà à celles de la Dépareillée, puis sur les plaies provoquées par la foltoupie. Uvaspina ne savait pas s'il touchait sa propre peau ou celle de Minuccia, et Minuccia lui ordonnait de continuer, de passer ses doigts sur ses plaies ; elle lui demandait si elle était grosse, puis si elle devait boire, si l'eau l'aiderait à digérer tout le poisson qu'elle avait avalé. Uvaspina ne voulait pas toucher sa sœur, mais elle ne lâchait pas ses mains et les passait partout sur elle, et Uvaspina avait la sensation que ces mains n'étaient plus les siennes, mais des sangsues qu'il ne reconnaissait pas, la ficelle de la foltoupie avait disparu, rien ne séparait plus son corps de celui de sa sœur qui pressait ses mains, les pressait sur elle, puis crachait ses pépins un par un : tous les pépins d'*uvaspina*, de groseille, sur la plage porcasse, entre les tessons de bouteille et les tellines entrouvertes.

— Quand je serai grande, je deviendrai comme maman, pas vrai ?

Minuccia posa la main d'Uvaspina sur ses petits seins et, au contact de la surface granuleuse du mamelon sur sa paume, il se sentit déchiré, écorché.

— T'es qu'une couille molle. C'est maintenant que tu dois me dire que je suis grosse.

Uvaspina réussit enfin à se libérer de sa poigne. Il avait tant été pressé qu'il ne lui restait plus rien, seulement cette dernière bribe de force issue d'une zone obscure de son corps. Il fit mine de pivoter sur ses talons et de partir, il ne voulait pas répondre, c'était ce qu'on lui avait appris, attendre que Minuccia finisse de se défouler, mais elle ne lui en laissa pas le loisir.

— T'avais raison, Uvaspì. Je dois boire pour digérer tout ce que j'ai bouffé.

Minuccia se jeta sur lui, comme quand ils jouaient, petits, à dada sur mon dada. Mais ce n'était pas un jeu, elle l'avait immobilisé : sur son dos, les bras écrasant son cou et ses épaules, les jambes étroitement croisées autour de son ventre. De derrière, ils ressemblaient à un frère et une sœur pleins d'amour, enlacés, photo sépia d'une famille jouant sur la plage que la Dépareillée aurait pu mettre sur sa table de chevet.

Minuccia était sur son frère ; elle parlait d'une voix méconnaissable, d'adulte, parfois altérée par des notes enfantines, quelques éclats de verre de sa voix de gamine.

— Je vais en boire, de l'eau, Uvaspì. Mais toi aussi, comme ça on digérera ensemble.

En l'espace d'une seconde, Uvaspina arrêta d'être le dada de Minuccia. Il avait la tête dans la mer, dans l'eau sale qui venait du quai Beverello et confluait à Marechiaro : le nez écrasé dans le sable, les lèvres pincées, dans le noir tremblant il entendait un cri : « Bois, bois, Uvaspì ! », suivi d'un gargouillis qui se perdait dans des bulles sableuses. L'escarpin verni de Minuccia pesait avec force sur sa tête. Minuccia riait et regardait son ventre ballotter, triomphal, sur son corps bandé pour tenir son frère immobile.

— Alors, Uvaspì ? Elle est bonne, l'eau de Marechiaro ? C'est mieux que de l'eau pétillante, pour digérer !

Minuccia riait, un rire de chatte, chevrette, louve sauvage, un rire ligneux qui faisait vibrer tous les capitons de son ventre. Elle savait qu'elle était plus grosse et plus forte que son frère. Elle riait, et la toupie riait avec elle. Minuccia était une foltoupie et la foltoupie était nue, elle pirouettait, sans ficelle, elle n'était faite que de bois, et le bois ne connaît pas les lois humaines.

Uvaspina, la tête sous l'eau, aurait voulu attraper les chevilles de Minuccia et les baiser comme on baise la statuette de la Vierge, lui demander pardon, il ferait un vœu à la très sainte Minuccia du vico Belledonne à Chiaia, il se ferait même piétiner tout nu devant Peppe Spalice, le garçon du lycée qui lui plaisait, pourvu que cet escarpin se soulève et arrête de le renvoyer sous l'eau. Contre la pointe de cet escarpin, sa tête faisait un bruit de carapace de tortue.

Ce jour-là, Uvaspina connut le goût des algues, un goût de soupe très salée.

Puis Minuccia l'attrapa et le rejeta sur la grève ; Uvaspina toussait, de la morve verte sortait de son nez, il avait un goût répugnant et âcre dans la bouche : pendant deux jours, il se réveillerait avec du sable dans les narines. Pendant des semaines, il éternuerait de l'eau de mer.

Minuccia s'était lassée : elle avait si bien pressé son frère que le jus de groseille avait donné une odeur douceâtre à la mer, d'où venait une brise à la saveur de fruit et d'embruns.

Uvaspina buvait l'oxygène et gémissait d'une voix de fille. Minuccia lui sourit d'un air béat. Il se mit à pleurer par les yeux, le nez, les oreilles : il pleurait de l'eau de mer.

Minuccia le consola, lui caressa la joue et lui sécha les cheveux avec sa robe de confirmation. Puis elle s'aperçut que l'Esprit-Saint qui habitait son corps lui avait redonné faim. Elle caressa encore Uvaspina et, à l'encontre de toutes les lois du monde, elle lui demanda s'il voulait du carpaccio d'espadon.

5

Quatre jours après ce mercredi soir, la Dépareillée se leva de son lit : elle avait les yeux cernés de violet, elle ne s'était pas démaquillée depuis sa dernière mort et le mascara avait formé des paquets sur ses cils. Pour lui enlever tout ça, il aurait fallu y aller à la truelle. Sur sa table de chevet, le cendrier en céramique de Capodimonte orné de citrons débordait de mégots : la Dépareillée aimait fumer au lit, les cuisses écartées pour bénéficier au maximum de la fraîcheur qui montait de la rue.

C'était le dimanche de la Saint-Jean et, ce jour-là, elle voulait manger des pâtes à la *genovese* : « Moi, les hosties ça me débecte. Le dimanche, les oignons c'est ma seule bénédiction. » Et la Dépareillée s'y connaissait, en oignons, parce qu'elle avait passé sa jeunesse à se nourrir exclusivement de pain et d'oignons dans un *basso*[1] de Forcella où même le soleil se hontait d'entrer : elle avait affiné son odorat, son nez la picotait d'une manière différente selon qu'il avait affaire à de l'oignon blanc, jaune ou rouge.

1. Habitation exiguë en rez-de-chaussée, donnant sur la rue, typique du centre-ville de Naples.

— Pour la sauce *genovese*, faut de l'oignon blanc, décréta-t-elle en se levant, une autre cigarette à la bouche, avant même de s'être lavé les dents, qui n'avaient pas croisé un robinet depuis plusieurs jours.

Mais la Dépareillée n'était même pas fichue de se faire un œuf au plat ou de réchauffer du lait : elle avait voulu changer de bonne parce que la Philippine d'avant faisait une sauce pour les pâtes aux patates trop liquide pour elle, qui l'aimait plus épaisse. Alors, elle était allée pleurer auprès de son mari, affirmant que la Philippine lâchait des mollards dans la casserole. Trois jours alitée, à cause de la Philippine, morts et résurrections, clopes et chiale, jusqu'à ce que son mari finisse par céder.

Et maintenant il y avait Svetlana, plus âgée qu'elle, un cul aussi gros que le Castel dell'Ovo, deux dents de devant manquant à l'appel, mais imbattable dans la préparation des pâtes aux patates, plus douée que les cuisiniers du resto Nennella, si bien que la Dépareillée l'avait affublée du surnom moqueur de « Patana ».

Svetlana était dans la cuisine, en train de faire les vitres, l'odeur d'ammoniaque planta ses crocs dans les narines de la Dépareillée.

— Svetlà, aujourd'hui, c'est la Saint-Jean, prépare-moi des pâtes à la *genovese*.

Svetlana se tourna vers la Dépareillée, enveloppée dans un peignoir bleu ciel imprimé de lions jaunes.

— Il te plaît, Svetlà ? C'est un cadeau de Berlingieri, un médecin-chef qu'est ami avec mon mari, l'a voyagé dans les pays arabes, saurais pas te dire où, peut-être bien par chez toi.

Les seins comme deux lourdes courgettes tombantes qui caressaient son nombril et les cheveux écrasés par l'oreiller, elle brandit un filet d'un kilo d'oignons blancs : elle avait pris la peine d'aller le chercher dans le placard du couloir parce que pour la sauce *genovese*, c'était oignons blancs ou rien. Elle le lui tendit.

— Je veux manger vers deux heures, deux heures et demie.

Puis elle pivota sur ses sabots en bois et disparut dans la salle de bains ; il lui faudrait la matinée pour se laver, se déplâtrer et se ravaler la façade : entre deux couches de peinturlurage, la Dépareillée devait ressusciter et se retaper. Les oignons la feraient marcher mieux que Lazare.

Uvaspina et Minuccia venaient d'ouvrir les yeux.

En réalité, Uvaspina ne les avait pas fermés : il avait passé la nuit à surveiller sa sœur, à s'assurer qu'elle restait tranquille. Il avait un peu lu pour essayer de s'endormir : il aimait les poèmes, ceux d'un auteur en particulier.

La chose avait commencé lors d'une sortie scolaire à Port'Alba, la dernière année de collège. Ses camarades s'emmerdaient au milieu des étals de bouquinistes, eux ils voulaient aller à Edenlandia, à Fuorigrotta ; tout le monde parlait de ce parc d'attractions à proximité de la Mostra d'Oltremare et du stade San Paolo, on racontait qu'il y avait des autos-tamponneuses rouges et de ces montagnes russes qui vous empagaillaient l'estomac, et puis ils voulaient entrer dans le château blanc et bleu qui ressemblait à un gâteau géant, ils pourraient peut-être se planquer dedans, à l'abri des regards de la prof, mais Mme Borzacchiello s'y était opposée : « Non, une excursion à Edenlandia, ce n'est pas éducatif, c'est une honte que vous ne soyez jamais allés à Port'Alba, à deux pas du collège. »

Ses camarades avaient insulté Mme Borzacchiello et n'avaient pas arrêté de lui faire le signe des cornes dès qu'elle avait le dos tourné ; mais Uvaspina, lui, avait été reconnaissant, il l'avait remerciée et il l'aurait embrassée sur la bouche s'il avait pu. Il avait passé la matinée à trottiner derrière elle comme un petit chien, il avait suivi l'ondoiement de sa queue-de-cheval noire veinée de gris, qui paraissait scintiller dans les ruelles et entre les livres exposés, comme si elle diffusait une poudre argentée. Et cette poudre argentée l'avait conduit devant des lignes qui brilleraient pour toujours dans sa mémoire avec le même éclat qu'une queue de sirène tout juste sortie de l'eau fraîche : celles de *Suniette antiche, voce luntane*.

Va-t'en d'ici ! / Va-t'en, follasson ! / Va, papillon ! / Et retrouve l'air frais... [...] */ Dessus les branches du jardin – dessus les fleurs tout juste écloses / Dessus les roses encapuchonnées – blanche blanche est la lune...*

En lisant ces mots, Uvaspina avait senti comme un jouet se briser en lui : une poupée en papier mâché, un soldat de bois, un joujou à ressort, cassé dans sa petite poitrine de ramier. C'était quoi ça, qui était ce Salvatore Di Giacomo et comment osait-il lui parler de papillons qui devaient s'enfuir ? Comment ce mort osait-il lui parler depuis ces étals un peu crasseux et montés à la va-vite ?

Il avait continué de trottiner derrière Mme Borzacchiello toute la journée : ses cheveux argentés avaient la splendeur silencieuse d'une victoire. De retour chez lui, il n'arrivait à penser à rien : seulement qu'il devait encore parler à ce mort, parce qu'ils avaient des tas de choses à se dire.

Il avait pris l'habitude de se rendre seul à Port'Alba dès qu'il avait quelques minutes ou quand il finissait ses devoirs en avance. Il ne suivait plus la queue-de-cheval de Mme Borzacchiello, il suivait seulement son esprit d'animal curieux et l'étrange avidité que le mort avait éveillée en lui.

À Port'Alba, Uvaspina observait des gens de toutes sortes : lycéens en quête de livres, institutrices, curés et quelques enfants qui faisaient autant pitié que des chiots aveugles venant de naître. Des enfants des rues, pieds nus : certains d'entre eux n'avaient plus que leurs yeux pour pleurer, mais s'imaginaient écoliers quand ils passaient par là. En arrivant à proximité du Largo Mercatello, il fermait les yeux et entendait les sabots des chevaux, les rires gouapes des jeunes duchesses d'antan, qui abandonnaient le grincement des carrosses pour s'élancer vers les étals et s'emparer de la dernière édition d'un livre, crottant leurs souliers dans leur course. Il imaginait un monde de précepteurs tout emperruqués, de poètes amoureux éconduits qui écrivaient des vers tristes en regardant la lune rousse de Mergellina, et alors Uvaspina aspirait à une tristesse de la même nature.

Il avait appris l'art de se recroqueviller sur les trottoirs de Port'Alba, entre la boutique de Ciro Amodio et le vendeur ambulant des *pizze a portafoglio* les plus huileuses du centre-ville. Il restait là, sa tête gracile inclinée comme une alouette capricieuse, un papillon voletant d'un bouquiniste à l'autre à la recherche des ouvrages de Salvatore Di Giacomo. Le papillon voletait, en quête de la poudre qu'il avait perdue et la retrouvait toujours dans le poème « Lariulà », aux vers parfaits et déliés.

Puis, quand Uvaspina rentrait chez lui, pris d'une lubie étrange il écrivait des poèmes et des nouvelles, qui le lendemain matin lui semblaient bons à mettre à la poubelle ; mais il n'avait pas le cœur de les jeter, parce qu'il lui semblait trahir le mort dénommé Salvatore Di Giacomo et le courage que ce dernier lui avait insufflé.

Mme Borzacchiello s'était aperçue que quelque chose en Uvaspina avait changé, alors elle l'avait inscrit à des concours de nouvelles pour adolescents, auxquels il participait sans y croire : quel prix un pauvre type comme lui aurait-il pu remporter ?

Quelques mois après, Uvaspina avait gagné un concours : sa nouvelle racontait l'histoire d'un enfant qui fuguait juste pour voir si quelqu'un le chercherait : pas âme qui vive pour s'inquiéter, pis, personne ne s'apercevait de sa disparition, mais entre-temps celui-ci faisait fortune et changeait de vie. Avec son texte, Uvaspina avait remporté une petite plaque couleur or et émeraude, ainsi qu'un papier-parchemin avec son texte imprimé dessus.

Le jour de sa victoire, il avait découvert en rentrant que la Dépareillée et Pasquale Riccio lui avaient acheté un nouveau vélo. Uvaspina avait posé la plaque sur la table, à côté de sa nouvelle. La Dépareillée avait pris le parchemin, l'avait tourné entre ses doigts, puis après avoir essayé de le lire, elle l'avait lâché, vaincue :

— C'est sûrement très beau, mon tout joli, mais tu parles trop difficile pour moi.

Pasquale Riccio n'y avait même pas jeté un coup d'œil. Il savait bien que la nouvelle de son fils lui enverrait en pleine figure ce qu'il s'efforçait de cacher sous le tapis, à savoir qu'il était ignorant et qu'il ne connaissait même pas les paroles de la chanson « Era de maggio », pourtant connue de toute la ville, du premier érudit au dernier vendeur d'eau ambulant. Et puis il avait éprouvé une drôle de sensation, qui l'avait fait se sentir honteux, comme un petit voleur : une partie ancestrale de son corps avait une envie folle de serrer son fils contre lui, de le féliciter et de l'embrasser sur le front. Mais il avait ravalé cet élan qui l'effrayait, de la façon dont il aurait réprimé un hoquet.

Ce jour-là, à un moment donné, Uvaspina s'était aperçu que le parchemin avait disparu, il n'était plus sur la table où la Dépareillée l'avait posé ni ailleurs. Il avait dû retenir ses larmes quand, en allant aux W.-C., il avait vu sa nouvelle, toute froissée, à la place du rouleau de papier-toilette. L'histoire de l'enfant fugueur avait été fripée et ruinée pour remplir sa fonction : torcher des culs.

Dans son lit, Uvaspina repensa à tout cela : le souvenir de sa nouvelle mise aux toilettes était comme un gravillon dans sa chaussure, coincé entre ses orteils. Quand le soleil remplit la pièce, il abandonna ses livres et sortit.

Minuccia ouvrit les yeux peu après parce qu'un rai de lumière assassine avait heurté ses paupières. Arrosée par le soleil de Chiaia, elle paraissait une adolescente gracieuse, elle s'était affinée au fil des ans et avait même perdu un peu de bedon : il lui restait seulement une esquisse de bouée autour de la taille et un petit surcroît de chair à l'intérieur des cuisses, mais ce n'était rien.

Elle avait les mêmes yeux encapuchonnés que la Dépareillée, qui lui donnaient une beauté maligne et innocente à la fois. Elle aurait voulu s'en servir pour tout rafler, mais elle ne raflait rien parce que tout le monde s'acharnait à dire que le petit gars était plus beau.

Ils se retrouvèrent dans la salle de bains : pendant qu'Uvaspina se lavait les dents, Minuccia était sur le bidet, et quand Minuccia se lavait le visage, Uvaspina se savonnait les aisselles.

— À deux heures, deux heures et demie, on mange. Pâtes à la *genovese* au menu ! annonça Svetlana en toquant à la porte d'Uvaspina et Minuccia avant de déposer un plateau de croissants fourrés à la crème accompagnés de cappuccinos et de biscuits sur le bureau pastel.

À trois heures moins le quart, la famille au complet était attablée.

La sauce avait mijoté pendant cinq heures à feu très doux : le kilo d'oignons avait fondu, s'était mélangé au jarret de veau et s'était transformé en une purée de la même consistance que le confit de figues de Barbarie. Svetlana avait ajouté un peu de laurier pour donner à la sauce un arrière-goût de *struffoli* avant de l'incorporer aux pâtes cassées en deux, des *ziti* de Gragnano aussi durs que de la ferraille.

Pasquale Riccio n'aimait pas la sauce *genovese*.

— Une bonne sauce tomate faite dans les règles, ça aurait pas été mieux ? Au moins, ça nous aurait évité de puer de la gueule, maugréa-t-il en poussant les oignons sur le bord de son assiette – des petits lézards prêts à se gorger de soleil.

— Le seul Napolitain qui n'aime pas la *genovese* ! commenta en riant Svetlana qui l'avait entendu souffler depuis le salon, où elle passait la serpillière.

La Dépareillée embrocha son dernier *zito* et le promena méticuleusement dans la sauce.

— J'aurais dû m'en apercevoir la nuit de la cérémonie du plomb, il y a des années de ça, que mon mari avait ce défaut !

Elle savourait le plat avec délice en poussant des ronrons de chatte en chaleur, comme quand dans sa jeunesse les baisers de Pasquale Riccio dévalaient son ventre jusque tout en bas : désormais, elle n'avait plus que la *genovese* pour la faire jouir. Elle acheva de saucer avec une grosse tranche de pain de campagne.

— Ah, qu'ils sont bons, ces oignons ! s'extasia-t-elle en récupérant les résidus qu'elle n'avait pas réussi à attraper avec les pâtes.

Après quoi elle se nettoya les dents avec un cure-dent, puis fit une caresse à Minuccia, qui avait elle aussi fini son assiette sans broncher.

— Minù, prie Dieu pour que toi, le *chiummo* te donne un mari sans vices ! Un homme, un vrai !

En entendant ces mots, Pasquale Riccio coula un regard à Uvaspina, qui mangeait délicatement, pâte par pâte : il donnait deux coups de dents à chaque *zito* parce qu'il avait la bouche fine et sensible.

Des manières de femminiello, pensa Pasquale Riccio, puis il se tourna vers la Dépareillée : dans l'odeur de la *genovese*, ses loches paraissaient encore plus tombantes et vulgaires, il aurait préféré voir des maçons de Forcella la baiser à deux plutôt que devoir ne serait-ce qu'effleurer ses mamelons aussi larges que des rondelles d'oignon.

Seule la Dépareillée aurait pu lui pondre un foutre de fils pareil, mais tôt ou tard elle le lui paierait, oh que oui.

La Dépareillée se leva et prit gauchement Minuccia par les hanches.

— Tu dois te pomponner, ce soir, Minù, c'est la nuit de la Saint-Jean.

Pasquale Riccio s'alluma une clope en riant.

— Ben quoi ? Tu veux accomplir ce rituel du *chiummo* qui se faisait à l'époque de Masaniello[1] ? Vous avez qu'à vous mettre à danser la tarentelle, tant que vous y êtes ! Je vais chercher un tambourin, Graziè !

La Dépareillée l'ignora et lui prit une cigarette de son étui.

— Ne l'écoute pas, Minù. Qui l'aurait dit que le *chiummo* me montrerait la gueule de cette babiole décorative ? Regarde-le un peu, ton père, ah, sûr, il fait bien décoration !

— Je vois pas ce que je peux faire d'autre vu que tu prends toute la place, rétorqua Pasquale Riccio, qui avait fumé sa cigarette en trois grandes taffes.

La Dépareillée et Minuccia allèrent dans la salle de bains : la mère déshabilla la fille avec soin. Elle l'inspecta, soupesa ses seins l'un après l'autre, comme des melons au marché ; elle examina la courbe de ses fesses, puis lui brossa les cheveux.

Elle l'aurait croquée, sa fille, elle aurait mordu ses joues à pleines dents, parce que Minuccia était la miniature d'elle quand elle était encore fraîche et souple, quand elle était un bouton de rose de mai à qui il suffisait de s'ouvrir un peu pour rafler tout ce qu'elle voulait. Et même si Minuccia montrait les dents, piaffait et rendait tout le monde zinzin dans cette maison, la Dépareillée était incapable de la détester, parce que ça aurait été comme se mirer dans une flaque et détester la Graziella qu'elle avait été.

Puis elle alla chercher la bassine d'eau où le plomb avait trempé et fondu toute la nuit et la plaça dans le salon.

1. Révolutionnaire napolitain du XVIIe siècle.

— Rendez-vous ce soir à minuit, Minù. Sois à l'heure.

Et la Dépareillée promit, sur la tête de la Sainte Vierge et sur celle des oignons qu'elle avait mangés, elle promit à sa fille que dans son eau aucune babiole décorative n'apparaîtrait, aucun homme qui n'aimerait pas la *genovese*, aucun homme qui l'obligerait à chialer et à gruger, aucun homme qui la ferait s'intoxiquer de larmes et de cigarettes.

La Dépareillée regarda sa fille, l'embrassa sur la bouche et sortit : Minuccia comprit qu'elle devait avoir plus foi en sa mère que dans les saints, parce que crever et ressusciter trois jours après, ce n'était même pas à la portée de San Gennaro ; ce grand art, seule la Dépareillée le maîtrisait.

6

Minuit approchait.

Ce soir-là, le sergent Calandra et sa femme fêtaient leurs vingt-cinq ans de mariage avec tous les membres du cercle nautique ; en sortant, Pasquale Riccio avait annoncé :

— Ne m'attendez pas, je risque de rentrer tard.

La Dépareillée avait essayé de le faire rester à la maison au moins pour la cérémonie, elle s'était plainte d'un étrange tournis, elle avait les jambes molles, la gorge sèche, des brûlures à l'estomac.

— Je sais pas ce que j'ai, vaudrait mieux que tu restes, au cas où faudrait appeler une ambulance.

Mais il lui avait caressé la tête comme si c'était le chaton le plus moche d'une portée, puis il était sorti.

La Dépareillée s'était rembrunie et avait fumé deux cigarettes d'affilée sur son lit, seulement deux parce qu'elle avait une vilaine toux. Ensuite, elle était allée à la salle de bains et avait allumé la radio avant de passer sous la douche en chantant : elle aimait bien faire la seconde voix, et elle chantait plus juste quand elle était chagrine.

« La Castagnole nageotait dans la mer, elle eut envie de se marier, elle se fit une jolie robe d'écailles et d'arêtes, toute belle. » En chantant, elle se savonnait les aisselles, la raie du cul et la fente de devant, que plus rien n'avait pénétrée depuis des années, pas même ses doigts.

L'eau fonçait ses cheveux teints en roux, la Dépareillée avait retrouvé sa jeunesse, l'époque où les hommes ôtaient leur chapeau sur son passage et se disputaient pour l'accompagner bras dessus, bras dessous chez Mimì le charcutier.

À présent, ils ne la regardaient plus, au mieux ils fourraient les yeux dans son décolleté : des yeux comme mille insectes qui couraient d'un sein à l'autre, grimpaient sur l'aréole puis s'en repartaient. Parfois, sur la piazza del Plebiscito, la Dépareillée feignait d'avoir oublié son briquet pour demander du feu au premier venu, professeur, ingénieur, docteur, étudiant, boulanger ou maçon – « Pardon, vous auriez pas du feu, par hasard ? » – et sentir sur sa peau la réponse toute de musc et d'après-rasage d'un homme, caresse abrasive.

La Dépareillée se sécha, s'aspergea de son parfum lait de coco et églantine et sortit de la salle de bains, comme neuve. Ses poumons s'étaient ouverts, ses glaires s'étaient fluidifiées et la pensée de Pasquale Riccio s'était évaporée en même temps que la buée de la douche.

Elle avait essayé, de se faire aimer par ce mari qui la portait autrefois aux nues, mais elle avait dû se tromper quelque part, même la chiale et la gruge ne réussissaient plus à le garder à la maison.

— Va chier, Pasquale Rì, c'est toi qui y perds.

Uvaspina était allé se coucher : il n'avait pas envie d'attendre la cérémonie.

Le lendemain, il n'avait pas cours et les oraux se dérouleraient début juillet, il lui restait donc du temps pour réviser l'hermétisme et *Allégresse des naufrages*, d'Ungaretti, qui lui plaisait beaucoup ; mais cela signifiait aussi qu'il ne verrait pas Peppe Spalice dans les couloirs du lycée Eleonora Pimentel Fonseca.

Uvaspina gardait un souvenir cuisant de la première fois qu'il avait trouvé le courage de lui dire bonjour, c'était au tout début de cette dernière année de lycée. Les années précédentes, il n'avait même pas eu la force de le regarder en face, il se contentait de penser secrètement à lui.

Ce jour-là, Uvaspina avait profité d'une récré où Peppe Spalice n'était pas avec sa petite copine, une fille aux cheveux bouclés d'une autre classe, pour le saluer. Mais il lui était sorti une voix de fausset pleine d'embarras, et tout le monde s'était foutu de lui.

« Ciaaaaaaao ! »

« Hé, les gars, Uvaspina a dit bonjour à son chéri ! »

« C'est qui l'homme et c'est qui la femme, dans cette histoire ? »

« C'est Uvaspina la femme, c'est un *femminiello*, comme ceux qui font la cérémonie de l'enfantement dans les ruelles du centre-ville. »

Uvaspina avait fait mine de ne rien entendre ; il s'efforçait de faire abstraction de ces paroles nauséabondes, de dresser une barrière entre le mot *femminiello* et lui.

Ses camarades articulaient bien le mot *pédé*, babines retroussées et toutes dents dehors, semblables à une meute de louveteaux. Ils se croyaient rebelles en le prononçant loin des oreilles de leurs pères ingénieurs et de leurs mères enseignantes : à l'abri de leurs parents, ils pouvaient se remplir la bouche de tous les mots qu'ils voulaient, les mâchonner et les ruminer. *Pédé* était un mot-projectile, explosif : un petit séisme sur le palais. Le mot *femminiello*, lui, était brûlant, il faisait des cloques sur la langue comme une cuillérée de soupe bouillante. Sous ce déguisement de mot se dissimulait une seiche visqueuse qui glissait entre les doigts, s'échappait de la langue et des dents de ses camarades de classe, même pas fichus de la retenir dans leur bouche. En réalité, ils ne savaient pas vraiment ce qu'était un *femminiello*, ils avaient entendu un de leurs parents prononcer ce mot au retour d'un dîner ou d'une soirée passée à dormir dans les fauteuils en velours du théâtre Mercadante, ils n'en avaient jamais vu, mais ils en avaient fait une ritournelle, une étiquette collée sur le front d'Uvaspina.

Un jour, Uvaspina s'était informé par lui-même grâce à un livre trouvé à Port'Alba, et il avait compris beaucoup de choses. Il avait compris que les *femminielli* napolitains étaient des créatures étranges et d'une grande douceur, comme issues d'un éther fait de sirènes, servantes et anges à plumes qui ne jouaient pas de la lyre, mais d'un tambourin ramassé dans la rue. Il avait eu le souffle coupé en découvrant que les *femminielli* étaient des divinités terrestres : certes, les divinités d'une mythologie toute de *bassi*, venelles et églises désacralisées, mais dont les corps savaient se mouvoir et se muer, et même enfanter dans un troublant rituel de fécondité… Les *femminielli* étaient à l'étroit dans leur peau et avaient les couilles de se métamorphoser ; ces créatures libres et transmuables détenaient les mêmes pouvoirs que San Gennaro, la faculté de tout empagailler et de fomenter la révolte contre les mentalités et les cathédrales. Le *femminiello* portait chance, et le petit peuple des ruelles le vénérait comme une Mater Matuta, une Vénus italique, une nostalgie à contre-jour. Uvaspina avait également découvert dans ce livre des tombolas, des clés des songes, des cérémonies et des rituels au cours desquels le sourire des *femminielli* n'était pas celui des mortels, mais des demi-dieux, et il ne comprenait pas pourquoi ses camarades se comportaient comme si ce mot était visqueux et répugnant. Cette apostrophe qui auparavant l'affectait serait désormais pour lui motif de fierté secrète, s'était-il promis.

Il aurait aimé que des *femminielli* le bercent en lui chantant des chansons, il aurait aimé s'endormir contre leur ventre qui avait glorieusement changé de forme. Il aurait aimé observer leur corps, puis son… Cependant, Uvaspina ne voulait pas changer de peau, au fond il se sentait bien dans ce petit tas d'os blancs et il était attaché à son identité de petit gars. Celle-ci lui plaisait tellement que c'étaient les autres petits gars comme lui qui éveillaient son désir, ce qui était peut-être mal mais aussi inéluctable que le tonnerre après l'éclair tombé dans la mer. Et puis, il ne se sentait pas digne d'être comparé à un *femminiello*, parce que ces êtres lui semblaient capables de rire dans la lumière inatteignable des astres napolitains, alors que lui n'arrivait même pas à sourire quand la honte s'abattait sur lui comme une couverture noire.

Ses camarades l'avaient étiqueté, ils l'avaient entouré de cette membrane sans même savoir ce qu'ils disaient. Ils l'avaient ficelé comme un saucisson dans le filet du boucher : cette membrane s'était collée à sa peau et avait fait de lui une bête exotique, une sorte de panthère en captivité à Chiaia. Pour tous, Uvaspina était le *femminiello*, ce mot s'échappait sans cesse de la bouche de ses camarades, alternant avec *pédé*, et ces termes renfermaient toute leur peur et leur curiosité envers ce qui n'était pas une évidence, envers les gens qui osaient s'aventurer au-delà des frontières nettes et violentes tracées par leurs parents. Ces insultes confuses étaient leur seule liberté, la seule transgression que le quartier de Chiaia pouvait leur accorder.

La nuit de la cérémonie du *chiummo*, Uvaspina s'était allongé sur le ventre, épuisé : la clarté de la lune rousse caressait sa mâchoire carrée, où les poils refusaient de pousser. Il était sur le point de s'endormir quand un bruit de verre brisé le fit sursauter.

Minuccia alluma la lumière et entra dans leur chambre, furibonde. Uvaspina peina à la reconnaître : sa sœur paraissait plus âgée, elle était toute blanche, comme si elle avait plongé son visage dans du talc, et ses yeux semblaient cerclés de fusain estompé.

— Tu dors, Uvaspì ? T'as bien de la chance.

Minuccia était à demi dévêtue, elle portait une robe aux bretelles tombantes et ses cuisses étaient nues. Le noir étalé sur ses paupières ne dissimulait pas l'étincelle de larme qui frémissait dans ses yeux ; nerveuse, elle fouilla dans les tiroirs du petit secrétaire et en tira une boîte à bijoux vert pastel ; elle en sortit une chaîne en or avec un pendentif porte-bonheur en forme de corne.

— Ça m'évitera de voir des horreurs dans le *chiummo*, c'est toujours ça.

Uvaspina se leva.

— Qu'est-ce qui s'est passé, Minù ?

Minuccia passa un doigt sur ses cils tartinés de mascara : ses lèvres tremblaient, elle ravalait ses cris.

Elle s'élança en courant vers le salon, suivie par Uvaspina.

— Minù, mais qu'est-ce qui s'est passé ?

Il se comportait ainsi depuis toujours face à la fol-toupie : elle tenait la ficelle et il essayait de l'attraper, mais Minuccia ne laissait personne anticiper ses pas de bois et de furie.

— J'ai fichu en l'air tout mon maquillage, comment je fais pour finir de me préparer, maintenant ? En plus, j'ai cassé mon miroir, je me suis filé la poisse toute seule, fallait que ça m'arrive aujourd'hui.

Des bouts de maquillage et des bris de miroir gisaient sur le carrelage à losanges. Uvaspina aida sa sœur à tout ramasser : un éclat de miroir acéré, un carré de fard fuchsia réduit en poudre, un capuchon de crayon noir, un flacon de parfum à l'odeur de fleurs séchées, une boucle d'oreille jaune.

La ficelle de la toupie s'était réenroulée et n'avait rien pris dans son lasso : Minuccia ne ferait de mal à personne, seulement à elle-même, parce qu'elle s'était regardée dans les éclats de miroir et avait vu sa défaite, et son maquillage qui coulait. Uvaspina avait compris que Minuccia avait seulement envie de pleurer et de se mutiler avec tous les morceaux dans lesquels elle avait vu la fille qu'elle était et ne voulait pas être.

— Allez, Minù, il n'est pas encore tout à fait minuit, tu as le temps.

Minuccia se mit à bouder comme quand elle était petite, une bouderie inoffensive et pitoyable.

— Non, non, je veux plus faire la cérémonie du plomb.

Uvaspina lui caressa les cheveux.

— Même pas si je la fais avec toi, Minù ?

Minuccia éclata d'un rire qui déchirait le cœur.

— Ah, t'as pigé que toi aussi faut que tu la fasses, Uvaspì !

— Mais non, Minù, je déconnais. C'est pour toi, tu vas savoir qui tu vas épouser, qu'est-ce que j'ai à voir avec ça ? Tout ce que je peux faire, c'est t'aider à te préparer.

De petites rides sévères se creusèrent autour de la bouche de Minuccia.

— Pardon, les gens comme toi ils veulent pas de mari, peut-être ? Tu les cherches pas les hommes, toi ?

Uvaspina ne répondit pas : après un moment de répit, la ficelle de la toupie recommençait doucement à se dérouler.

« Serre les dents, mon tout joli » : les mots de la Dépareillée résonnaient dans ses nerfs. Les souvenirs affluaient et chacun d'eux pulsait comme un clou planté dans ses tempes : une fois, quand ils étaient petits, Minuccia ne voulait pas aller à l'école parce que, disait-elle, les autres filles se moquaient d'elle.

— Mais tu fais quoi pour qu'elles t'aiment bien ? s'était-il permis de lui demander.

Avec le temps, il avait appris à savoir quand il avait tort d'ouvrir la bouche, car il éprouvait chaque fois un désir animal de se mordre la langue et de l'avaler. Mais ce jour-là, bien des années auparavant, Uvaspina n'avait pas encore compris la nature de la foltoupie. La petite Minuccia lui avait demandé en retour :

— J'ai pas compris, tu peux répéter ?

Et puis la nuit elle lui avait fait recracher tout ce qu'il lui avait dit. Elle s'était assise sur le bord de son lit, lui empoisonnant le sommeil par des pinçons qui étaient des coups d'aiguille, des nœuds coulants, des clous plantés dans les souvenirs d'Uvaspina. Réveillé par sa sœur qui s'acharnait sur lui, le jeune Uvaspina était allé appeler ses parents dans leur grand lit, qui dormaient à pleins rêves.

— Tu viens me réveiller pour une connerie pareille ? avait répondu la Dépareillée en jetant au visage de son fils son haleine métisse de sommeil, tabac froid et nourriture avariée.

— Attends, tu dis rien à Minuccia ? Elle m'a frappé !

Et Uvaspina avait cherché sa mère dans la pénombre. La Dépareillée s'était levée, entre un juron et un regard noir à son mari, et était venue dans leur chambre. Elle avait parlé à Minuccia, et Uvaspina se souvenait seulement des cris de sa petite sœur, des rideaux à volants éclairés par la lune et de la Dépareillée qui s'en retournait dans sa chambre, comme poussée par une force souterraine occulte, la tête basse.

— Si tu continues à jouer les héros, tu vas en ramasser d'autres. Serre les dents et va te coucher.

Et la Dépareillée avait disparu, retournant à son sommeil dedans le noir, et dans cette obscurité, Uvaspina petitou avait eu son premier contact avec cette énergie humide et insaisissable, une alchimie à l'odeur de bois et de jouets cassés. Cette énergie qui, durcissant jour après jour, formerait la couronne d'épines d'Uvaspina et de sa petite sœur.

— Allez, Minù, viens, je t'aide à te préparer.

Minuccia acquiesça, avec une lueur dans les yeux qu'il ne sut interpréter, malgré son observation attentive du moindre frétillement de sa sœur.

— D'accord, Uvaspì, tu fais pas le *chiummo*, mais alors tu te prépares avec moi, ça va te plaire, sûr.

Il y avait dans la bouche de Minuccia le même crachat que dans celle de ses camarades de classe ; il savait maintenant déchiffrer leur alphabet, appliqué à un vocabulaire limité : pédé, *femminiello*, tafiole, enculé. Derrière le « ça va te plaire, sûr » de Minuccia se cachait ce lexique inculqué dès leur plus tendre enfance.

Elle le fit asseoir sur le canapé du salon, en face du miroir ; puis elle piocha du mascara, du rouge à lèvres et un étui avec un fond de poudre dans le maquillage rescapé.

— Bouge pas. Je veux voir si t'es aussi beau que ce que disent les amis de papa.

La Dépareillée les avait rejoints, régénérée et parfumée. Placée au milieu de la pièce, pareille à un sphinx, elle se contenta d'adresser à Uvaspina un regard qui disait, comme toujours : « Serre les dents. Serre les dents. Et ferme-la. »

— Le mascara ou le rouge d'abord ? Qu'est-ce t'en penses, maman ?

— Le rouge en dernier, répondit la Dépareillée d'un ton résigné.

Minuccia se tenait face à son frère. Ils se regardaient, les traits de l'un se réfléchissaient dans l'autre, les lignes de leurs pommettes reflétées, les courbes de leurs lèvres parfaitement complémentaires : pincées, celles de Minuccia, pleines, celles d'Uvaspina, un baiser échangé entre ces bouches aurait été un jeu d'emboîtement.

— Ferme les yeux et bouge pas.

Minuccia passa son doigt sur le fard vert puis le frotta sur la paupière d'Uvaspina, veillant à ne pas trop appuyer. Elle estompa, dessina des cercles, des lignes, couvrit jusqu'à l'arcade sourcilière. Uvaspina se regarda dans le miroir : il ressemblait à un oiseau exotique bigarré, aux yeux tristes et bariolés.

— Bouge pas, je t'ai dit ! T'as cru que j'avais fini ou quoi ?

Minuccia se saisit d'un crayon noir à la mine aussi souple que de la mousse. Elle prit Uvaspina par le menton et lui ouvrit grand les yeux.

— Les ferme pas, sinon c'est ton problème, viens pas chialer si je te fais mal.

Tenant ses paupières écartées entre son pouce et son index, comme pour entrouvrir la corolle d'une fleur, elle passa le crayon au ras des cils inférieurs. Uvaspina ne cligna pas, même s'il avait l'impression que mille cailloux pointus grattaient le fond de ses globes oculaires.

Minuccia ouvrit l'ovale de l'étui et en sortit un petit pinceau : elle le fit aller et venir dans le fard puis sur les joues, le front et le menton de son frère, gamine jouant avec de l'aquarelle.

Uvaspina se regarda à nouveau : à présent, il avait le visage tout blanc et il n'arrivait pas à saisir s'il ressemblait à un gamin des rues à la figure porcassée par la farine du pain volé ou à une reine des manuels d'histoire, toute bouclée, au visage pâle et à l'air toujours écœuré. La poudre lui entra dans les narines, il éternua.

Cet éternuement lui fit éprouver une étrange jouissance : il aimait se voir maquillé dans le miroir, il ne savait plus s'il était un homme, une femme, un animal, un fruit, une fleur, de la boue, un flocon de neige brillant à la blancheur de talc. Ou bien lui, Uvaspina.

Minuccia le secoua.

— Quoi ? T'as vu la Vierge ?

Uvaspina battit des paupières et se sentit de nouveau nu, écorché.

— Je vérifiais si j'avais pas un truc dans l'œil.

Minuccia sourit en se passant la langue sur la lèvre inférieure.

— C'est pas plutôt que t'aimes ça ? T'aimes ça, que je te maquille, hein ?

Il se leva pour aller à la salle de bains.

— Ils sont où les machins pour se démaquiller, Minù ?

Minuccia éclata de rire et le bloqua contre le mur, contre la tapisserie à rayures vertes et blanches du salon.

— Ah, non, Uvaspì. Tu vas pas te démaquiller. D'abord, tu vas voir qui tu rejoindras devant l'autel !

Elle le regardait droit dans ses yeux outrancièrement maquillés de perroquet effaré, l'empêchant de s'envoler au loin. Il poussa un pépiement, et Minuccia le fit taire avant qu'il ait le temps de protester.

— Je veux pas t'entendre. Tu vas faire la cérémonie du *chiummo*, maintenant.

Qu'est-ce que quelqu'un comme Uvaspina aurait pu faire sinon la cérémonie du plomb ? Il n'était pas comme Peppe Spalice ou les autres garçons du lycée, qui avaient déjà le visage couvert de poils hirsutes, de soies de sanglier : même les femmes de cinquante ans se retournaient sur leur passage dans la via dei Mille, parce qu'à leur âge déjà, ils étaient des hommes.

Uvaspina n'était pas normal, il n'appartenait ni à l'espèce humaine ni à l'espèce animale, il appartenait à l'espèce des pédés, qui ne figurait pas dans le manuel de Carmela, sa maîtresse du primaire. Une fois, elle avait dit :

— L'homme féconde la femme et des enfants naissent, c'est la seule façon pour l'espèce humaine de se perpétuer.

Un garçon assis à côté de la fenêtre avait demandé :

— Pardon, maîtresse, mais alors les pédés comment ils font ? Ils se fécondent tout seuls ?

Toute la classe avait éclaté de rire et s'était donné des coups de coude en regardant Uvaspina du coin de l'œil, et dans ce coin de l'œil un grain de blé brûlé luisait d'une lueur méchante.

Minuccia finit par desserrer sa prise.

— Dans mon armoire, il y a un déshabillé jaune avec des libellules. Ramène-le, Uvaspì.

Uvaspina jeta un regard à la Dépareillée, qui s'était assise dans le fauteuil et s'éventait avec un vieux journal. De ses yeux, la Dépareillée répéta sa rengaine : « Serre encore un peu les dents, ce cinéma va bientôt finir. »

Uvaspina alla fouiller dans l'armoire de sa sœur : le déshabillé était suspendu, il avait encore son étiquette. *Tu m'étonnes, qu'est-ce tu veux faire de ce truc à part te balader sur une plage pourrie ou passer la serpillière avec ?* pensa-t-il en l'attrapant.

Il l'apporta à sa sœur. Minuccia était assise nue au milieu de la pièce, jambes croisées devant le miroir. La Dépareillée était derrière elle. Entre le miroir et le corps de Minuccia trônait la bassine d'eau préparée la nuit précédente : tout était prêt.

7

Dans le souvenir d'Uvaspina, la nuit de la Saint-Jean avait toujours été une farandole chaotique et effrénée de festivités d'un autre temps, auxquelles personne ne croyait peut-être plus vraiment, mais qui coulaient dans la poitrine des gens comme ces vins pétillants qui font tourner la tête.

Bien des siècles auparavant, cette nuit-là était très différente ; pendant ces quelques heures tout changeait, même le visage de Parthénope. C'était comme si cette sirène hystérique posait son cul sur le mont Somma, celui à côté du Vésuve : elle montrait à tout le monde ses formes délicates, mais aussi ses béances et les pustules qui lui poussaient en bas, à la naissance de la queue.

Autrefois, à cette occasion, certains se jetaient nus à la mer, les femmes dansaient comme des bacchantes sur la plage et leur peau laissait place à des écailles ; les hommes se prenaient pour Priape, la divinité dotée de l'anguille la plus grosse de tout le golfe, et se livraient à des bizarreries aquatiques. Une extase païenne s'emparait de toute chose, on n'était plus à Naples, mais dans une espèce de grand foutoir grec et latin, où les bras touchaient d'autres bras embijoutés, la marmaille était laissée à la maison, et l'eau de mer lavait ensuite tout, comme si rien ne s'était passé.

Dans le sang de ces gens, ce n'était pas l'Italie qui coulait, mais le Parnasse, l'Olympe, les ossements de saints, les onguents des sorcières de Bénévent et aussi les cuisses des putains, et tout cela formait une pâte qui se figeait dans les traits des habitants de Campanie. Cette pâte, ils la portaient sur leur figure, dans leurs cernes et leur lèvre inférieure, comme la rougeole ou un péché.

Pendant un cours d'histoire, Uvaspina avait appris qu'ensuite tout ce bordel avait été interdit par les comtes et les vice-rois espagnols portant le nom de García, qui s'étaient établis à Naples pour diriger en seigneurs.

Avec le temps, la nuit de la Saint-Jean avait changé de visage, elle s'était domestiquée et avait cessé de faire peur : devenue inoffensive, elle ne servait plus qu'à savoir qui les filles épouseraient, comme pour les punir et les exhorter à la discipline, sans quoi elles finiraient comme saint Jean Baptiste, décapité après que Salomé eut dansé devant le roi Hérode. Alors, les jeunes filles cherchaient les traits de leur futur mari pendant la nuit du 24 juin, implorant ce saint qui avait perdu la tête de les assagir.

La Dépareillée adorait la nuit de la Saint-Jean et racontait toujours à Uvaspina et Minuccia que, dans sa jeunesse, à cette occasion, elle allait avec ses amies cueillir des plantes magiques mouillées de rosée. Puis elles s'asseyaient sur les marches de Sant'Antonio et s'enduisaient les unes les autres de rosée ; après quoi, elle rentrait chez elle, déposait les plantes magiques à côté de son oreiller et s'endormait en chantant

« Core 'ngrato », puis elle rêvait de princes charismatiques et d'hommes riches qui la sauveraient de la gueuserie de Forcella et farderaient ses joues. En fin de compte, personne ne l'avait sauvée : c'était elle qui s'était sauvée toute seule, en apprenant l'art de la chiale et de la gruge.

« Rosée », c'était aussi le nom que la Dépareillée donnait aux règles, et quand à l'âge de onze ans Minuccia avait trempé son lit de sang, elle avait clamé : « Ma fille a eu sa rosée, c'est une fleur maintenant ! », et Uvaspina ne comprenait pas, il ne sentait le parfum ni des fleurs ni de la rosée, seulement une odeur ferreuse.

Il avait toujours pensé que sa mère était capable de passer cent ans à raconter toutes les traditions de la Saint-Jean, mais le récit le plus fréquent était celui du *chiummo*. La Dépareillée était fière de sa science fruste, car c'était une femme prosaïque qui avait tout appris sur le terrain ; les livres et les machins scolaires, elle écartait les jambes pour y pisser dessus. La Dépareillée ne croyait qu'à une chose : au plomb qui fondait dans l'eau, se ramifiait et se développait, dessinant des arabesques qui formeraient une image précise, plus précise que les desseins du Père éternel.

— C'est scientifique, même le fiancé d'une de mes parentes qui a étudié les sciences naturelles à Monte Sant'Angelo le disait.

Et à la locution *sciences naturelles*, son front se plissait et sa poitrine se gonflait, comme si c'était elle qui avait découvert ces savoirs sur une montagne antique, pleine de tables et de codes que seule la Dépareillée de Forcella pouvait déchiffrer.

Ce soir-là, elle expliqua cette coutume pour la énième fois, mais avec une expression plus solennelle encore, parce que ce coup-ci, la cérémonie concernait sa fille. Postée en matrone au milieu de la pièce, elle commença à parler du plomb fondu avec de l'étain, qui dans l'eau donnerait vie à une matière semblable à de l'argent. Dans cet argent, on verrait le métier du futur mari de Minuccia.

— C'est vrai tout ça, hein, je l'ai pas inventé, ça a été étudié.

Uvaspina avait envie de rire, parce que dans la bouche de la Dépareillée, ces termes – *plomb*, *étain*, *argent* – étaient comme autant de perles jetées aux chiottes. Il aurait voulu se lever, secouer sa mère par les épaules et lui dire de parler comme elle bouffait, vu que dans son clapet l'argent se transformait en alu, mais il se retint parce que la Dépareillée lui adressa le seul regard qu'elle savait lui adresser, celui qui disait : « Serre les dents, mon tout joli. » Ainsi, tout comme il devait supporter Minuccia, Uvaspina devait aussi supporter la Dépareillée qui parlait de plomb fondu et d'argent.

Le cours s'acheva dans une quinte de toux grasse qui scella le propos : la Dépareillée était fière de sa jactance.

— Hé, vous en dites quoi, j'aurais fière allure si demain j'allais donner des cours chez les Salésiens, non ? S'apercevraient de la différence, vous croyez ?

Minuccia avait fini de se préparer avec les fards rescapés de sa fureur et elle portait son maquillage comme unique vêtement. Ainsi apprêtée, elle avait une beauté étrange, bohémienne, et elle regardait sa nudité dans le miroir comme un fait normal ; elle n'avait plus peur, elle avait perdu sa bouée de gras : sur sa poitrine, deux seins massifs, campanules ballantes qui prenaient la même forme que ceux de la Dépareillée.

— Ce beau brin de pépée, c'est moi qui l'ai fait, s'enorgueillit la Dépareillée en enlaçant Minuccia par-derrière – dans le miroir, ses doigts formaient un soleil autour du nombril de sa fille.

À leurs pieds, la bassine bleu clair, remplie d'un liquide trouble qui avait reposé toute la nuit : cette même bassine où ils mettaient la morue à dessaler pour Noël.

Uvaspina posa le déshabillé sur le canapé, veillant à ne pas le froisser. Minuccia s'en empara et le mit sur ses épaules comme une cape. La Dépareillée fixa les libellules dont le tissu était couvert.

— Sont bien jolies, ces mouches, Minuccia, on dirait qu'elles sont vivantes.

Pensant que sa mère et sa sœur étaient les seules à qui cette serpillière pouvait plaire, Uvaspina observait le duo avec un éclat de rage planté dans le ventre.

La Dépareillée continua de palper le tissu, satisfaite.

— Minù, tu mettras ça quand on aura fini, quand on sortira regarder les feux d'artifice sur le balcon.

Uvaspina ne put retenir une grimace en regardant les libellules : une grimace involontaire, née à son insu, dont il ne maîtrisa pas l'effet sur son visage. Mais Minuccia avait des yeux derrière la tête.

— Quoi, Uvaspì, t'as quelque chose à dire ?

Uvaspina ne répondit pas, sentant revenir le lasso immémorial de la foltoupie, prêt à faire n'importe quoi pour lui échapper ; mais, par moments, celui-ci était incontrôlable, on pouvait seulement attendre dans un coin qu'il s'apaise.

Une veine vert clair apparut sur le front de Minuccia.

— J'ai pas pigé ce que tu penses, avec ta face de connard. Tu trouves mon vêtement moche ? Tu trouves qu'il me va pas ?

Uvaspina secoua énergiquement la tête. Comment Minuccia faisait-elle pour deviner la moindre pensée fugitive qui le traversait, avant même qu'elle se forme ? La foltoupie avait un don pour saisir toute chose sur sa trajectoire, même les pensées les plus secrètes.

— Non, Minù, j'ai rien, je te jure.

— Pourquoi tu faisais cette tête de débile, alors ? Vas-y, dis-moi ce que t'as, siffla Minuccia.

La Dépareillée commençait à perdre patience. Elle récupéra une fleur blanche de la décoration du milieu de table, un genre de magnolia aux pétales crème, et la glissa dans les cheveux de sa fille. Elle, quand elle était jeune, elle cueillait les fleurs qui poussaient sur les plates-bandes du Borgo Orefici, sur la piazza Carlo Troya, et les fixait sur les épingles qu'elle utilisait pour tenir ses tresses, car tout le monde devait voir que Graziella était une fleur, et cette nuit Minuccia devait être à son tour une fleur à même de s'attirer les grâces du sort, car la Dépareillée avait toujours pensé que le sort était comme les hommes : il fallait le titiller pour qu'il donne le meilleur.

La Dépareillée arrangea les pétales dans les cheveux bruns de Minuccia, une tache blanche sur son pelage de félin captif, et dans les réactions nerveuses de bête sylvestre de sa fille elle se revit marchant à Forcella en priant que le boucher ait de la viande à lui donner, de la viande à crédit parce qu'elle n'avait pas un sou.

Minuccia serra les mains de la Dépareillée.

— Maman, t'aurais dû voir la tronche qu'il a faite. C'est sûr qu'il pense que cette robe qu'on a achetée ensemble toi et moi est un chiffon du marché, que même les putes de Baia Domizia ne voudraient pas mettre.

Plus son frère restait silencieux, plus Minuccia avait soif : soif jamais étanchée de son jus de groseille, qu'elle n'avait pas bu depuis des jours.

— Tu dis rien ? Regarde sa tête de con. Tu m'envies, tu crèves de jalousie.

Uvaspina fixait le carrelage du salon : losanges, lignes, formes géométriques, par groupes de deux ou de quatre.

— Allez, dis-le que tu voulais la mettre, cette robe, comme ça t'aurais pu mieux rouler du cul en passant devant Peppe Spalice !

Losanges, lignes, formes géométriques : les yeux d'Uvaspina ne quittaient pas le sol, lui au moins n'entendait rien, par chance les carreaux n'avaient pas d'oreilles.

— Tu joues les demeurés pour éviter la guerre. Vas-y, dis-le à maman que ton attitude de connard, c'est parce que tu voudrais mettre cette robe pour aller te comporter comme un clebs avec ce type et qu'il te soulève la jupe. Ah oui, mais après il va avoir une mauvaise surprise, c'est con, hein ? Regarde-moi ce *femminiello*, m'man, il s'est même pas démaquillé, et pourquoi ? Parce qu'il aime ça.

Quand Minuccia se tournait, la Dépareillée portait son index à ses lèvres pour indiquer à Uvaspina de ne pas réagir. De toute façon, maintenant la foltoupie était partie, il fallait attendre les yeux fermés que la ficelle se réenroule. La foltoupie agissait à sa guise dans ses cieux dépourvus d'astres et de lumière, seulement peuplés d'étoiles encordées.

Minuccia se jeta sur son frère, assis sur le canapé, les yeux rivés au sol.

Une furie, une flèche : elle lui arracha son T-shirt, révélant sa poitrine très blanche, ses côtes qui étaient des zébrures en relief sous sa peau.

Elle lui arracha aussi son pantalon, mettant à nu ses jambes lisses aux genoux ronds, et le seul endroit de son corps couvert de duvet : la portion de peau en dessous de son nombril, qui disparaissait dans son slip. Que Minuccia lui enleva également.

Uvaspina était nu sous la lumière du lustre à pampilles du séjour.

— Regarde-toi un peu, qui voudrait de toi ? Qui irait se faire chier avec quelqu'un comme toi, Uvaspì ?

Minuccia prit son déshabillé et en chercha le bon sens : en un clin d'œil, Uvaspina se retrouva enveloppé du tissu jaune, ses libellules le piquaient et bourdonnaient autour de lui.

La Dépareillée ne dit pas un mot, il y avait des moments où elle ne pouvait pas jouer la carte de se feindre morte, il fallait seulement attendre et elle le savait bien : elle se rappelait encore cette nuit où elle était retournée dormir la tête basse. L'énergie de Minuccia déplaçait l'air et bouleversait le rythme des pensées, c'était un sortilège qui vous faisait incliner la caboche et puis voilà. Face à ce phénomène, la Dépareillée n'avait pas de miracles à proposer.

Minuccia regarda son frère habillé en femme d'un air satisfait, ses pupilles brillaient : si quelqu'un était entré dans le salon, il aurait pu jurer avoir vu Minuccia heureuse.

— T'avais raison, Uvaspì ! Cette robe te va mieux à toi ! Vise-moi un peu ces cuisses que t'as !

Il émanait d'Uvaspina quelque chose de virginal : dans le décolleté profond de la robe qui s'ouvrait sur sa poitrine glabre et plate, dans ses hanches étroites, dans ses paupières maquillées qui clignaient à toute allure. Tout le faisait ressembler à une mariée abandonnée devant l'autel. Uvaspina était une jeune vierge sous le lustre, une jeune vierge vêtue de jaune, la couleur des fous et de Minuccia.

Il portait l'humiliation avec la grâce de ceux qui y sont habitués, l'humiliation d'Uvaspina était légère, elle voletait comme les libellules imprimées sur sa robe, se posait sur le rebord de la fenêtre et flottait dans la bassine.

Minuccia sourit, pleine d'une joie lumineuse.

— Bon, on peut commencer le *chiummo* maintenant, y a deux filles à marier, dans cette pièce.

Minuccia nue, femme par nature, avec ses mamelles marbrées de violet, son nombril saillant et ses poils entre les cuisses ; Uvaspina, *femminiello* portant la robe de Minuccia. Sa honte tenait tout entière là, dans ce jaune paille, car la couleur jaune est depuis toujours associée à la honte, à la lune tombante, à la pisse.

Minuccia regarda son frère, muet et gauche.

— Ben quoi, Uvaspì ? T'attends que Peppe Spalice apparaisse dans l'eau ?

Une paillette de larme trembla dans l'œil d'Uvaspina. Si Peppe Spalice l'avait vu comme ça, il l'aurait regardé comme le plus méprisable insecte des égouts : déjà qu'il n'avait même plus le courage de lui dire bonjour, à cet instant il se sentit écrasé par une misère insoutenable.

Une fois, à un anniversaire aux Colli Aminei, peut-être à celui de la fille de maître Santoro, les invités s'étaient lancés dans un action ou vérité : Peppe avait choisi vérité. Les autres lui avaient demandé : « Vas-y, balance, tu préfères les culs ou les tétés ? » Uvaspina ne jouait pas, il restait toujours à l'écart : il avait écouté les questions et les réponses sans jamais lever les yeux de son assiette d'omelette aux spaghettis, espérant que personne ne le mentionnerait ou ne l'utiliserait pour un gage. Quand Peppe avait dû choisir entre culs ou tétés, Uvaspina avait retenu son souffle.

Sans y réfléchir un instant, Peppe avait crié : « Tétés ! », et les autres garçons avaient sifflé et applaudi en signe d'approbation ; les filles avaient rougi, qu'elles portent déjà un soutien-gorge ou que seuls deux petits boutons pointent sous leur T-shirt.

Tétés. Ces *t* étaient tombés sur Uvaspina comme une douche froide ; les éclats du mot *tété* l'avaient autant meurtri que des coups de poing. Il avait imaginé Peppe Spalice en train de toucher toutes ces filles au visage encore enfantin mais dont la poitrine avait levé, comme sur le point d'exploser ; Uvaspina imaginait ces mamelles avec jalousie et terreur, et sa peur croissait quand il imaginait Peppe palper cette chair, Peppe excité à la vue de tétons. Il avait eu la nausée et avait voulu partir de la fête ; toutes les filles de sa classe, qui exhibaient leurs seins avec une naïveté cruelle, lui retournaient le ventre.

Uvaspina regarda l'eau de la bassine, puis sa poitrine, qui ne plairait jamais à Peppe, dans la robe vide, sans renflement, avec la même nausée.

La Dépareillée plongea un doigt dans l'eau et commença à tourner. Le liquide trouble forma mille tourbillons paresseux : dans ces volutes, Uvaspina vit seulement des seins qui dégageaient un parfum de mère, de femme, de talc, éléments indispensables pour plaire à Peppe et à tous les autres garçons.

— L'eau va arrêter de tourner, là, voyons voir ce qui se passe, mes petitous.

Minuccia planta ses yeux dans la bassine : elle, dans cette eau, elle voyait des notaires, des avocats, des ingénieurs et des hommes qui ne la feraient jamais se sentir grosse ou moche, qui la chériraient comme la prunelle de leurs yeux. Elle voyait des hommes qui fumaient le cigare et avaient la peau caramel, hâlée par le soleil de Procida ; des hommes qui feraient tomber toutes ses copines en pâmoison, et Uvaspina aussi, parce que ce *femminiello* n'aurait jamais un homme rien que pour lui, au mieux il devrait se contenter de passer deux heures dans une chambre de l'hôtel Vesuvius en compagnie de messieurs qui rentreraient chez eux à la fin de la soirée avec un bouquet de roses pour leur femme.

Le doigt dans la bassine, la Dépareillée pensait quant à elle à l'eau et à la sueur des hommes, car les hommes savent être méchants et punir les femmes qu'ils épousent en leur faisant la gueule, en sabotant leurs vacances, en les privant des meilleurs morceaux et en leur réservant les parties de baise foireuses, tout juste bonnes à se vider les couilles. La Dépareillée s'était promis de remuer l'eau, la mer et les flaques pour que sa fille n'ait jamais à boire une seule gorgée de ce poison, car, malgré ses défauts, Minuccia méritait d'avoir un homme qui lèche la poussière sous ses pieds. Pas comme Pasquale Riccio : au début, les hommes sont tout miel, amour et doigts entrecroisés, puis ils prennent de plus en plus de bidoche, et le soir ils vous tournent le dos dans le lit, et dans la rue ils marchent toujours un mètre devant vous comme s'ils ne vous connaissaient pas.

L'eau dans la bassine s'était étirée en larges serpentins. Le plomb fondu se figea en copeaux gris, il se fit nacre puis coquillage. Une image aux contours tremblants se formait, elle se distendait et se métamorphosait, elle palpitait dans l'eau et étincelait sous le lustre à pampilles. La Dépareillée, Minuccia et Uvaspina essayèrent tour à tour de deviner le dessin qui apparaissait.

Minuccia se concentra, penchée au-dessus de la bassine, comme petite, au-dessus des puits à la campagne.

— On dirait un ballon, mais avec des bords étirés !

La Dépareillée releva la tête et sourit.

— Si la Sainte Vierge le veut, Minù ! Alors, ça signifie que tu vas te marier avec un footballeur, tu vas nous ramener Maradona à la maison !

La forme dans l'eau fit un petit tour sur elle-même, rétrécit puis s'élargit. L'image était douce : elle arrondit ses angles et se fit courbe, et une petite crête en argent naquit à son sommet.

— Un bateau, dit Uvaspina.

— Et donc ? Armateur ? Capitaine ? C'est quoi les métiers avec les bateaux ?

Minuccia, tout excitée, avait le souffle court, elle bouffait ses mots et se voyait déjà contempler Positano et ses maisonnettes blanches accrochées au-dessus du vide depuis le pont d'un navire.

— Je sais pas, Minù, en tout cas m'est avis que t'as eu du bol, fit la Dépareillée, la mort dans l'âme, car d'après elle les hommes de mer avaient le cuir plus dur et le cœur protégé par une croûte de sel, pareil à une daurade.

Minuccia rêvait déjà – pour l'heure, elle n'était qu'une jeune fille nue qui ouvrait son esprit, son cœur et ses cuisses à la vie, à la brise marine – à un avenir sans pâtes à la *genovese* ni séance de cinéma maternel tous les mercredis soir, un avenir à l'odeur de draps blancs et de matins d'azur.

Puis elle regarda son frère et se fit curieuse.

— À toi maintenant, voyons voir ce qui se prépare pour toi, qu'on rigole un peu.

La Dépareillée tourna de nouveau le doigt dans l'eau : les vaguelettes firent danser la bassine à gauche à droite, dessus dessous, mais la petite voile en argent ne bougeait pas et ne semblait pas disposée à changer de forme, à devenir rose, couteau, livre ou pistolet.

Minuccia se mit à secouer la bassine, faisant gicler l'eau tout autour.

— 'tain, pourquoi ça bouge pas ? Ça veut dire quoi, m'man ?

La Dépareillée sentit que tous les grands mots, *argent, étain, plomb fondu*, étaient morts dans sa gorge et rentrés chez eux, tout pourrissait dans sa bouche : ces mots difficiles et fétides lui avaient brouillé les idées. Pourquoi cette voile ne disparaissait-elle pas ?

Minuccia se rembrunit.

— Faut en penser quoi, alors ? Hein, maman ?

Après avoir remué la bassine pire que la danse de Saint-Guy, Minuccia dut se résigner : la voile en argent restait bien en place, comme cousue sur l'eau, une broderie sur un napperon ancien.

— Bon, toute façon on savait que c'était une connerie, cette histoire de *chiummo*. Mais j'ai peut-être compris ce qu'il veut dire, ce bateau, pour Uvaspina !

La Dépareillée se résigna à son tour, se laissa tomber sur le canapé, les pieds sur la table basse en verre : au diable la complexité, les mots des savants et de tous ces gredins qui grenouillaient dans les universités pour récolter l'argent public, ils se moquaient de qui ? Apparemment, même la science se gourait, et cette voile restait figée dans l'eau avec une crevardise incroyable.

Minuccia serra les poings et insista :

— Moi j'ai compris pourquoi Uvaspina il a eu la voile, vous voulez savoir pourquoi ?

La Dépareillée s'alluma une cigarette et, un œil fermé et l'autre ouvert, elle acquiesça paresseusement : elle était en train de se faire avoir par le sommeil. Le visage de Minuccia s'éclaira et sa voix se fit plus stridente pour tenir la Dépareillée éveillée.

— Parce que la voile, c'est le symbole de la mer, et dans la mer il y a les anguilles, et Uvaspina, l'anguille il aime ça parce que c'est un *femminiello*. Ça tient la route, peut pas y avoir d'autre explication.

Uvaspina reçut les derniers coups de fouet de la foltoupie sans réagir, il les laissa se déployer en l'air et retomber dans l'eau avec un bruit étouffé.

Minuccia se mit à rire en tapant dans ses mains : elle dévoila ses petites dents pointues et son visage de femme redevint la bouille de loutre de son enfance.

— Maintenant qu'on a eu l'énième confirmation qu'Uvaspina aime l'anguille, on peut aller se coucher.

La Dépareillée se rassoupit sur le canapé, sa cigarette allumée à la main : la cendre allait tomber sur le sol, que Svetlana avait astiqué à genoux moins de dix heures avant. Minuccia partit dans leur chambre.

Uvaspina passa encore cinq minutes à regarder la bassine remplie de liquide stagnant : une lame de colère s'abattit quelque part dans son ventre et teignit tout en noir, comme de l'encre de seiche.

Qui ne le prenait pas encore pour un imbécile ? Qui manquait à l'appel ? Qui voulait se joindre à sa mère, à son père et à la foltoupie ? Voilà ce qu'ils lui évoquaient, la Sainte Famille, une crèche épouvantable audessus de laquelle ne brillait aucune étoile, seulement une toupie qui faisait sauter l'étable, les bergers et les

Rois mages avec. Et au milieu de l'étable, il n'y avait pas d'Enfant Jésus, mais seulement lui, toujours lui, le *femminiello*. Qui d'autre devait se joindre à eux ? Il ne manquait plus qu'une bassine d'eau le prenne pour un imbécile, cette même bassine dont la Dépareillée se servait aussi pour se laver les pieds.

Uvaspina fixa le plastique bleu clair, il ne sentit pas le métal, ni l'argent ni le plomb, mais seulement cette odeur douceâtre de fruit pressé, Uvaspina vit l'eau porcasse que, des années plus tôt, il avait éternuée pendant des semaines. Alors, il se demanda pourquoi Minuccia ne l'avait pas noyé une bonne fois pour toutes le jour de sa confirmation. Et il alla se coucher en concluant que la foltoupie n'aurait jamais cette générosité.

Dans son lit, il maudit le jour où il s'était rendu compte que les femmes nues sur Telecapri ne le faisaient pas saliver comme ses camarades de classe ; un néné, un nombril, la courbe des fesses et la fente entre les jambes d'une femme ne lui faisaient pas plus d'effet que les quartiers de bœuf ou les blancs de poulet exposés sur l'étal de Gegè le boucher.

Il était beaucoup plus ému par la vue de quelques poils naissants sur une joue, d'une mâchoire carrée, d'un poignet traversé d'une veine dans l'effort de porter un objet lourd, de la mousse châtain sur le torse d'un adolescent, par le son d'une voix qui changeait, devenant basse et rauque comme le vent de terre. Et à cette seule pensée, il se sentait chatte en chaleur, bestiole obligée de ramper dans les venelles pour ne pas se faire remarquer.

Avant de s'endormir, Uvaspina maudit sa sœur, et après l'avoir maudite, il pria dans le secret de ses pensées pour qu'elle ne se réveille jamais.

Minuccia, elle, n'avait pas du tout sommeil : elle maudit le mur, aussi blanc que le corps de son frère ; elle maudit la bassine d'eau où elle s'était vue de nouveau gamine boulotte et insignifiante, qui ne pouvait rien avoir juste pour elle, pas même un bout de pain, parce que le *femminiello* débarquait toujours pour lui en piquer.

Elle resta immobile, écrasée sur le lit, l'oreiller pressé en bas de son ventre, dans le parfum de sel et de fleurs séchées qui s'élevait du balcon. Alors, elle décala son ventre d'un millimètre et déplaça l'oreiller, encore un peu. Puis elle arrangea sa nuisette : elle se mouvait, mesurée et féline, dans son lit, en quête de la fraîcheur qui la bercerait. Elle se palpa et découvrit une épingle restée coincée dans les plis du tissu ; elle commença à la caresser, à la frotter, de manière rythmique, comme si elle frottait une amulette pointue. Ce doux air métallique l'apaisa et l'effraya, une boîte à musique qu'elle était la seule à entendre. Elle appuya la pulpe de ses doigts sur l'épingle et aima cette sensation.

Elle passa l'épingle sur tout son corps : elle voulait entendre cette musique partout, et elle voulait être la seule. Elle lui plut davantage quand l'aiguille l'égratigna si fort que des frissons glacés lui mordirent le ventre, le nombril, les genoux et que la douleur la fit se mettre à quatre pattes. Dans ces frissons glacés, il n'y avait même plus de souffrance, mais les fonts baptismaux dont naîtrait une Minuccia nouvelle, qui aurait tout pour elle et à qui personne ne déroberait plus rien.

L'épingle de la nuisette égratignait et Minuccia s'agitait contre elle, elle semblait faire l'amour toute seule, mais elle pensait au *femminiello*, et moins elle voulait penser à lui, plus elle y pensait. Plus l'épingle s'enfonçait dans sa chair, plus elle voulait être l'épingle qui s'enfonçait dans la chair de son frère, endormi à quelques centimètres d'elle, dans l'autre lit.

Quand elle en eut assez, elle s'arrêta, jeta son oreiller par terre et se regarda le ventre : au clair de lune, les stries laissées par l'aiguille ressemblaient aux rayures du feuillage exotique de ces plantes charnues qui éveillaient la curiosité dans les manuels de géographie. Puis elle regarda Uvaspina, un filet de salive s'échappait de sa bouche : une perle qui brillait dans la pénombre de la chambre.

Minuccia se leva : quand elle posa ses fesses à côté de l'oreiller de son frère, la perle frémit. Qu'Uvaspina était beau quand il dormait, on l'aurait dit issu d'un de ces tableaux de cour où l'on voyait des marquis et des cardinaux, des comtes et des duchesses danser. Ou de ces images pieuses vendues sur les étals de Montevergine, ornées d'angelots qui ne semblaient ni hommes ni femmes.

Elle lui caressa les cheveux, puis toucha ses paupières et passa un doigt sur ses lèvres humides.

Il était trop beau : la jalousie de Minuccia ployait et cédait, elle se muait en tendresse. Il existait un point de non-retour, au-delà de la jalousie, mais elle ne voulait pas l'atteindre, car sous les lézardes de l'envie bouillonnait une source karstique d'amour déconfit.

Minuccia sentit qu'elle l'aimait, parce qu'elle était nue, informe, misérable face à la beauté d'Uvaspina, qui portait dans ses traits toute l'abondance de la création, maritime et terrestre. Elle continua de le caresser, d'une main de plus en plus lourde.

Dans son sommeil, Uvaspina sentit sa sœur penchée sur lui, à son haleine chaude. Il sentit les mains de

Minuccia le caresser, l'accompagnant jusqu'au réveil. Un réveil trop tardif, car la main droite de sa sœur était écrasée sur sa bouche. De la main gauche, Minuccia tenait une épingle, et cette épingle gravait une voile sur la cuisse de son frère.

8

Le lendemain, la Dépareillée se réveilla avec l'envie d'aller à la mer. Elle voulait mettre son maillot une-pièce, le noir à franges : elle se l'était fait acheter à Saint-Marin des années avant et ne l'avait porté qu'une fois, à la piscine de Torre Bassano, à l'époque où Pasquale Riccio ne se hontait pas encore de l'emmener avec lui.

La Dépareillée embarqua ses enfants dans son projet.

— Hé, aujourd'hui on crève de chaud et j'en ai marre de passer mes journées collée au ventilo. Si on reste là à attendre votre père, on verra pas la mer avant le 15 août.

Uvaspina se dit que la Dépareillée avait perdu la tête, pour se tirer du lit et prendre une initiative sans attendre un signe de Pasquale Riccio, car elle n'était qu'un clébard qui se dandinait en remuant la queue à la vue de son mari.

Pas ce matin-là. La Dépareillée avait redressé le menton, elle avait même vidé le cendrier éternellement plein de sa table de chevet. Elle s'était passé un rouge à lèvres discret, celui de couleur chair, et avait rassemblé ses cheveux dans un chignon très serré, qui avait peut-être tendu ses pensées, maintenant lucides et toutes droites : aujourd'hui, la Dépareillée savait que dire et que faire.

— Enfilez vos maillots, ordonna-t-elle à ses enfants. À midi, on se mangera une plâtrée de spaghettis aux palourdes sur la plage.

Elle se couvrit d'un paréo un peu transparent, qui moisissait dans son armoire, puis téléphona à son mari au cercle.

— Mes enfants et moi, on a envie d'aller au Bagno Elena. On descend, tu passeras nous récupérer.

À l'autre bout du fil, Pasquale Riccio éclata de rire.

— Besoin d'autre chose ? Un café, peut-être ?

La Dépareillée raccrocha. Pasquale Riccio ne les emmènerait pas à la mer. Eh bien, ils iraient à pied, non, vu qu'il faisait une chaleur à crever, qu'elle avait la tension basse, ils prendraient le 140 sur la piazza Vittoria, direction Posillipo, qui passait quand ça lui chantait.

Elle s'efforça de garder son calme et fourra ses affaires dans son sac à rayures blanches et bleues : la crème solaire, qui lui évoquait les femmes des collègues de Pasquale, toujours à jouer les dames à la plage ; son portefeuille, offert par son mari, qui lui rappela que ce dernier ne lui avait plus fait un seul cadeau depuis des siècles ; les paquets de mouchoirs, que Pasquale Riccio prenait toujours quand ils partaient tous les deux se planquer dans les bois de la côte amalfitaine, et qui ne servaient désormais plus à rien, à part à cracher dedans, comme les vieux. Elle vérifia que ses enfants étaient prêts.

— Hop, on bouge, on ira en bus. Votre papa n'a pas le temps de nous déposer. L'a plein de boulot avec ses clients, allez, on y va.

Uvaspina, Minuccia et la Dépareillée arrivèrent à la piazza Vittoria, entre Chiaia et San Ferdinando : ils se plantèrent à côté du monument aux disparus en mer pour attendre le 140.

— Pas besoin d'être à la plage pour bronzer, on transpire déjà comme des porcs, commenta la Dépareillée en s'asseyant sur un banc.

Elle commença à s'éventer, arrosant le périmètre de son odeur de Chanelnumérocinq. De temps en temps, elle jetait un coup d'œil à ses enfants : Uvaspina était resté debout et lisait les noms des arrêts du 140 sur le panneau, Minuccia occupait toute la place restante sur le banc à côté d'elle.

— M'man, tu veux tuer les mouches ou quoi ? Calme-toi, avec ton machin.

Minuccia fit mine de bloquer la main de sa mère. La Dépareillée lui demanda pardon et ralentit son geste, essayant de domestiquer jusqu'à l'air pour ne pas déranger sa fille. Puis elle chercha le regard de son fils, pour lui communiquer l'éclat triste que les mots de Minuccia avaient vaporisé dans ses yeux, mais Uvaspina restait concentré sur les arrêts du 140 : Bruno-Sannazaro ; Mergellina-Sannazaro ; Posillipo-S. Luigi ; S. Strato-Boccaccio ; Discesa Coroglio ; Posillipo Capo-Attestamento.

La mer, ce matin-là, était plate et stagnante. Il n'y avait pas un souffle d'air, et aucun des bus qui passaient n'était le leur, ils allaient tous à piazzale Tecchio ou à Capodichino.

La place commença peu à peu à se remplir : c'était comme si une main gigantesque avait soulevé une grosse pierre et que des myriades d'insectes identiques s'en étaient échappées. Mères à la peau brune, à la large poitrine et aux cheveux noués par un foulard, les bras encombrés de salades de riz ; enfants rachitiques croquant à pleines dents dans des parts d'omelette dès cette heure matinale et les avalant tout rond.

La Dépareillée la connaissait bien, cette humanité-là : un filament de ces gens lui était resté coincé entre les dents, comme un bout de salade résistant au fil dentaire.

Le 140 arriva : la horde se jeta à bord. Les femmes occupaient deux places chacune : une pour elles-mêmes et l'autre pour leurs sacs, leurs saladiers et les victuailles à manger sur la plage ; c'étaient les petits garçons qui portaient les parasols, tandis que les fillettes restaient debout, écrasées contre la vitre, regardant la mer et les barques, à bord desquelles se trouvait peut-être leur papa, en train de pêcher les tellines.

La Dépareillée réussit à s'adjuger une place, mais elle s'aperçut avec un mouvement de dégoût qu'elle était tombée en face d'une ex-collègue pleureuse, qui habitait toujours dans le vico delle Zite : on l'appelait la Fanfare parce qu'elle donnait le meilleur d'elle-même dans les cortèges funéraires où jouaient des fanfares venues de villages des Pouilles, tels que Conversano.

La Fanfare avait perdu deux dents, ses cheveux gris coupés au carré n'étaient pas teints parce que les couleurs coûtaient cher, mais elle grondait ses enfants avec la même voix que lorsqu'elle entonnait autrefois le requiem : une voix qui donnait envie aux morts de remourir.

La Dépareillée fit semblant de ne pas la reconnaître. Le 140 commença à cahoter sur tous les nids-de-poule et les trous de la ville ; un des enfants de la Fanfare fut pris d'une quinte de toux bruyante, et sa mère lui assena un coup sonore dans le dos.

— Ça t'apprendra à bouffer des gros morceaux sans mâcher.

Puis elle mit un mouchoir devant la bouche de son fils : il y cracha un bout d'omelette aux pâtes.

— Un de ces quatre, tu vas finir à l'hosto, petit malin, le houspilla la Fanfare sans lâcher la Dépareillée des yeux.

Uvaspina et Minuccia se tenaient debout à côté de leur mère. Uvaspina avait l'impression de voir celle-ci pour la première fois, comme si c'était une inconnue, il comprenait soudain d'où elle venait et qui étaient les siens. Il se demanda si ce sang de Forcella coulait aussi dans ses propres veines et où il était allé coaguler. Il voyait sa mère pour la première fois au milieu de ces corps entassés, qui tressautaient au gré des trous et des irrégularités de la chaussée ; un tremblement discret agitait la Dépareillée, dans le pli de sa lèvre, dans sa manière de s'éventer tout doux, sans la nervosité coutumière avec laquelle elle cherchait de l'air à s'envoyer dessus.

Ils arrivèrent enfin à destination, le chauffeur freina brutalement et la Dépareillée se leva. Elle sentit qu'on l'attrapait par un pan de son paréo transparent.

— Pas la peine de faire la belle et de jouer les dames, Graziè : c'est marqué sur ta gueule que tu viens de Forcella.

La Dépareillée feignit de ne pas avoir entendu la Fanfare : elle fit la sourde oreille à cette voix qui avait réveillé tant de morts, prit Uvaspina et Minuccia par le bras et descendit.

Alors que le gros de la foule s'acheminait vers le Lido Mappatella, la Dépareillée, Minuccia et Uvaspina se dirigèrent vers la montée du Bagno Elena. Une odeur de calamar frit faisait frémir leurs narines.

La mer Tyrrhénienne était une nappe d'azur : à l'horizon, un scintillement de paillettes d'or. On aurait dit que cette eau où s'étaient baignés l'acteur Totò et le dramaturge Eduardo De Filippo avait conservé la forme de tous les corps qu'elle avait accueillis : artistes, gueux, curés, putains, canailles et marins ayant perdu la tête pour la fille de quelque armateur.

La baie du Bagno Elena s'ouvrait comme des ailes de papillon : d'un côté, le palais Donn'Anna, qui semblait voguer sur les vagues brillantes, pareil à un navire du temps jadis ; de l'autre, la villa Guercia, qui figurait sur la carte du duc de Noja comme tour de guet. Non loin, la baie des Rocce Verdi et la plage des Monache ; tout était lumineux et décadent à la fois : au-dessus des rochers, des cailloux et du sable flottait un péché ancien, qui teintait le tuf de jaune.

Il y avait un ponton central sur pilotis, où les gens bronzaient en rang d'oignons, buvaient du jus de fruits et mangeaient de la pastèque ; derrière, un recoin pensé pour les enfants, équipé de toboggans rouges et d'une balançoire pourvue d'une ceinture, pour les plus petits. Certes, il plaisait aux gosses, mais il faisait surtout le bonheur des adultes, car une fois leur progéniture parquée là, ils pouvaient, sans trop de culpabilité, aller s'installer sur la plage principale, au centre du Bagno Elena.

Celle-ci était un tapis moelleux de sable volcanique aux allures de cendre, fait de pierre ponce réduite en miettes et de cristaux foncés, qui changeait de couleur au contact de l'eau. On y trouvait des transats, des plateaux d'oranges et de raisin, du prosecco à midi et même des cornets de seiches frites pour ceux qui en voulaient, et puis des parasols ronds qui, vus d'en haut, ressemblaient à autant d'yeux crevards regardant de loin les gens du Lido Mappatella assis le cul sur les rochers, en train de manger leurs repas préparés à la maison.

La Fanfare, elle peut pas foutre les pieds ici, pensa la Dépareillée avec satisfaction en trottinant vers une chaise longue où elle s'étala sur le ventre. Mais à cet instant précis, elle ressentit une pointe douloureuse dans le nombril : c'était le souvenir des plongeons les dimanches d'été dans son enfance, le souvenir des bras basanés de son père qui la jetaient dans l'eau profonde où l'on n'avait pas pied, parce que c'était le seul moyen d'apprendre à nager ; puis elle pensa à lui, son père, qui traversait toute la plage sous le soleil pour aller récupérer le ballon que sa fille avait envoyé Dieu sait où.

La Dépareillée savait se défendre de tout, sauf du sentiment de culpabilité : contre ce dernier, elle n'avait développé aucun talent.

Uvaspina et Minuccia s'installèrent à leur tour. Minuccia portait un maillot fuchsia une-pièce sans bretelles, à volants : le plus beau de la boutique de la via dei Mille. Sous le soleil, Uvaspina était plus blanc que jamais avec son short noir : il gardait une main sur la cuisse, pour ne pas que les gens voient la marque honteuse laissée par sa sœur. La Dépareillée les regarda : ils étaient sur une des meilleures plages privées de Naples, à l'ombre, sans crever de chaud, et pourtant ils tiraient une gueule si longue qu'elle allait de Posillipo à Milan. Pas une plaisanterie, un sourire, un « Maman, tu viens faire des mots croisés ? », que dalle.

Bizarrement, Minuccia ne disait rien et avait pris son cahier d'exercices de latin ; ce n'était pas sa matière préférée, les participes futurs et les ablatifs absolus la mettaient en difficulté. Elle avait voulu s'inscrire à un lycée de sciences humaines pour avoir moins d'heures de latin qu'au lycée d'études classiques, car son frère l'avait prévenue que cette langue était sacrément compliquée. Cependant, les quelques cours qu'elle avait suffisaient à la faire jurer, elle n'y comprenait pas grand-chose et la prof allait trop vite. Cet été-là, c'était la tuile, elle devait repasser l'examen en septembre. Uvaspina, lui, se débrouillait très bien en latin, il n'avait aucun mal à combiner les mots, les cas, à manier les temps, comme quand, petit, il associait des perles en plastique pour en faire des colliers.

— Tu dois réviser quoi pour le rattrapage, Minù ? Fais voir.

Minuccia lui jeta un regard dégoûté.

— Lâche l'affaire, Uvaspì.

Elle se mit à tourner les pages du cahier avec fureur.

— Je voulais juste te donner un coup de main.

Minuccia plongea la tête dans son livre.

— T'as vu la mer ? Ben va te baigner et me fais pas chier.

Uvaspina n'insista pas. Il n'avait aucune envie de réveiller la foltoupie : il avait bien compris qu'il paierait cher cette cérémonie du *chiummo*. Mais aussi, pourquoi faire tant d'histoires pour une bassine d'eau, une tradition qui remontait à l'époque de Masaniello et n'avait sans doute aucun sens ? Pour une tradition à laquelle plus personne ne croyait, même pas les vieilles ? *Tant pis*, pensa Uvaspina.

Il regarda le palais Donn'Anna au loin, jaune et vieux rose, fastueusement éclairé par une ribambelle de lanternes qui ressemblaient à des étoiles diurnes. Il rêvait depuis sa petite enfance de s'y cacher et d'y demeurer toute sa vie. Personne ne saurait où le chercher : ses parents et Minuccia appelleraient l'émission à la télé pour retrouver les personnes disparues, mais plutôt crever que revenir parmi eux. Il s'évaporerait pour savoir qui l'aimait vraiment : Minuccia seraitelle inquiète ? Mesurerait-elle enfin combien son frère comptait pour elle ?

Uvaspina rêvait de fuguer et que sa sœur tombe sur lui par hasard. Il imaginait Minuccia en train de lui parler d'une voix nouvelle, pleine de tendresse : « Dis, Uvaspì, tu me donnes ton petit doigt ? » Il repensa à la fois où ils étaient allés en vacances à Capri, quand ils étaient petits : il s'était blessé le pied sur un rocher pointu, et elle avait joué à l'infirmière, puis avait couvert sa cheville de bisous avec le sérieux d'une jeune mère. Qu'elle était belle, Minuccia, dans ses souvenirs, avec ses joues de papillon frais et ses yeux brillants d'inquiétude ! Ce jour-là, pour le consoler, elle lui avait même offert le coquillage le plus beau de la plage, d'un rose pâle aux nuances bleutées.

Si Uvaspina fuguait, Minuccia le chercherait-elle pour le soigner encore ? Mais il serait trop bien caché dans le palais, non, plutôt dans un filet de pêche, tout mouillé d'eau et d'algues sales : et il n'en sortirait que pour la faire sursauter et lui flanquer la pire des trouilles, une de celles qui vous expédient à l'hôpital Cardarelli.

En balayant la plage des yeux, il vit soudain quelqu'un, et il eût sans doute mieux valu qu'il ne le voie pas.

9

Il suffisait vraiment de très peu à Uvaspina pour le reconnaître : sa manière de poser le pied droit avec plus de vigueur que le pied gauche ; ses épaules larges et ouvertes ; son nez bien dessiné, dont, cependant, le bout penchotait imperceptiblement vers sa bouche.

Peppe Spalice se trouvait à une rangée de parasols devant eux : il venait d'arriver. Sans demander d'aide à un membre du personnel, il déplia une chaise longue et l'installa à l'ombre, en déplia une autre et la lissa, puis la tapota pour indiquer à quelqu'un qu'elle était prête. De l'ombre de l'établissement balnéaire sortit une fille : Martina, sa nouvelle petite copine, une blondinette de Pouzzoles, fille de pharmacienne, qui était dans le même lycée que Minuccia. Uvaspina parvint à entendre le rire de Peppe, qu'il aurait été capable d'identifier dans le brouhaha de la foule de la via Toledo.

Sa petite copine portait un paréo orange brodé de perles dorées, un chapeau de paille. Elle s'écria avec l'accent traînant de Pouzzoles : « Waouh, t'as carrément pris la chaise longue ! » Elle s'y étendit après s'être débarrassée de son paréo : ses cheveux blonds étaient attachés en chignon et son visage rougi par le soleil était couvert de taches de rousseur, comme si quelqu'un lui avait jeté une assiette de lentilles à la figure. Elle faisait cinq ou six ans de moins que lui. Elle commença à siroter un jus de fruits et Uvaspina eut l'impression de l'épier par le trou d'une serrure, il se sentit presque coupable.

Il scruta aussi son cul : un cul de gamine, plat et écrasé, dépourvu de galbe. Uvaspina eut un élan de bonheur, aussitôt ravalé : comme toutes les femmes sans cul, elle avait en revanche une belle paire de seins, pleins et gonflés. On distinguait à travers son maillot blanc le cercle parfait de ses tétons, qui tendaient le tissu comme des clous : Uvaspina pensa aux mains et à la langue de Peppe sur ces clous et il eut la nausée, son croissant à la confiture mangé sans entrain lui remonta à la gorge.

Il arrêta de regarder Martina : il la détestait, elle, et aussi son prénom, un prénom fade, lavé au bicarbonate. C'était quoi, ce foutre de prénom ? « Martina » était comme le fenouil dans la salade, le concombre, la soupe ou la scarole qu'on ne faisait pas revenir à la poêle : des aliments insipides.

Il prit le magazine de mots croisés dans le sac de la Dépareillée et se concentra dessus : aucun des mots qu'il écrivait n'était le bon.

La radio de l'établissement se mit à jouer « Pourquoi tu m'as amenée à Posillipo si tu ne m'aimes plus ? » : la Dépareillée, qui adorait cette chanson, l'entonna les bras levés en agitant les mains, index tendus, comme un chef d'orchestre.

Uvaspina traçait les lettres d'une main tremblante, en pensant à tout ce qui n'avait aucun goût. Il pensait aux tétés, aussi, il devrait peut-être en toucher pour mettre fin à sa répulsion et à sa peur ; puis, du coin de l'œil, il lorgnait Peppe qui étalait de la crème sur le dos de son amoureuse avec de grands gestes grossiers de maçon, et plus Peppe était fruste, plus Uvaspina aurait voulu être à côté de lui ; sur l'arrière-fond des paroles langoureuses de la chanson qui lui retournaient le ventre, il recommençait à épier Peppe torse nu, et à chaque regard furtif jeté à sa peau découverte, un peu plus de courage lui venait dans le sang, alors il l'observait mieux, et sa honte s'évaporait en direction de la mer.

— T'as envie de lui parler, pas vrai, Uvaspì ?

Les yeux de Minuccia s'étaient faits doux et lisses, deux galets marins luisants.

— Tu t'es pas vexé tout à l'heure, hein ? J'avais la rage parce que je dois repasser le latin, j'aurais pas dû réagir comme ça.

Uvaspina ne répondit pas : il aurait voulu prendre sa sœur dans ses bras, mais il se retint. Son besoin de presser sa joue contre celle de Minuccia était brûlant, incendié de sel. Tout était brûlant, sous le soleil du Bagno Elena : ses joues, sa gorge, sa cuisse, son sang qui semblait se concentrer tout entier dans les lignes rouges brodées sur sa cuisse.

Une douleur océane sourde les unissait, sa sœur et lui, comme s'ils connaissaient tous deux la source immémoriale d'où jaillit le sang, qui s'incarnait en cet instant dans la plaie d'Uvaspina. Chacun d'eux voulait quelque chose, à sa manière, sans parvenir à l'attraper.

— La meuf de Peppe est moche comme un cul, fit Minuccia en riant.

La complicité entre frère et sœur était soudain fraîche, électrique, et quand Minuccia était bien disposée, elle était encore plus belle. Elle paraissait lire les pensées de son frère : elle les lisait à contre-jour, quartiers d'orange translucides sous le soleil de Posillipo.

— Allez, Uvaspì, te fous pas dans tous tes états : je vais gérer ça.

Minuccia déposa un baiser humide sur son front : la voile sur la cuisse d'Uvaspina se fit moins douloureuse.

« Je vais gérer ça », et Minuccia avait opéré un tour de magie : elle connaissait un peu Martina parce qu'elles étaient ensemble au catéchisme et, depuis l'année précédente, elles avaient les mêmes notes en latin. Elles détestaient toutes les deux Mme Giordano, qu'elles trouvaient trop sévère : c'est bien connu, rien ne soude davantage que la haine.

Quand Minuccia la salua et l'invita à la rejoindre sous leur parasol, Martina lui adressa un regard complice, comme quand elles imitaient Mme Giordano dans les toilettes des filles.

— Yo, miss Pouzzoles, tu bûches pas ton latin, aujourd'hui ?

Minuccia lui fit la bise.

— Miss Pouzzoles, tu parles.

Quand Martina s'exprimait, un air à la fois amusé et dégoûté s'affichait sur son visage mollasson, à l'instar de son accent.

— Laisse tomber, là j'ai vraiment pas envie de penser à cette conne de Giordano.

Elle s'assit avec son petit copain sur la chaise longue de Minuccia ; l'autre était occupée par la Dépareillée, qui avait besoin de beaucoup de place pour s'étaler, et par Uvaspina, qui avait juste le bout des fesses posé sur le bord.

La Dépareillée fixa intensément Peppe.

— T'es de la famille Spalice qu'habite sur la colline de Camaldoli, c'est ça ?

Peppe hocha la tête en la regardant droit dans les yeux, avec un culot auquel la Dépareillée ne s'attendait pas et qui lui rappelait quelque chose.

— Oui, juste à côté de l'ermitage.

— Je savais pas que Luigino avait un neveu qu'était au lycée avec mon fils !

Peppe Salice était comme auréolé d'une odeur balsamique émanant de son visage sauvage et innocent. À première vue il était l'archétype du bon gars, que toute mère voudrait avoir, raisonnable, intelligent, le genre à enfiler une chemise en lin blanche avant de sortir dans les bars de Chiaia. Mais à certains de ses regards, on lui aurait donné trente, quarante, cinquante ans, il avait les traits d'un homme mûr et des manières de gentleman du Vomero, de ceux qui vous ouvrent la portière puis vous tringlent jusqu'à l'évanouissement. Le grain de beauté au-dessus de la bouche, juste au-dessus de l'arc de Cupidon, lui conférait un air à la fois fils de pute et d'aristocrate, il aurait pu passer pour un rejeton des grandes familles Caracciolo ou Carafa.

— On peut pas toujours tout savoir, commenta Peppe, les yeux fixés sur la raie qui divisait le crâne de la Dépareillée en deux.

Uvaspina sentit la colère monter : *frimeur, crâneur, caïd à deux balles*. Martina ricana : *évidemment*, pensa Uvaspina, *bichonne-le, ton trophée*. Puis le souvenir de Minuccia lui disant que Martina était moche le réconforta : sa sœur était de son côté, il n'y avait pas de doute, la foltoupie se tenait sage et tranquille. Uvaspina sentit quelque chose de doux et de moelleux couler dans son sang, la délicatesse océane de la foltoupie quand elle ne tournait pas : l'axe de cette dernière était immobile au milieu de la mer, il affleurait à peine à la surface. Oui, Minuccia était de son côté, elle avait lu dans ses pensées et lui faisait don d'un sourire rassurant, un plissement de lèvres poudreux et fragile comme une aile de papillon qui laissait une poussière dorée dans l'air. Uvaspina et Minuccia s'échangèrent des regards : au fond de leurs yeux dansait une farandole d'aventures et de tendresses silencieuses, de jouets et de gamineries, de souvenirs et d'alliances. Chaque mot entre eux, si muet fût-il, était plus vrai que toute chose, plus vrai même que le grand corps de Naples.

La Dépareillée n'arrivait pas à détacher son regard de Peppe Spalice. Dans les yeux de ce garçon, elle retrouva sa honte de gamine, elle se revit femme dans la fleur de l'âge, puis elle s'y mira encore et vit une femme vieille et ridicule. Elle arrangea son maillot et s'étendit mieux sur la chaise longue, posant sa tête sur les genoux d'Uvaspina : un voile de vergogne s'était abattu sur ses lunettes de soleil.

Tout autour, des enfants se poursuivaient entre les parasols, se jetaient des pommes et des oranges et s'éclaboussaient avec l'eau de leurs seaux en bois : ils avaient le zizi à l'air, ils ressemblaient aux chérubins sur les plafonds des églises, puis quand ils se tournaient, ils révélaient leurs bouches crénelées où des dents manquaient.

Quelqu'un cria : « Coco ! Qui veut de la noix de coco ? », et Peppe releva la tête.

Minuccia ne s'intéressa pas une seconde à lui : elle fixait Martina, qui n'arrêtait pas de ricaner sans raison.

Le silence était tombé sous le parasol, il fallait trouver un sujet de conversation. Minuccia s'en chargea.

— Martì, je sais qu'aujourd'hui t'as pas la tête à ça, mais tu bûches quelles leçons pour le rattrapage de septembre ? Juste pour savoir. Moi cette année, j'ai l'impression que le programme c'est du chinois.

Martina ouvrit la bouche pour répondre, puis elle se remit à ricaner. Uvaspina ne la supportait plus, cette fille aurait été davantage à sa place dans les boutiques de santons de la via San Gregorio Armeno ou dans une crèche. Sous la tête de la Dépareillée, ses jambes commencèrent à trembler dans le soleil.

— Je t'ai dit, j'ai vraiment pas envie de penser à cette conne de Giordano, là ! Bah, j'ai un peu révisé l'autre jour, mais je sais pas, on verra. En plus, Peppe m'emmène tous les jours en balade…

Martina adressa à Peppe un regard étincelant de tendresse et de langueur : il l'embrassa sur l'épaule, à l'endroit frais où le soleil ne tapait pas.

— J'aurais jamais cru qu'ils nous recaleraient toutes les deux, poursuivit Minuccia pour ne pas laisser la conversation mourir. Y en avait qu'étaient plus mauvais que nous, quand même.

Martina ajusta son chignon, sur le point de se défaire. Elle avait la tête ailleurs, elle répondait « oui oui » chaque fois que Minuccia ouvrait la bouche, mais elle ne savait pas ce qu'elle fichait sous ce parasol ; sans quitter un instant son amoureux des yeux, elle lâchait de temps en temps un : « C'est clair, Minù, t'as raison. »

— Tu révises que la grammaire ou tu fais aussi des versions ?

C'était la dernière tentative de Minuccia.

— Ouais, enfin, les deux, bah, je sais pas, je m'organiserai mieux plus tard, répondit Martina, les yeux rivés sur les poils bruns du torse de Peppe.

Martina était un papillon de nuit qui voletait un peu partout mais finissait toujours par aller se cogner contre Peppe, et elle ne faisait rien pour le cacher. Son vol était visible tant par Uvaspina, qui aurait voulu l'attraper et écraser ses ailes entre ses doigts, que par Minuccia, qui pouvait encaisser pas mal d'affronts, mais pas celui de ne pas être écoutée. Et sur la plage du Bagno Elena, les affronts luisaient de mille feux sous le soleil.

Minuccia était un vrai crack en matière de jeux. Depuis la maternelle, elle organisait des tournois derrière l'église dell'Ascensione. Minuccia jolie les connaissait tous et les enchaînait comme les grains d'un chapelet : *mazza e circhio*, *'o juoco d' 'a pista*, *'o carrocciulo*, *scé scé*.

— Bon, je moisis à rien faire, là, on va pas se regarder dans le blanc des yeux jusqu'à ce soir, non ?

Elle se leva de la chaise longue et arrangea son maillot fuchsia, les volants s'agitaient au gré des mouvements de ses hanches, comme dans un applaudissement.

— Personnellement, j'irais bien me baigner et passer dire bonjour à des copains sur le ponton, fit Peppe en regardant la passerelle qui commençait devant lui et se prolongeait tout le long de la plage privée, comme un serpent.

— Dans cinq minutes. Attends, on est à la mer et on fait même pas un jeu ? Sans déconner.

Au mot *jeu*, Peppe sourit et se gratta sous le nombril, à l'endroit où ses poils châtains disparaissaient dans son maillot : en fin de compte, c'était encore un gosse qui adorait jouer, toujours partant pour s'amuser.

Martina l'imita : ce qui faisait sourire Peppe la faisait sourire aussi.

La Dépareillée sortit une Merit d'un étui orné de faux coquillages.

— Allez jouer, les jeunes, que vous avez encore le sang vif.

Elle aspira une taffe, comme si elle voulait boire sa cigarette ; un nuage de fumée partit en direction de la mer.

Uvaspina eut soudain envie de pisser. D'habitude, il allait se soulager dans l'eau, mais là il y avait Peppe, et il se retiendrait, quitte à exploser. Sa sœur lui sourit : Minuccia était une tache fuchsia dans l'or et l'azur. Et d'or était sa bouche, qui ce jour-là s'étirait en tant d'aimables sourires.

— À quoi on pourrait jouer ? À *mazza e circhio* non, on n'a pas le matériel. Le jeu de la bouteille, c'est pour les gamins…

— Et si on jouait à *uno monta la luna* ? J'aime bien, proposa Peppe.

— Pourquoi pas, mais faut être plus nombreux.

— Je peux aller chercher des copains sur le ponton. Ils viendront, sûr.

— Laisse tomber, on n'a qu'à trouver un jeu qu'on peut faire tous les quatre, histoire de passer un peu de temps ensemble, aussi.

Ils marchèrent jusqu'à la baie de Trentaremi où le sable mêlé à l'eau verte perdait sa couleur chocolat : il prenait une allure de verre translucide. Un petit poisson donna un coup de queue au gros orteil d'Uvaspina, qui était allé au bord de l'eau rafraîchir ses pieds brûlants. Il rêvait de mouiller sa cuisse, où l'air salé embrasait sa voile : sa plaie se fendait et s'ouvrait, comme une faille aride dans le sable.

— J'ai trouvé. On n'a qu'à jouer à *scé scé*.

Minuccia riait, une main en visière pour se protéger du soleil.

Uvaspina en avait seulement un vague souvenir, il n'y avait pas joué depuis très longtemps.

— Qui fait équipe avec qui ? demanda Peppe.

— Moi avec mon frère, toi avec ton amoureuse ! décréta Minuccia, la tête tournée vers un rocher en forme de dos d'âne.

— Je connais pas ce jeu, chuchota Martina à l'oreille de Peppe.

— C'est super facile. Il y en a un qui monte sur l'autre et après il essaie de faire tomber l'adversaire de l'équipe d'en face, expliqua Minuccia en gesticulant.

Martina regarda Peppe, comme si un mouvement de sa bouche ou de ses sourcils pouvait lui expliciter les règles.

Peppe développa :

— Alors, y a deux équipes : Minuccia et Uvaspina d'un côté, toi et moi de l'autre. Pour gagner, faut monter sur l'adversaire et le faire tomber. Les filles sur les garçons, sinon on va vous écraser. T'as pigé ?

Martina hocha la tête.

— Uvaspina et Peppe, à quatre pattes ! Martina et moi, on grimpe ! cria Minuccia en les éclaboussant.

Uvaspina et Peppe obtempérèrent en silence. Peppe était un réseau de muscles et de nerfs sombres, de poils et de veines saillantes.

Martina défit son chignon qui foutait le camp, recula vers les rochers et prit son élan : de loin les pêcheurs de Marechiaro virent une gamine maigre courir sur la plage, semblant voler comme une abeille charpentière.

Uvaspina resta immobile, à quatre pattes, les paumes ouvertes enfoncées dans le sable.

Il sentit un souffle d'air déplacé par un insecte, puis quelque chose de souple sur son dos : c'était Martina contre son corps. Elle l'enlaça, et il sentit son haleine dans son cou : brioche au chocolat et fleurs fraîches.

— Je vais gagner, je te préviens, Uvaspì ! criait Martina à califourchon sur lui.

Ses seins touchaient les vertèbres d'Uvaspina, sa peau nue et fraîche de fille frottait contre la sienne, toute perlée d'eau de mer ; au début peut-être aima-t-il cela. Puis il pensa à Peppe, qui avait tous les jours sur lui cette chair de femme ; il pensa à Peppe et Martina se jetant l'un sur l'autre, non par jeu, à leurs sueurs mêlées qu'ils se léchaient l'un l'autre dans l'habitacle d'une voiture ou dans une chambre à coucher ; à cette chair de femme enroulée dans un drap blanc et à Peppe qui repoussait le drap pour voir en entier ces nénés souples, cette raie des fesses et ces poils entre les jambes.

Uvaspina s'écroula, et Martina tout étalée et offerte sur lui criait, prête à taper dans la main de Peppe :

— Pff, c'était trop facile, Uvaspì !

Elle n'avait pas lâché son petit copain des yeux un seul instant : elle était là, sa vraie victoire.

Uvaspina resta par terre, Peppe s'agenouilla les mains autour de la tête : il semblait prier la Madone de l'Arc. Uvaspina n'avait jamais été aussi près de lui, sinon dans ses rêves. Un rai de lumière sanguine se posa sur le dos de Peppe. Il était d'une beauté insoutenable, une torture pour les sens d'Uvaspina : ses muscles élastiques, jeunes, contractés dans l'effort, les poils noirs de ses jambes brodés de petites guirlandes d'eau de mer, quelques points de barbe comme ornement sur sa mâchoire carrée, parfaite.

Et Uvaspina regardait ce garçon et désirait sa bouche sur son corps, il désirait les lèvres, les mains et les dents d'un garçon, et se honta de le désirer aussi fort. Il voulait Peppe tout entier, il le voulait sur sa cuisse qui frottait contre le sable, sur sa marque, unique, que plus personne ne pourrait lui enlever.

Uvaspina le voyait, et la voile palpitait sur sa cuisse, un cœur écorché qui s'animait à chacun des mouvements de Peppe. Cette voile était irriguée par le sang d'Uvaspina, par son désir pour les garçons, par l'amour et la violence de Minuccia, qui avait apposé sur lui la marque de l'esclave et du *femminiello*.

Peppe n'avait pas remarqué la plaie sur la cuisse d'Uvaspina, ni Martina, apparemment : ils ne le voyaient pas du tout, car avec son magnétisme sinistre, Minuccia absorbait tout leur intérêt.

C'était le tour de Minuccia.

Elle se tenait appuyée à un éperon rocheux : son maillot une-pièce, humide et brillant, était tendu sur son ventre. Ce grand pétale de tissu dissimulait entailles et striures dont le monde ne savait rien, à part Uvaspina. Minuccia pirouettait sur la plage et les volants de son maillot faisaient la roue : Uvaspina se dit que l'eau de mer soignait peut-être tout, qu'il n'avait peut-être pas serré les dents pour rien, qu'il ne s'était pas laissé presser en vain. Il aurait voulu voir à jamais sa sœur danser dans le soleil.

Sa sœur. Sa Minuccia jolie, qui guérirait peut-être : sa Minuccia par qui il se laisserait presser pour toujours, si elle s'habillait encore et encore comme ça, sa sœur enfant à jamais, capable de sourire pour de vrai, hortensia sur la toile de la mer Tyrrhénienne. Derrière son sourire, Naples semblait lavée, aussi cristalline qu'une image en verre : les lèvres de Minuccia teignaient Naples de rose et de bleu ciel. C'est ainsi qu'il se souviendrait d'elle, toupie ô combien douce et terrible : Uvaspina plissa les yeux et captura Minuccia entre ses cils humides, il voulait la garder ainsi à jamais.

Puis elle prit son élan et se mit à courir vers Peppe, agenouillé les mains autour de la tête, le bout du nez au sol. Son petit bedon tremblait un peu : en courant, Minuccia déplaçait l'air et le sable.

Uvaspina était encore étendu par terre : il se leva, sans quitter la course de sa sœur des yeux. Mais il dut faire un effort pour rester debout quand il la vit s'enrouler autour de Peppe, se mouvoir, le corps offert comme une étoile de mer. Il dut faire un effort pour ne pas fermer les yeux quand il vit Minuccia et Peppe s'écrouler dans un tourbillon de sable, de jambes, de mains ; à présent ils étaient par terre, certes, mais l'un en face de l'autre, leurs nez tout proches, leurs bouches collées, les cheveux de Minuccia couvraient la mâchoire de Peppe, pas assez toutefois pour dissimuler sa langue qui s'agitait dans la joue de Peppe.

Uvaspina faillit s'effondrer quand il vit Peppe embrasser quelqu'un d'autre devant lui, quelqu'un qui n'était pas sa petite copine. Non seulement Peppe ne repoussait pas Minuccia, mais il l'attirait à lui et la serrait.

Martina se cacha le visage et partit sans dire un mot. Peut-être que même elle avait compris que pour Peppe n'importe quelle fille pouvait convenir, du moment qu'elle avait une fente et qu'il en tirait de l'expérience.

La voile sur la cuisse d'Uvaspina brûlait maintenant comme si on y avait versé tout le sel du monde : la ficelle de la foltoupie avait décousu ses contours, et la foltoupie ne se déplaçait pas au hasard, elle savait où faire danser sa pointe acérée.

Puis l'étreinte se défit, le point fuchsia se détacha contre le ciel, et Uvaspina vit Minuccia qui le regardait : dans ses yeux, il lut une promesse que sa sœur tiendrait jusqu'au bout.

10

Minuccia était étendue, jambes écartées.

Après le rituel, elle s'était endormie sur le lit en fer forgé de Nunzia Cul-de-Traviole sans s'apercevoir que la rosée était venue lui rendre visite en même temps que les moustiques qui avaient dévoré ses chevilles.

Même l'été, la couverture en laine épaisse restait là et, au toucher, ses poils étaient aussi gras que des rigatonis cuits dans du lard. Aux coins du lit, quatre bougies à demi consumées, sûrement volées lors d'une procession : elles éclairaient tout doux l'oreiller dur brodé au point de croix, qui ressemblait davantage à un objet destiné à la pénitence qu'au confort. Sur la commode se trouvaient des peignes bleu clair pleins de cheveux gris, des cartes postales de l'église de la Confraternità dei Turchini, des boîtes de médicaments, un verre sale avec une mouche collée à la paroi, un quignon de pain, une image pieuse de saint Dominique de Guzmán, une boîte à bijoux contenant des bouts de papier jaunis et pas un seul bijou, une chaussette noire et un chien borgne en plastique.

De la cuisine parvenait une odeur d'oignons en train de mijoter, qui réduisaient, macéraient et se liquéfiaient ; le soir ils feraient une excellente sauce en accompagnement des macaronis.

Nunzia Cul-de-Traviole s'assit à côté de Minuccia, lui caressa la fente, lui enleva sa culotte mouillée de sang et tira un mouchoir blanc de sa poche. Minuccia entrouvrit des yeux bouffis de sommeil et lui bâilla au visage.

— Comme ça t'auras plus l'air de sortir de chez le boucher.

Nunzia glissa le mouchoir blanc sous son cul.

— Foutue rosée, fallait qu'elle te vienne sur mon lit.

Minuccia se rendormit après un autre bâillement.

Nunzia se souvint de la sauce *genovese*.

— Graziè, jette un œil à la *genovese* ! cria-t-elle. C'est bon, tu sais toujours tenir une cuillère même si que t'habites à Chiaia et que t'as une Polaque qui fait tout pour toi ? ajouta-t-elle, moqueuse, en palpant un grain de beauté poilu sur son menton.

Graziella la Dépareillée avait toujours bien aimé sa cousine qui habitait dans le vico Salciccia. La ruelle portait le nom de « saucisse » car autrefois elle était remplie de boucheries, et les bouchers au tablier rouillé par le sang oxydé avaient fixé partout des crochets où ils suspendaient les saucisses, la coppa, la soubressade, les *mazzafegati* et les *nnoglie*. La charcuterie dégoulinait sur le pavé et les gosses des rues se mettaient dessous la bouche ouverte pour récupérer le gras sur leur langue.

Les liens entre la Dépareillée et Nunzia Cul-de-Traviole s'étaient un peu distendus ces dernières années : depuis qu'elle habitait à Chiaia, la Dépareillée avait tendance à oublier sa famille restée à Forcella.

— Cette fois, t'avais besoin de moi, sacrée canaille ! dit Nunzia Cul-de-Traviole en caressant la tête de la Dépareillée.

— Oui, c'est plus possible, avec Minuccia. Y a plus qu'à espérer que ça va s'arranger, maintenant.

— J'ai fait ce que j'avais à faire. Là elle se repose, en plus elle a ses règles, entre ça et la fatigue du rituel, elle s'est remise à roupiller. Mais c'est quoi, son problème, exactement ? demanda Nunzia Cul-de-Traviole.

La Dépareillée lâcha la cuillère en bois dans la poêle et se prit la tête entre les mains.

— Ce qu'elle a ? C'est plutôt ce qu'elle a pas, que tu devrais me demander ! Si ça continue, il restera pas un seul objet entier dans l'appartement !

Nunzia enleva son tablier jaune qui portait l'inscription ÉPICERIE ET PRODUITS VARIÉS CIRO AMODIO, restant en pull gris.

— Je t'écoute, mais explique-toi bien, Graziè. Fais pas comme d'habitude, qu'on comprend rien à ce que tu racontes.

Graziella la Dépareillée s'assit, planta ses coudes sur la table en plastique et commença à agiter ses mains couvertes de bijoux. Elle parla de ses enfants qui, la veille en rentrant de la mer, s'étaient saignés comme des lapins, des poulets.

Qu'est-ce qu'elle pouvait y faire, elle ? Elle les avait vus partir s'amuser en compagnie du neveu du juge Spalice et de sa petite copine, la fille d'une pharmacienne de Pouzzoles. Ils étaient si mignons, tous les quatre, ils avaient parlé du lycée, et Minuccia ressemblait à une fleur sur la plage de Posillipo, mais de retour à la maison elle s'était encore transformée en furie.

Ça lui avait pas suffi, de briser le cadre en argent du salon, le service d'assiettes du meuble d'angle, le vase en céramique aux anses en forme de serpent, les bonbonnières du docteur D'Anzuoni, rapportées de Chine, du Japon, des Philippines ou de Dieu sait où, toute façon ces pays-là c'était kif-kif bourricot. Ça lui avait pas suffi, à Minuccia, de défoncer la porte des chiottes de service, de ravager le papier peint, de casser le lustre à pampilles, de foutre en l'air allez savoir combien de tableaux d'anonymes vénitiens.

— Je sais pas ce qui s'est passé, Minuccia disait que son frère lui avait tout volé, aucune idée de ce qu'elle a fabriqué à la plage pour se venger, en tout cas, ça a été un foutoir monstre à la maison. Elle s'est peut-être fichue en rogne à cause de cette histoire de *chiummo*, mais c'est rien qu'une tradition, en plus si ça se trouve l'était pas faite comme il faut, cette cérémonie, ça faisait des années que j'avais pas préparé la bassine, j'ai peut-être raté quelque chose ; je sais pas ce qu'elle a, ma fille, Nunziatè, se plaignit la Dépareillée en dessinant des arabesques gesticulantes. Je sais pas pourquoi Minuccia se transforme en harpie et s'acharne toujours sur son frère, c'est pas la première fois, c'était pareil quand elle était petitoune, des fois il l'énerve et ma gosse a besoin de se défouler, moi j'y dis toujours à Uvaspina de pas réagir, mais il m'écoute pas et après il s'en prend plein la gueule et il se retrouve comme le Christ en croix, répétait-elle en articulant le *chr* de *Christ* comme si elle avait le bois de la croix sous la langue.

Elle lui disait, à Uvaspina, de serrer les dents, de serrer les dents, serre les dents, mon tout joli, tôt ou tard ça va lui passer, à Minuccia, elle doit se défouler, on ne savait pas pourquoi mais Minuccia avait les nerfs fragiles, quand elle se calmait elle redevenait la gamine la plus mignonne du monde, y avait que des mots de miel qui sortaient de sa bouche, il lui fallait juste expulser tout le poison que quelqu'un lui avait mis dans le corps, c'était pas la faute à Minuccia, mais à ce salopiaud de diable.

Et la veille au soir, Minuccia avait tiré les cheveux de son frère, elle l'avait roué de coups de pied dans le ventre, on aurait dit un roquet en chaleur, et Uvaspina ne s'était pas défendu, il n'avait pas bougé sous cette grêle de coups, parce que Minuccia n'avait pas l'air comme ça, mais elle était aussi forte qu'un maçon.

Uvaspina était resté immobile, sans protester, à y être il n'avait qu'à tendre un couteau à sa sœur et lui dire : « Tue-moi, toute façon je suis déjà mort », mais au lieu de ça il était allé au lit, l'air bizarre, il n'avait pas versé une larme, il avait pris une douche et était allé se coucher avec son ours en peluche serré contre lui, son doudou de quand il était petit. Il boitillait et saignait du nez, mais il s'était débrouillé en se mettant un bout de morue surgelée sur la figure.

Et puis la Dépareillée s'était retrouvée avec des somnifères en moins dans son sac, les cachets qu'elle prenait pour dormir les soirs où Pasquale Riccio tardait à rentrer, qui les lui avait pris ? Et les analgésiques, les antihistaminiques, tout un cocktail de médicaments avait disparu, et ça aussi c'était quand même très bizarre.

Ça suffisait maintenant, fallait chasser le Malin de cet appartement à Chiaia, il manquait vraiment que les cornes du diable dans cette affaire, sûr que quelqu'un avait jeté le mauvais œil à sa Minuccia, « petitoune, elle était un peu grassouillette, mais maintenant elle est devenue toute belle, ça doit faire mal au cul à quelqu'un ».

La Dépareillée but un verre d'eau d'un trait, lâcha un rot que Nunzia Cul-de-Traviole n'entendit pas, et s'alluma une Merit.

— Tu lui as bien enlevé le mauvais œil, Nù ? T'as toujours été la mieux pour ça, je m'en rappelle.

Nunzia Cul-de-Traviole lissa le poil qu'elle avait sur le menton ; plus elle le lissait et le rabattait, plus il était raide et droit comme une soie de porc.

— Mais oui, Graziè... Avant que vous arriviez, j'ai fait frire des anchois et j'ai jeté tous les intestins de poisson devant ma porte... j'ai cousu une corne porte-bonheur dans le soutien-gorge de Minuccia, j'ai jeté le sel, puis j'ai pris l'eau, l'huile et les ciseaux.

— Ça fait combien de temps qu'elle dort, maintenant ?

— Bé, il me semble qu'elle est tombée juste après que j'ai coupé l'eau.

Nunzia Cul-de-Traviole avait versé de l'eau et de l'huile dans l'assiette où elle avait vidé les anchois, puis l'avait posée sur la tête de Minuccia et avait coupé l'eau aux ciseaux : après quoi elle avait balancé l'eau devant sa porte, et un chat était venu la lécher parce qu'elle sentait le poisson.

— Mais si tu me permets, j'ai quelque chose à te dire, Graziè.

Graziella la Dépareillée se sentit soudain assoiffée. Il n'y avait plus d'eau sur la table : instinctivement, comme si elle était chez elle, elle se leva pour ouvrir la porte à côté du frigo, les bouteilles y étaient peut-être entreposées. Sa cousine l'arrêta.

— Non ! Tu sais bien, cette porte, elle doit rester fermée !

La Dépareillée se rassit et Nunzia lui remplit son verre au robinet. L'eau puait le moisi : la Dépareillée renonça à la boire et jeta son mégot dedans.

— Je t'écoute, Nù.

— Minuccia dort, je peux parler tranquille, mais si tu veux mon avis, c'est pas le mauvais œil. J'ai fait tout le rituel, y avait rien, et vu ce que tu racontes, d'après moi, ta fille elle a les nerfs malades et elle doit voir un docteur.

La Dépareillée se concentra un instant sur la poêle qui mijotait, puis elle éclata d'un rire vulgaire, révélant une dent tachée de rouge à lèvres.

— Ah, l'est bien bonne, celle-là ! Toi, la chef du mauvais œil, t'as pas trouvé le mauvais œil ! Nù, à force de rester seule dedans ton *basso*, t'as la cervelle qu'a cramé ! Vas-y, je t'écoute, elle doit voir quel docteur, ma fille ?

Nunzia se fit plus sérieuse, les yeux aussi durs que des noisettes.

— Elle doit aller à l'hôpital Leonardo Bianchi, à Capodichino.

— Ma fille chez les fous ? Mais il existe encore, l'asile ? s'étonna la Dépareillée, lèvres plissées.

— Oui, Graziè, c'est de ça que je parle. Ils ont fait cette loi, mais tu veux qu'ils les envoient où, les patients ? L'hôpital psychiatrique est toujours là, par contre, il fermera bientôt, avec cette loi. T'as intérêt à pas tarder à l'y emmener, tant que y a encore des gens là-bas.

Nunzia Cul-de-Traviole parlait d'un ton solennel et averti : elle ne ratait jamais les infos à la radio et à la télé. Elle leva les yeux au plafond, où s'étalait une tache de moisissure en forme de fleur.

— Estime-toi heureuse que ta fille dort, Graziè.

La poêle avec la sauce *genovese* déborda : Nunzia se précipita pour enlever le couvercle.

Derrière le rideau qui séparait le lit de la cuisine, Minuccia avait la main chaude, parce qu'elle l'avait gardée entre ses jambes. Allez savoir ce qu'auraient dit la Dépareillée et Nunzia Cul-de-Traviole si elles l'avaient trouvée, parfaitement réveillée, les doigts comme trempés de jus de cerise.

11

Posillipo signifiait « trêve de la douleur ».

Si Naples était un gigantesque poulpe, alors le cap Posillipo était sa tête, pensa Uvaspina ce matin-là à six heures. Il s'était glissé hors de son lit – sans même se laver les dents pour ne pas faire de bruit –, et avait fourré quelques affaires dans un sac : une gourde, un paquet de biscuits salés, des mouchoirs, les vers anciens du mort dénommé Salvatore Di Giacomo, un Bic noir, une serviette de plage, un cahier et son portefeuille.

Quand il était sorti, le silence recouvrait les pierres du Borgo Marinari ; à côté de l'église Santa Lucia a Mare, une vieille lui avait crié :

— Que la Vierge soit avec toi !

Uvaspina avait imaginé la Madone de Piedigrotta abandonner les autels pour passer son bras sous le sien et l'accompagner jusqu'à la mer : le golfe de Naples était peut-être son voile bleu et la fumée des champs Phlégréens son encens.

Ce matin-là, il voulait marcher sur la tête du poulpe, car elle offrait une trêve dans la douleur, son nom le disait. Posillipo était piqueté de cèdres, d'orangers et de citronniers qui fleurissaient deux fois par an : de là-haut, on voyait toute chose, et on avait l'impression de pouvoir tenir Naples entre le pouce et l'index.

Il parut clair à Uvaspina que les eaux du golfe servaient à un but précis : comme le poulpe dans son eau, la ville bouillait dans cette marmite naturelle faite de tuf et de magma.

À proximité du palais Donn'Anna, il y avait une petite crique qui, tôt le matin, était toute mauve. Il y descendit, décidé à y passer le restant de sa vie, plutôt crever que rentrer un jour à Chiaia. Il avait encore les yeux empoissés de sommeil et n'avait même pas pissé, pour ne réveiller personne : sur tout le chemin, sa vessie avait ballotté à chaque pas.

Il baissa son pantalon et se soulagea devant la mer à l'haleine fraîche parfumée de genêts. Puis il ouvrit son sac à dos, en sortit sa serviette et s'étendit : il essaya de s'endormir, cependant dès qu'il fermait les yeux, il entendait la voix de Minuccia qui le traitait de pédé, de salope, de *femminiello*. Il mangea un biscuit salé, mais il ne sentait que le goût du sang, de tous les coups encaissés sans réagir : il s'était fait taper comme une fille. Les dents serrées, il avait laissé Minuccia picorer chacune de ses baies, jusqu'à la dernière.

— Tu m'as tout raflé, ben je t'enlève tout, avait-elle déclaré, à califourchon sur lui, en essayant de planter ses doigts dans ses yeux.

La Dépareillée était intervenue.

— Arrêtez, mes poucets, si vous continuez à foutre la trouille comme ça à votre maman, vous allez l'envoyer au cimetière !

Et Minuccia lui avait hurlé de la fermer, sinon son tour viendrait aussi, et leur mère s'était mise à se lamenter : le diable avait pénétré dans son foyer.

Quand Pasquale Riccio était rentré, il faisait nuit noire.

— Ah, le diable ? Vraiment ? Par où ? Par la fenêtre ? avait-il demandé en se glissant dans le lit conjugal, où sa femme se désespérait.

La Dépareillée insistait, le diable était dans cet appartement, et Pasquale Riccio l'avait regardée avec un mélange de peine et d'embarras. « Le diable est dans la famille, le diable entre chez les gens vernis, qui attirent la jalousie, répétait-elle d'une voix stridente de religieuse psalmodiante, le diable vise juste, il n'est pas con. » Pasquale Riccio avait envie de rire, de dégoût et de honte. Ce qu'elle était devenue, sa femme ! Une vraie fille de Forcella, au fond elle n'avait jamais cessé de l'être, qui parlait de démons et de maléfices, avec ses gosses pleins de tares, que seul le séjour dans l'utérus de Graziella avait pu saloper de la sorte. Il lui avait tapoté la tête comme à une chienne, puis lui avait tourné le dos. Cependant, entre la veille et le sommeil, il avait été pris d'un mélange de sentiments désordonnés et apitoyés à l'égard de ces enfants qui, après tout, étaient aussi les siens : incapable de donner un nom à ce foutoir de sentiments, il s'était endormi avec une étrange et humide malecolie. Sa femme, elle, avait poursuivi sa litanie : jalousie, diables et maléfices.

De son côté, Uvaspina avait sombré dans le sommeil empli d'une étrange paix, en réfléchissant à tous les moyens de crever : pendu, non, sinon à la télé on dirait qu'il était fou ; le gaz, non, parce que ça puait l'œuf pourri ; le couteau pour couper les rôtis et les oignons, non, c'était moche.

Il regarda le palais Donn'Anna et pensa encore qu'il aimerait se cacher dans ses pièces. Le palais se tenait là, comme un grand animal marin dont la tête affleurait à la surface de l'eau : ses fenêtres étaient comme des yeux sans âme ; ses portes, sans plus de marches devant, étaient éclaboussées par la mer ; grignotées par les algues écumeuses qui les ornaient sans les outrager, ses pierres racontaient les histoires d'un passé baroque et royal. La mer, qui léchait tout, ne rongeait pas le palais, ne le creusait pas : on eût plutôt dit qu'elle riait tout autour. Uvaspina se demandait s'il pouvait vraiment y entrer, ce lieu était peut-être réservé aux princes, aux princesses et à quiconque n'était pas lui.

Il faisait la planche.

Il avait enlevé son maillot, un peu mouillé d'urine, l'avait accroché à un bâton planté dans le sable et était entré dans la mer. D'abord immobile, tranquille, l'eau s'était peu à peu ridée de vaguelettes. Au bout d'une heure qu'Uvaspina barbotait, elle s'était mise à embaumer le fruit pressé.

Une vague plus grosse que les autres lui mouilla le visage et pénétra dans ses yeux et son nez : Uvaspina retrouva la saveur de la tasse qu'il avait bue des années auparavant, chez Giuseppone a Mare. Il toussa et le goût du carpaccio d'espadon lui revint dans la bouche, et dans le nez la morve mêlée au sable. Une autre vague le déplaça, et Uvaspina cessa d'être porté par les flots.

Il pensa au bedon de Minuccia, à combien elle était belle dans son maillot fuchsia, à combien il aurait voulu la voir morte dans ce même maillot ; puis il pensa qu'il aurait voulu faire la paix avec elle et lui présenter ses excuses sans même savoir pourquoi, puis il se remit à la haïr et à la sentir dans le sel amer sous sa langue.

Sans s'en rendre compte, il s'était éloigné vers le large et ne voyait plus la crique mauve où il avait laissé son sac à dos : un goéland passa au-dessus de lui et Uvaspina distingua nettement ses pattes.

Il n'était pas si loin du rivage, pas si près non plus.

Une vague se referma sur sa tête : il vit tout noir et ne perçut plus que les battements accélérés de son cœur, qui palpitait dans l'eau et les bulles. Dans l'obscurité, il sentit le lasso de la foltoupie autour de son cou, un nœud coulant marin…

Il refit surface, mais ses cuisses faiblissaient : une nouvelle vague se referma sur sa tête et, dans le silence noir et froid, Uvaspina vit les petits sabots de bois de Minuccia, les baisers sur la bouche que sa sœur et lui s'échangeaient dans leur enfance et, enfin, une jeune fille en maillot fuchsia dans un cercueil et un jeune homme qui riait en tête du cortège, un voilier ardent gravé sur la cuisse. Une autre vague le fit chavirer, et Uvaspina pensa qu'il ne voulait plus mourir, qu'il s'était trompé ; une nouvelle lame lui coupa le souffle, et, le corps lourd, il pensa que, si vraiment il devait mourir, il ne voulait pas que ce soit en pensant à Minuccia.

Il n'avait plus de chaleur en lui : une étincelle de glace s'était fichée dans tout son être, de la plante des pieds jusqu'à la pointe des cheveux. Il ne voyait plus que le soleil tremblant, froid à travers les ondes noires. Uvaspina était un petit point blanc au cœur de la mer Tyrrhénienne. Il décida d'arrêter de se débattre et de se livrer à Posillipo, trêve de la douleur.

C'est alors qu'il sentit une main l'attraper par la cheville et le sortir de l'eau.

12

— Ça ne vous dérangerait pas d'aller crever ailleurs, si vous ne savez pas nager ? J'aimerais autant éviter les ennuis.

Uvaspina était assis sur la grève : il toussait une main devant la bouche, l'autre sur son entrejambe pour se couvrir.

— Oh, tu m'entends ? Tu te rends compte que je t'ai récupéré in extremis ? Une seconde de plus, et la mer était ton tombeau.

Uvaspina n'avait pas encore bien regardé son interlocuteur. Il avait seulement lorgné ses mains, qui l'avaient tiré de l'eau, et ses yeux, parce qu'il n'en avait jamais vu de semblables : l'un vert broussaille, l'autre marron comme les flaques de la piazza Mercato.

— C'est quoi, tous ces bleus que tu as ? Hier soir, tu es allé te faire bousculer dans la cour de la prison de Poggioreale ou quoi ?

Uvaspina se honta : il eut le réflexe de se couvrir, mais si d'une main il masquait ses bleus, alors son anguillette resterait nue, et il ne voulait pas l'exposer à un inconnu. Celui-ci sembla deviner son embarras et éclata de rire, révélant des dents très blanches.

— Allez, va… Vu que tu es muet : moi, c'est Antonio, le couillon qui t'a sauvé la vie. Tu pourrais quand même me remercier.

Antonio tendit la main à Uvaspina qui la serra d'un geste hésitant : elle ne paraissait pas faite de peau, mais d'écailles de poisson. Ses cheveux blond foncé évoquaient les plumes désordonnées d'un poussin ébouriffé ; sa peau était tannée par un soleil qui pouvait être celui de Bacoli ou du cap Misène, et les fines rides autour de ses yeux étaient celles des hommes qui se lèvent tous les matins à cinq heures pour aller au turbin.

Antonio se remit à rire devant cette poignée si lâche et mollasse. Au soleil, son œil vert rappela à Uvaspina le lézard qui une fois était entré dans son lit, et il en eut peur, il recula instinctivement en prenant appui sur ses talons.

— Tous les mêmes, les gosses de riches… Vous vous faites torcher le cul jusqu'à vos dix-huit ans et après vous vous chiez dessus à la vue de votre ombre.

Uvaspina recommença à tousser, il recracha jusqu'au dernier filament de mucus. Antonio l'avait ramené à la petite crique qui avait été son refuge et le début de sa glorieuse fugue. Il se sentit le dernier des idiots en pensant que s'il s'était noyé, il aurait seulement facilité les choses à Minuccia : il imagina sa sœur rire à casse-ventre en découvrant son escapade entamée à Posillipo et achevée dans le cercueil. Il ne voulait pas retourner à Chiaia, il ne voulait jamais plus revoir Minuccia. Il se mit à réfléchir à une solution en regardant cette mer qui avait failli le tuer.

Antonio entra dans un minuscule cabanon caché par un buisson de lentisque à côté de l'escalier en pierre qui conduisait à la route : Uvaspina ne l'avait pas remarqué. Dedans, Antonio entreposait ses filets et son matériel de pêche, ainsi qu'un petit réchaud à deux feux : il l'utilisait pour faire du café et, souvent, pour improviser un plat de spaghettis aux oursins, quand le travail s'était prolongé et qu'il n'avait pas le temps de rentrer chez lui.

— Je suis pêcheur, dit-il en montrant un saladier à Uvaspina. Ce matin, un collègue m'a donné tout ça : ce soir, je les préparerai pour mon amoureuse, elle est cuisinière, je dois la surprendre.

Le saladier contenait des praires vivantes plongées dans leur eau, qui sortaient leurs cornes de leur coquille et tendaient une petite langue aussi rouge qu'une fraise.

— C'est pas toi qui les as pêchées, alors ? demanda Uvaspina.

Ah, mais tu as une langue, en fait, pensa Antonio en l'observant.

— Non, ces temps-ci, je répare ma barque, elle sera prête dans une dizaine de jours.

Uvaspina fit mine de se lever, oubliant presque qu'il ne portait pas de slip. Antonio lui jeta une serviette récupérée dans son cabanon.

— Tiens, couvre-toi avec ça. Tu comptes me dire qui tu es et ce que tu fabriques ici ?

— Je m'appelle Carmine Riccio, répondit-il, se sentant étranger à cet habit de voyelles et de consonnes qu'il ne portait plus depuis une époque très lointaine. Mais tout le monde m'appelle Uvaspina, je me rappelle même pas depuis quand. Et je suis venu ici parce que je ne veux plus rester chez moi. Je savais pas où aller, et je venais jouer ici quand j'étais petit, à côté du palais.

En débitant ces informations d'une traite, il les regrettait déjà : la voix de la Dépareillée tonnait dans sa tête, répétant que seuls les nigauds et les neuneus racontaient leur vie aux inconnus. Ou les gens seuls comme des chiens.

En entendant le surnom « Uvaspina », Antonio se mit à rire. Puis son œil marron se voila d'un drôle de gris.

— Tu ne pouvais pas aller chez un copain ou une copine, plutôt ? Qu'est-ce qui t'est passé par la tête pour fuguer sur une crique ? Avec ces menottes que tu as, tu ne serais même pas fichu de pêcher un poisson ! Au mieux, tu pourrais décoquiller des moules, mais même ça, je crois que ça te ferait mal !

Il ouvrit une praire et en détacha le fruit encore vivant à l'aide du petit couteau qu'il avait dans sa poche. Il enfila le mollusque dans le rire qui s'était déployé dans sa bouche.

Uvaspina aurait voulu rire lui aussi, mais il n'y arrivait pas : c'était vrai, Antonio avait raison, pourquoi n'était-il pas allé chez quelqu'un ? Mais comment pouvait-il expliquer à cet étranger que tous ses camarades le traitaient de *femminiello* ? Que tous les garçons de sa classe auraient préféré se faire dévorer par le *monaciello* plutôt que de l'accueillir chez eux ?

Antonio regarda sa voile : l'eau de mer avait comme décalqué le sang cicatrisé.

— Les tatouages aussi, tu te les fais tout seul ? Tu es un champion, toi.

Uvaspina rougit violemment. Il ne savait que répondre. Antonio riait et parlait trop, ses mots semblaient faits d'eau et d'arêtes de poisson, la joie spontanée dont ils étaient enrobés lui faisait peur, comme tout ce qu'il ne connaissait pas.

Antonio alla chercher un récipient rempli d'eau, de laitue de mer et d'une étrange poudre verdâtre.

— Je t'en tartine sur tes bleus ? Ça s'appelle de la spiruline, ça les fera partir.

En voyant la main d'Antonio prendre la direction de sa voile, Uvaspina bondit en arrière, comme sous l'effet d'une décharge électrique. Il fila récupérer son sac à dos, et quand il eut remis ses vêtements, il revint auprès du pêcheur.

— Ta fugue a été drôlement longue, dis donc.

Antonio n'arrêtait pas de pousser ce rire supposément moqueur, qui révélait à l'inverse une innocence triste et jurait avec l'expression adulte de son visage, avec les petites ridules qui s'ouvraient en éventail autour de ses yeux vairons.

— De quoi tu as eu peur ? Que je te couvre d'algues pour te distraire et te voler ton petit collier ? dit-il en regardant la chaîne d'Uvaspina, toute fine et en or blanc – personne ne la remarquait parce qu'elle se confondait avec sa peau.

— Mais non… Qu'est-ce que tu racontes ?

— Ce que je raconte ? La vérité. Vous êtes tous les mêmes, vous autres, c'est écrit sur votre figure.

Uvaspina s'apprêtait à répondre, mais Antonio poursuivit.

— Ne reviens plus ici. Regarde, tout près, il y a le Bagno Elena, la baie de Rocce Verdi, tu as l'embarras du choix. Si vraiment tu veux crever, va là où il y a des maîtres nageurs, eux au moins ils sont payés pour te sauver la vie.

Uvaspina était pétrifié. Il pivota sur ses talons et s'engagea sans se retourner dans la montée qui le reconduirait sur la route.

— Je ne sais pas chez toi, mais chez moi, on dit merci, quand quelqu'un te sort de l'eau ! lui cria Antonio dans une impulsion violente qui lui fit prolonger les voyelles.

Uvaspina traça tout droit. Le ciel était parcouru de veines nuageuses, pareilles à celles de son poignet, qui palpitaient de plus en plus vite à chacun des appels d'Antonio. Incapable de se calmer, il fit un long détour avant de rentrer à Chiaia.

C'était désormais le début d'après-midi, et Uvaspina avait le ventre vide. À la maison, ils avaient certainement mangé, Minuccia n'avait pas perdu l'appétit à cause de lui, sûr.

Quand Uvaspina arriva au cœur du centre-ville, les clarisses de Santa Chiara avaient fini de chanter le Magnificat Anima Mea depuis un moment et les vendeurs de *taralli* et d'images pieuses étaient déjà installés devant l'église du Gesù Nuovo. Surpris par une pluie violente, Uvaspina passa le reste de l'après-midi à l'abri d'une corniche sur le côté de la piazza San Domenico, à regarder un clochard qui jouait du tambourin.

Vers sept heures, la pluie diminua d'intensité et Uvaspina décida de rentrer : ses sabots en bois étaient trempés. Il n'aurait su dire si l'éternuement qui lui échappa avait un goût de plage ou de pluie. Tout en se dirigeant vers Chiaia, il salua l'église San Domenico, où les corps des rois d'Aragon reposaient dans des tombes semblables à des malles en bois.

— Oh, oh, le fils prodigue est de retour.

La Dépareillée accueillit Uvaspina avec un applaudissement.

— Pile au moment où on allait appeler l'émission à la télé pour retrouver les personnes disparues.

Puis elle se remit à son poste à côté de la fenêtre pour guetter l'arrivée de la voiture de son mari. Elle avait consacré à Uvaspina le temps nécessaire pour allumer sa clope : un regard à son fils, le pouce sur la molette, la flamme.

Uvaspina alla se jeter sur son lit, sans même se laver. Sur les draps frais et dans son nez, il sentait une odeur de lessive et d'arêtes de poisson : il éternua par deux fois sur l'oreiller.

— Il fait frais ce soir, prends ça.

La porte de la chambre s'était ouverte : Minuccia lui lança une couverture légère.

Toute la famille dormait. Dans l'autre lit, la respiration de Minuccia était profonde et régulière. Elle ne faisait pas de rêves.

La rue dormait aussi. Seul Uvaspina se tournait et se retournait comme un poisson furtif entre les draps. Il dut se taper la main pour résister à la pulsion de la glisser entre ses jambes. Et il eut honte quand il comprit que cette fois, elle n'était pas guidée par l'image du regard despotique de Peppe Spalice en maillot moulant, mais par celle de deux yeux capables de sourire dans la mélancolie. Deux yeux différents, l'un vert broussaille, l'autre marron. Des yeux vairons et une voix qui l'appelait de loin, une voix qui lui demandait de prononcer un seul mot : *merci*.

13

— Non, ce coup-ci, c'est pas la chaleur, Pascà, je me sens vraiment pas bien. Et si je devais aller à l'hosto ?

Pasquale Riccio avait répondu à la Dépareillée que c'était à cause du sirocco qu'était arrivé ces jours-ci à Naples, directement du désert africain, ils l'avaient dit à la radio. Ce vent avait fait sécher les yeux des poissons sur les étals du marché de la Pignasecca : tous les balcons du centre-ville étaient couverts de poussière rouge. Y avait pas de quoi en faire toute une histoire, l'existait des problèmes plus graves, dans la vie.

La Dépareillée était couchée sur le canapé, pieds nus, un éventail rouge dans une main et un verre d'eau sucrée dans l'autre. Ce mercredi soir de début juillet à Chiaia, la chaleur était accablante : les blattes crevaient trois secondes après être sorties des lavabos et prenaient une couleur de châtaigne grillée.

La Dépareillée dégoulinait de sueur ; elle se bilait tant à cause de son mari qu'elle avait refait trois fois sa *via crucis* : salon, chiottes, chambre, les stations étaient toujours les mêmes. Elle voulait que son mari voie qu'elle n'allait pas bien, et elle se plaignait, c'étaient peut-être les anchois qui n'étaient pas passés, ceux du garde-manger, ensevelis sous trois doigts de sel. Elle ne savait pas ce qu'elle avait, mais ce qu'était sûr, c'est qu'elle avait quelque chose, elle sentait son ventre tout faiblard, elle allait sans doute vomir.

Une fois ses trois tours achevés, la Dépareillée s'arrêta parce qu'il faisait trop chaud ; quand elle s'assit, sa combinaison marron clair remonta et révéla ses poils : tout le monde était en vacances, y compris Annalisa, l'esthéticienne.

— Pascà, ces mercredis, t'es obligé d'y aller à chaque fois ? J'y comprends rien.

Pasquale Riccio éclata de rire et regarda ses enfants : Uvaspina révisait, la fin des épreuves orales approchait et il était parmi les derniers à les passer, Minuccia se coupait les ongles des pieds, semant des croissants de lune blancs sur le tapis.

— Je te l'ai déjà expliqué, Graziè, me fais pas radoter ; ce soir, le juge Porzio a organisé une grillade sur sa terrasse de la via San Biagio dei Librai pour fêter la réussite d'une affaire qui l'a rendu chèvre pendant des mois, il en dormait plus, ce soir il a envie de se détendre.

— Ah. Et toi faut que t'ailles jusque là-bas. En voilà, une bonne nouvelle.

La Dépareillée posa son verre pour prendre une feuille sur la table : d'une main, elle agitait son éventail, de l'autre, la feuille.

— Ben oui, c'est là qu'il a organisé sa fête ! Je vais pas expliquer au juge Porzio où il doit faire ses soirées, quand même ! Oh, redescends sur terre, Graziè.

La Dépareillée continua de s'éventer.

— Y a quelque chose qui m'est resté sur le ventre, en plus avec la chaleur j'ai des problèmes de tension, je te rappelle, on dirait que t'as oublié.

— Graziè… je t'ai dit, j'ai entendu à la radio qu'il y a le vent d'Afrique, ça doit être à cause de ça, je pense pas qu'il y ait de quoi s'en faire autant.

— Non, c'est pas ça, je me sens une faiblesse dans tout le corps, et toi t'es jamais là. Et si jamais je dois aller à l'hosto, hein ? Tes amis aussi ils se comportent comme ça avec leur femme ?

Les yeux de la Dépareillée étaient devenus aussi durs que des noyaux d'olive.

— Hein, dis-moi, Pascà, les autres ils emmènent leur femme à ces mercredis ? T'es le seul à t'y pointer comme un fugitif ?

Pasquale Riccio toussota.

— Allez, arrête, Graziè. T'as pas à me poser ces questions, tu le sais très bien. Uvaspì, Minuccia, restez avec maman, je suis déjà en retard.

La Dépareillée se leva du canapé, dans un élan de vergogne instinctive.

— Réponds-moi en me regardant dans les yeux, Pasquale. C'est trop facile de te barrer comme ça.

Uvaspina éprouva un sentiment semblable à de la peur devant la vulnérabilité de sa mère.

— Alors, Pascà ? Le mercredi, l'ingénieur Di Blasi, il laisse sa Polaque qui lui bouffe tout son fric à la maison, peut-être ? Et maître Lettieri, il ramène pas sa femme ? D'ailleurs, soit dit en passant, même les pierres sont au courant qu'elle en profite pendant qu'il est au boulot pour aller voir son amant au Vomero. C'est ça qui vous plaît, vous les hommes, des femmes qui vous traitent comme de la merde, c'est elles que vous voulez et que vous trimballez partout. Plus elles vous traitent bien, moins vous pouvez les supporter. C'est quoi le problème, Pascà ? J'ai pas le droit de me montrer devant tes collègues du cercle nautique ? Je te fous la honte ?

Pasquale Riccio prit son foulard en soie bleu clair sur le portemanteau pour le passer à son cou. À présent, la Dépareillée avait démarré, elle aussi avait en elle des réflexes ancestraux, des réflexes de foltoupie, directement issus des ruelles et des enterrements. Elle en avait sa claque de crever et de ressusciter tous les mercredis soir, de se faire venir le tournis.

— Allez, Pasquale Rì, dis-le-moi au lieu de me regarder comme une blatte ou une punaise écrasée. Uvaspì, Minù, l'est si moche que ça, votre maman ? Comment elles sont, les mamans de vos copains ?

La Dépareillée avait un tison incandescent dans la bouche, sa langue s'était déliée et virevoltait. Plus elle pensait aux femmes et maîtresses des collègues de Pasquale Riccio, plus sa langue devenait ardente : elle se souvenait de chacune d'entre elles. Kalina, la Bulgare de trente-huit ans et ses culottes dans la raie du cul ; Nunzia et ses nichons bronzés couverts de ces taches de rousseur typiques des gonzesses qu'avaient un stationnement résident à la plage ; Patrizia, l'amante du flic, qu'avait même pas trente ans, une vraie motte de beurre qui fondait sous les œillades des hommes : la Dépareillée décelait les couteaux à beurre dans les yeux de Pasquale, du juge de paix et de l'avocat, regardant à son tour cette chair souple, elle se demandait si ce dont elle avait le plus envie, c'était être à sa place ou coucher avec elle.

Pasquale Riccio noua le foulard à son cou : ce geste signifiait qu'il partait, il disait « Salut, à plus ».

— Non, Pascà, tu pars pas, là. Je te jure que si tu t'en vas, je te ferai te souvenir de cette soirée jusqu'à ta mort.

Pasquale enleva son foulard avec le même naturel qu'il l'avait mis.

— Graziè. J'avais pas envie de te dire ça, mais vraiment tu cherches les baffes. J'avais pas envie de te dire ça, mais tu rends les gens cinglés.

Graziella la Dépareillée avait passé des années à attendre la confrontation avec son mari, pourtant le conflit n'avait jamais éclaté : il la désarmait avec ses réactions paisibles, ses mots prononcés d'un ton égal, son visage qui ressemblait à un masque d'argile. Ce soir-là, quelque chose se cassa dans la poitrine de Pasquale, la céramique qui avait toujours oscillé sur le bord de la table avait fini par tomber.

— Tu sais quoi, Graziè ? C'est peut-être une des dernières fois que je vais aux dîners du cercle nautique. C'est sans doute fini, la vie de château, alors arrête de jouer les princesses.

— Ça veut dire quoi, ça, Pascà ?

— Ça veut dire que mes jours sont comptés. Je pourrai sans doute plus t'acheter de fourrures et on pourra pas garder la Philippine, ou la Marocaine, ou je sais pas quoi. Atterris, Graziè.

La Dépareillée sentit quelque chose se fêler dans sa gorge.

La Dépareillée n'en avait rien à foutre de son poids : il ne l'avait jamais empêchée de se jeter sur son mari, et ce soir-là elle ne fit pas exception.

Elle chevauchait Pasquale Riccio, ils étaient entortillés comme quand ils s'isolaient en voiture dans les recoins de la côte amalfitaine : ses mains sur le visage de son mari débordaient de tout l'amour dont son corps crevait.

La croyant au bord de l'évanouissement, il avait avancé d'un pas dans sa direction. Elle s'était élancée comme une furie, lui faisant perdre l'équilibre, et ils s'étaient écroulés ensemble sur le tapis en laine vierge, avec une telle violence que le cœur d'Uvaspina s'était emballé.

— Qu'est-ce t'as foutu ? C'est quoi, cette histoire ? criait la Dépareillée. Faut toujours que j'apprenne les choses par hasard !

Elle écrasait Pasquale Riccio de tout son poids : le corps de son mari, dernière station de son chemin de croix. Elle planta ses ongles dans son bras et eut seulement le temps de penser : *Comme je t'ai fait je te déferai*, comme si c'était elle qui avait accouché de lui, avant de réaliser que Pasquale ne lui appartenait pas, il ne lui avait jamais appartenu, ce n'était pas elle qui l'avait fait, elle n'avait jamais rien possédé de cet homme. Faisant appel à ses derniers lambeaux de nerfs pour le griffer, la Dépareillée comprit qu'avoir eu un homme entre les cuisses ne signifiait rien, ses années de chiale et de gruge n'avaient pas suffi à le lui apprendre.

Minuccia, concentrée sur une pensée impénétrable et toute personnelle, s'épilait un à un les petits poils noirs qui repoussaient sur ses chevilles, comme si le cercle de déchets organiques qu'elle traçait autour d'elle la protégeait de saletés plus nocives.

Uvaspina se précipita pour aider sa mère à se relever, mais il fallut qu'elle se redresse pour qu'il réussisse à la traîner sur le canapé ; elle haletait, les mains sur le visage : entre ses deux doigts écartés, elle regardait son mari qui s'arrangeait.

Pasquale Riccio réussit enfin à nouer son foulard autour de son cou, se jeta un coup d'œil dans le miroir à côté de la porte d'entrée, il enfonça la main dans sa poche pour s'assurer qu'il avait ses cigarettes et, enfin, il tourna la tête. Par réflexe, il coula un regard aux cuisses de la Dépareillée, le regard qu'il avait, enfant, quand il identifiait du poisson avarié à la poissonnerie ; puis il passa à son fils, assis sur le canapé à côté de sa mère. Il lui adressa un regard plus écœuré encore, si possible.

— T'as pas été foutue de faire un seul truc bien dans ta vie, Graziè, conclut-il en fixant la tache de naissance en forme de grain de raisin sous l'œil d'Uvaspina.

Il le regretta, mais les mots étaient sortis.

14

Il était assis en bout de table, la terrasse sentait les bougies à la citronnelle, allumées pour chasser les moustiques.

Les médecins et les avocats étaient accompagnés de leurs femmes : elles assaisonnaient la viande tandis que les hommes s'escrimaient à retourner steaks et filets sur le gril. Les lunettes embuées par la fumée, ils s'extasiaient, avec des termes recherchés, sur la qualité de la viande du boucher Bifulco à Ottaviano.

Femmes, compagnes et amantes avaient troqué leur robe de sortie contre une tunique et s'étaient attaché les cheveux : certaines avaient les oreilles percées d'une série d'anneaux, qui cliquetaient chaque fois qu'elles saupoudraient un steak de sel et de romarin.

Pasquale Riccio avait retroussé les manches de sa chemise, il fumait et faisait tomber la cendre de sa cigarette dans un pot dépourvu de fleurs : la fumée s'élevait de la terrasse, formant d'innombrables arabesques qui dansaient dans la nuit et effleuraient les enseignes des boutiques de Spaccanapoli.

Le juge Porzio n'ouvrait les portes de son immeuble que pour inviter ses amis ou y emmener son amante.

De là-haut, le ciel paraissait plus proche, dans toutes ses zébrures bleues et rouge sang.

La terrasse toisait la faune désœuvrée du centre-ville, ces gens qui n'auraient jamais les moyens de manger de la viande de chez Bifulco, et la pagaille de draps blancs suspendus qui se gonflaient à chaque souffle d'air nocturne.

— Cette histoire, faut qu'on la raccommode, Pasquale Rì. Je te parle en ami, mais on a une discussion à finir.

Crescibene, le médecin-chef, ajusta ses lunettes en écaille de tortue noircies par la fumée du barbecue et lui tendit un cendrier couleur ambre.

— Écoute, Pasquale Rì, ici tout le monde est au courant à part le principal intéressé. Tu t'en rends compte ?

Pasquale jeta un coup d'œil aux médecins-chefs et aux notaires qui se servaient les morceaux de viande avec les doigts.

— Vraiment tout le monde ? demanda-t-il.

— Oui, à part celui qui devrait être au courant. S'il l'apprend, ce soir, il te foutra sur le gril et il te bouffera tout entier : tu finiras comme cette saucisse, embroché sur son couteau.

Pasquale Riccio et Crescibene regardèrent le juge Porzio : sa tête chauve couverte d'un foulard et sa moustache perlée de sueur, il était concentré sur la cuisson des aubergines, dont son amante avait étalé sur chaque tranche le mélange d'ail, d'huile et de persil qu'elle avait préparé.

L'amante de Porzio avait conservé un sédiment de sa beauté passée dans les petites rides autour de sa bouche, comme une patine nostalgique qui ne luisait qu'à contre-jour. Une de ces femmes qui buvaient du vin la tête renversée en arrière, sans honte et sans poils, épilées en bas aussi, comme ça plaisait à Pasquale Riccio.

Crescibene sortit une cigarette de son étui.

— T'abuses, Pasquale Rì, t'étais vraiment obligé de te taper celle-là ? Si le juge l'apprend, il va te sauter à la gorge. Ça fait un moment que tu sais plus te tenir ; certes, on est tous un peu girouettes, mais alors toi, plus je te vois, moins je sais où t'habites.

Pasquale finit sa cigarette : les dernières taffes avaient toujours un arrière-goût de poumon pourri.

— Et donc ? Tu veux qu'on échange ? J'aimerais bien t'y voir, toutes ces années avec Graziella, je sais pas si tu te la ramènerais avec tes beaux discours et tes leçons de vie, après.

Crescibene remonta encore ses lunettes en écaille de tortue et enfila un cure-dent entre ses molaires : ce soir, la barbaque de Bifulco était un peu filandreuse.

— Ça marche pas comme ça, Pasquale Rì. Si t'étais un peu plus fute-fute et que tu savais te tenir à carreau, t'aurais évité d'embarquer l'amante de Porzio dans ta bagnole, et de faire pas mal d'autres conneries, d'ailleurs.

Tout en prononçant le mot *conneries*, Crescibene sortit un bout de nerf d'entre ses dents.

— Qu'est-ce tu sous-entends ? demanda Pasquale Riccio.

Crescibene se mit à rire en écrasant le bout de nerf entre son pouce et son index.

— Quoi, tu tombes de la lune ? L'est à moi, la bagnole garée tous les mercredis soir sur la via Domiziana, peut-être ? L'est à moi, le fric que tu claques avec l'amante de Porzio et avec les Nigérianes ? OK,

Pasquale Rì, tu t'es bien amusé, mais je suis pas le seul à t'avoir grillé.

Pasquale Riccio écrasa sa cigarette, la pressant et la tordant contre le cendrier.

— D'après toi, on peut garder à la présidence du cercle quelqu'un qui claque jusqu'au dernier sou de la caisse ? Quelqu'un qui couche avec la gonzesse à Porzio ? Il est pas au courant, mais écoute-moi bien, il n'y a que ce qu'on ne fait pas que personne n'apprend jamais. Quand il l'apprendra, il va nous scalper nous aussi, parce qu'on n'a pas pris de mesures. Et tu sais ce qui arrive aux gens qui se foutent Porzio à dos.

Pasquale Riccio regarda le mégot de sa cigarette, dont s'élevait encore un filet de fumée laiteuse. Puis il regarda l'amante de Porzio, qui s'était attaché les cheveux avec une barrette et retournait un steak saignant. Il resta silencieux pendant un très long moment, envahi par l'absurde tentation de sauter, de s'envoler dans le ciel de Naples pour échapper à cette terrasse grésillante et au salon de son appartement, pour ne plus jamais avoir à entendre la voix stridente de sa femme, à assister aux crises de sa fille et à soutenir le regard dolent de ce grain de raisin trop sucré qu'il avait pour fils… Voler entre les draps blancs, libre. Puis il avala un moucheron, toussa violemment et conclut qu'il aimait encore trop la vie pour y renoncer. Il avait supporté une épouse vulgaire, un aîné *femminiello* et une cadette folle, supporté de faire un travail qu'il détestait et de baiser des femmes insignifiantes, il surmonterait cette épreuve aussi.

— Et donc, je devrais faire quoi, maintenant ? se contenta-t-il de demander, pragmatique.

— Je vais te le dire, répondit Crescibene en souriant, les verres de ses lunettes traversés par les lueurs des feux d'artifice lancés depuis la ruelle. Dans un mois et demi, tu vas te présenter devant tout le monde.

— Où ça ? s'enquit Pasquale Riccio, laissant transparaître son inquiétude.

— On verra. Ça dépend aussi de là où ce sera le plus pratique pour les autres.

Pasquale Riccio vit une cascade d'étincelles jaunes dans les verres de Crescibene, pareilles à des lucioles. Ses derniers moments de bonheur aussi avaient été pareils à des lucioles : les cuisses de l'amante de Porzio, écartées entre les sièges de la Mercedes, ses cris étouffés quand il écrasait son foulard bleu clair sur sa bouche ; eux deux en train de fumer, enlacés, après l'amour, en regardant les avions passer au-dessus des gratte-ciel du quartier d'affaires. Mais aussi les Nigérianes, qui relevaient leur jupe et se laissaient prendre par-derrière, qu'il pouvait baiser brutalement, car ces filles n'étaient que muqueuses s'ouvrant et se refermant comme les pétales d'une belle-de-nuit, dans lesquelles il pouvait oublier qui il était et grimacer à sa guise.

— Combien de pognon t'as claqué, hein, Pasquale Rì ? C'était le tien ou celui du cercle ? Sont où, les comptes ? On peut plus te laisser gérer cet argent. Toi et moi on se connaît depuis vingt ans, je sais lire dans tes yeux.

Une lésion vert pétrole coupa le ciel en deux et les goélands crièrent.

— Le cercle, l'a déjà eu son lot de scandales, t'es au courant, non ? Y a eu Mussolini, les soldats qui l'ont foutu sens dessus dessous, les trophées et le fric qu'ils ont embarqués… Et maintenant, faudrait ouvrir le chapitre des putes de Pasquale Riccio ?

Pasquale prit une autre cigarette. Crescibene s'approcha tant de lui que la pointe de son nez, d'où s'échappaient deux poils blancs, toucha presque son front.

— Tu sais ce qui m'attriste, dans tout ça ? C'est que ton père t'a laissé un empire, un truc que tous ces gens que tu vois là en train de bouffer des saucisses t'enviaient comme une meute de chiens enragés. Tu sais d'où je viens, moi ? J'ai dû bouffer de la merde et boire du poison, moi. Je cirais des godasses à la Sanità, papa était un pauvre cordonnier qui se ramassait que des coups de pied au cul, comme une bête galeuse. Pour que je puisse aller à la fac, il se nourrissait de pain rassis arrosé d'huile et il portait toujours la même veste. Quand j'ai commencé à bosser à Loreto Mare, je voulais lui offrir un nouveau costume, mais le diable l'a emporté sous terre avant.

Pasquale Riccio sentit son haleine de viande chaude, de sang et de fer.

— Lello Riccio t'a laissé de quoi vivre comme un roi. Tu sais quand j'ai mangé du homard pour la première fois, moi ? À vingt-neuf ans. Chez moi, les spaghettis aux anchois, c'était la fête, un luxe. Même les pierres savent que t'as flambé tout le fric de ton père, je te jure que j'aimerais aller ouvrir sa tombe pour que tu ramasses des tartes, parce que c'est le seul homme qu'aurait le droit de te frapper.

Pasquale Riccio recula : une détonation jaune dans le ciel fit trembler tout le centre-ville.

— Ça arrive à tout le monde de se tromper.

— Ça veut dire quoi, Pasquale Rì ? Je vais t'expliquer comment ça se passe, moi, vu que t'as perdu ta langue et que tu joues les Jean de la Lune. Tu vas devoir nous présenter les comptes, vois comment te débrouiller, t'as deux mois grand max. Parce que là y a rien qui tient. C'est le bordel, on n'y comprend que dalle. C'est à moi de te rappeler qu'il faut de l'argent pour refaire le hangar des bateaux de l'école de voile ? Et celui pour le matériel ? C'est moi qui dois le sortir de ma poche parce que t'es trop occupé à acheter des petits cadeaux à ta chérie ?

Pasquale lissa son foulard. Crescibene enfonça le clou, il avait envie de hausser le ton mais il ne pouvait pas, les autres ne devaient pas l'entendre.

— Toi, président, c'est fini. Je te l'avais dit que la vie de château c'était bientôt terminé pour toi, t'as fait ton temps. Si cette histoire vient à se savoir, l'image du cercle va en sortir aussi propre qu'une chiotte.

En entendant le mot *chiotte*, Pasquale Riccio se sentit piqué par le dard de la honte. Voilà ce qu'il était devenu : un cloaque. Il était peut-être né ainsi, un cloaque à ciel ouvert qui partait de Posillipo, longeait tout Mergellina et s'achevait dans le béton et les sorties d'égout illégales de la ville. Il lui semblait que tout le monde le lui criait : « Chiotte » Crescibene, Porzio, son père, qui s'était décomposé depuis des années maintenant au cimetière de Santa Maria del Pianto, dans son cercueil en acajou hors de prix. Le ciel de Naples aussi lui criait « chiotte », avec ses traits de lumière qui fendaient la voûte céleste et tombaient dans la bouche de Crescibene, déformée par un rictus vénéneux.

Et le cercle lui apparut comme une chiotte, avec ses sections d'escrime, de voile, de canoé, d'aviron, ses piscines, ses toilettes, ses vestiaires, sa terrasse couverte, le restaurant où l'on servait des cocktails de crevettes qui coûtaient l'équivalent d'une journée de travail pour un maçon. Une chiotte aussi, sa tâche de président, qu'il n'avait jamais su accomplir, car il n'avait aucune aptitude au commandement, il se faisait écrapoutir sous les godasses de tout le monde comme un moucheron et finissait toujours par se plier à la volonté d'autrui. Une chiotte, la paperasse, les comptes, les rendez-vous avec le comptable, les soirées de bienfaisance et les dîners à base de homard bleu.

Fichu paternel qui l'avait fourré à ce poste, pensa Pasquale Riccio, car il avait fait des études de notaire et tout le monde pensait qu'il s'y entendait, alors qu'en réalité il y entravait que dalle. Il n'avait réussi à devenir notaire qu'en collant aux basques de son père, qui lui épargnait la comptabilité et les situations merdiques, mais la mort est niveleuse, comme disait l'acteur Totò : le jour où Lello Riccio était mort, Pasquale n'avait pas réfléchi à comment apprendre le métier pour de bon. Non, il avait pensé à la foune. Il avait pensé à la Dépareillée dans toutes les positions dans sa voiture. C'était peut-être parce que la pleureuse lui était apparue comme une touche de beauté sauvage au milieu de ce cortège guindé qui ne poussait jamais un juron : la Dépareillée était une touffe d'herbes folles, le pistil d'une fleur nouvelle ensorcelée, le corps de la ville qui se dénudait et s'offrait à lui sans vergogne. La Dépareillée était différente de ces gens de chiotte, elle venait de Forcella et de la campagne, elle était sylvestre et citadine, aussi spontanée que la mer frangée d'écume, cette pleureuse qui lui avait appris à rire et à pleurer pour la première fois.

Le ciel crépitant recouvrait la terrasse du juge Porzio comme un linceul. Un, deux, trois, cent traits de lumière. Et Pasquale Riccio se remémora une soirée de bien des années auparavant : la Dépareillée et lui, seuls, à la Villa Santarella, à côté de la montée du

Petraio, dans la voiture. La Dépareillée faisait semblant d'avoir peur des feux d'artifice, puis éclatait de rire avec sa crevardise coutumière, Pasquale Riccio la serrait dans ses bras et ils regardaient ensemble les lignes lumineuses qui zébraient le ciel à travers les vitres embuées. Ce soir-là, avec les feux qui éclairaient le corps nu de sa pleureuse, il ne s'était pas senti comme une chiotte. Il eut soudain un nœud à la gorge en regardant l'amante de Porzio et en repensant à la Dépareillée à la Santarella, et il se demanda ce qu'il avait perdu en chemin, pour en être rendu là où il était.

Sur cette terrasse du centre-ville, il trembla comme un gamin en entendant Crescibene prononcer les mots : *bilans analytiques* ; *comptable* ; *adjoint pour la partie administrative* ; *adjoint pour la partie sportive* ; *papiers* ; *règlements* ; *membres* ; *recettes et dépenses*.

— Un mois et demi. Un mois et demi pour tout arranger. Après, tu disparais et on veut plus jamais entendre parler de toi, Pasquale Rì. Et lâche l'amante de Porzio, sinon le juge va vous foutre en l'air, toi et ton entourage, personne ne sera épargné.

Le médecin-chef s'alluma une autre cigarette.

Pasquale lorgna encore la femme : accoudée à la rambarde pour admirer le spectacle céleste, elle envoyait des baisers à deux pigeons apeurés par les explosions.

Crescibene souffla sur ses lunettes et les essuya avec un pan de sa chemise.

— Et surtout, je veux pas être mêlé à ça quand toute cette histoire sortira au grand jour. Je vous ai pas vus dans ta bagnole, je suis au courant de rien, personne est au courant de rien. Je suis ton ami, je te l'ai dit, mais les amis ça fait pas de miracles.

Pasquale Riccio ne réagit pas, il retrouvait ses sensations d'étudiant ignorant qui allait à Monte Sant'Angelo passer ses partiels de droit commercial et de procédure gracieuse, jamais foutu de répondre à une seule question, qui devait sa moyenne uniquement au nom de son père.

Il était une chiotte au milieu de gens de chiotte et il avait perdu jusqu'à son peu d'honneur : il devait le récupérer, ne serait-ce que pour se prouver qu'il avait une raison de vivre et de ne pas se pendre.

La nuit se remplit de cheveux d'ange qui se noyèrent dans le ciel liquide, pareils à des vermicelles dans le bouillon.

— Fourre-toi ça dans le crâne, Pasquale Rì. Je t'ai dit ce que j'avais à te dire.

Crescibene lui donna une tape sur l'épaule et s'éloigna : lui aussi avait envie de profiter des feux d'artifice.

Pasquale Riccio leva les yeux au ciel et se promit de tout arranger. Si vraiment il fonçait droit vers la fosse à merde, il devait se débrouiller pour ne pas tomber dedans la tête la première. Mais comment allait-il redresser les comptes ? Il devait se plonger dans la paperasse, comprendre ce qu'il avait trafiqué, trouver un ordre dans ce bordel, donner des explications précises, parler avec des chiffres. Puis il pensa qu'il pouvait présenter lui-même son successeur, une personne plus droite que lui, une personne qui n'avait aucune familiarité avec les chiottes. Comme ça, toutes ces vieilles grandes gueules le salueraient sans lui foutre un coup de pied au cul, ils la fermeraient et lui, il partirait la tête haute. Mais qui pouvait-il choisir ? Et surtout, est-ce que ces enfoirés le suivraient une dernière fois ? Feraient-ils confiance à une personne désignée par Pasquale Riccio, qui avait salopé l'image du cercle ? Il aurait fallu une décision du Père éternel pour qu'ils l'écoutent, mais le Père éternel était aux cieux et nulle part ailleurs.

La voûte céleste se remit à rugir : on aurait dit que le Vésuve gouttait de la lave dans le ciel et entre les palais en tuf, faisait couler du feu sur les pavés en chevron du centre-ville. Un seul successeur lui vint à l'esprit, un successeur dont le surnom sentait le fruit pressé. Mais comment pouvait-il envoyer son fils dans cette jungle de gens qui le boufferaient tout cru, qui se foutraient de lui en le voyant parler et marcher ? Il éprouva de l'orgueil et de la honte mêlés, suivis de ces sentiments confus qu'Uvaspina éveillait toujours en lui ; enfin, il arrêta de se poser des questions, se contentant de regarder le ciel.

Les explosions le striaient de sang, le menstruaient d'argent : en elles, il y avait la colère de sa fille et la souffrance de son fils, et le corps dolent de Naples, qui se déchirait en estafilades lumineuses.

15

Pour passer son oral de fin de lycée, Uvaspina enfila une culotte rouge. Elle appartenait à la Dépareillée.

— Mets-la, elle porte bonheur : chaque fois que je la portais pour un enterrement, la famille du mort me donnait le double de pourboire. T'as de la chance que je l'aie retrouvée, l'avait glissé sous le matelas, je l'avais prise pour un napperon de Noël.

Il fut un des trois derniers à s'asseoir en face du jury du lycée Pimentel Fonseca, il parla du mouvement rectiligne, de la comédie selon Aristote, puis du pessimisme cosmique de Leopardi ; le président du jury, à qui il manquait deux doigts, secoua son pouce pour lui indiquer que c'était sur le pessimisme historique qu'il souhaitait le faire développer. Il s'en sortit et, quarante minutes après, il était devant le lycée, seul.

Tous ses camarades recevaient de leur famille des roses et des tournesols enveloppés dans le papier ayant servi à emballer le pain, des baisers et des pinçons, des plateaux de pâtisseries aussi dorés que des bijoux, ou bien se faisaient tirer les oreilles. Lui, il était appuyé à une rambarde : un jeune homme solitaire, dont le cul grattait à cause de sa culotte en dentelle.

La mère de Teresa, sa camarade boiteuse que tout le monde appelait l'Éclopée, arriva devant le lycée. Elle s'empressa de descendre du taxi ; d'un côté, elle s'appuyait sur une béquille et, de l'autre, quelqu'un de la famille la soutenait.

Voilà de qui tient Teresa, pensa Uvaspina.

Mère et fille se serrèrent dans les bras devant le demi-buste d'Eleonora Pimentel Fonseca.

— Alors ? Tu t'es souvenue de tout ? Toute façon, c'est fini ! s'exclama la mère de l'Éclopée, et elle tendit un billet à sa fille, ainsi qu'un cornet d'où s'échappait une odeur de mozzarella frite.

Uvaspina glissa un doigt dans son pantalon pour ajuster la culotte de la Dépareillée, il tira l'élastique et, en l'arrangeant, il comprit que certaines mères étaient devant vos yeux, tandis que d'autres ne pouvaient être que dans votre dos, dans la dentelle et la démangeaison à la raie du cul, là où personne ne les voyait.

Toute sa classe se réunit au pied de l'obélisque de la piazza del Gesù. La Madone perchée au sommet semblait écouter avec une grimace écœurée les bavardages de cette faune de têtes petitounes, frisées, lisses, bouclées ou rasées. Certains racontaient que ce n'était pas la Vierge, mais la Mort qui veillait de là-haut.

Giuseppe Martino et Nino Scoppettuolo se mêlèrent à l'attroupement, qui s'ouvrit sur leur passage comme des ailes d'hirondelle. Ils se placèrent au centre : l'heure de prendre une décision était venue.

— Alors ? On va où, ce soir ? lança un adolescent aux cheveux en brosse et à l'attitude de gouape, mais au regard gentil.

— J'en sais rien. Balade et glace du côté de la via Foria, au Caffè Fantasia ? proposa une fille au serre-tête métallique et à la tresse châtain nouée avec une ficelle.

— Non mais vraiment ? s'indigna Nino Scoppettuolo en lissant sa barbe tendre, arrimée à son visage comme de la mousse orangée. T'es sérieuse ? On a fini le lycée et on va manger une glace comme des gosses ? Rusinè, si tu veux aller au Caffè Fantasia, vas-y avec ta maman et ton papa qui te tiennent par la main.

Rusinè, vexée, regarda le groupe avec de grands yeux liquides de chien bâtard.

— Ce soir, on va fêter ça comme les gens de notre âge : l'année dernière, mon frère a fait un feu sur la plage à Posillipo. On a rien à foutre au centre-ville, avec les morveux qu'ont encore la bouche pleine de lait.

Un sourire satisfait aux lèvres, Nino les scruta un à un, à la recherche d'approbation. Quand il croisait un regard neutre, il fixait la personne droit dans les yeux jusqu'à ce qu'elle hoche la tête.

Les murmures, les chuchotements et les coups de coude se multiplièrent. « OK ! », « Super ! », « J'en suis ! », « Mon père me déposera », « Je viendrai en bus ».

Uvaspina était resté à l'écart, dans la tranche d'ombre oblique de l'obélisque qui creusait la place comme une plaie grise. Tous les autres, dans la lumière ronde du soleil de juillet, paraissaient plus âgés : ils gesticulaient à la manière des adultes.

— Ce soir, mon père me déposera là-bas. Tu peux venir avec moi, il y a de la place dans la voiture.

Une silhouette avait quitté la lumière humide du soleil pour s'avancer en claudiquant vers Uvaspina.

— Fête ça avec nous. Toi aussi tu as réussi ton examen, tu as bien mérité de passer une bonne soirée.

Uvaspina n'avait jamais beaucoup parlé avec Teresa l'Éclopée, quelques mots au collège pour un exposé de géographie en groupe. Mais ensuite ils avaient recommencé à s'ignorer et, aux yeux d'Uvaspina, elle avait réintégré la tapisserie de la classe : Teresa, un pupitre vert écaillé, le tableau ou une chaise en bois fendillée, ça ne faisait aucune différence pour lui.

Il lui répondit qu'il la tiendrait au courant, il y avait son numéro dans le répertoire de la classe : l'Éclopée hocha la tête, puis sortit de l'ombre et alla retrouver le soleil en zigzaguant un peu.

Le groupe se clairsema : certains rentraient chez eux, d'autres s'éloignaient en saluant d'un geste de la main ou s'élançaient vers leurs parents qui les emmenaient manger des pâtisseries.

Uvaspina resta immobile, pensif, cherchant à savoir s'il avait envie ou non d'aller à la fête. Son hésitation était aussi poisseuse que l'air de juillet dans le centre-ville, qui laissait une patine visqueuse sur la peau : il sentit une irritation au niveau du cul. L'étiquette. L'étiquette de la culotte rouge de la Dépareillée.

Alors qu'il l'arrangeait, quelqu'un remarqua cette goutte écarlate dans la clarté de la place : une bande de dentelle sanglante, qui jurait au milieu du marbre blanc.

— Son diplôme à peine en poche, l'a déjà un taf, celui-là : ce soir, on le verra pas à la fête de classe, il va tapiner, il a déjà mis sa tenue de travail.

Nino Scoppettuolo avait parlé fort. Uvaspina éprouva un besoin capricieux, puéril : le besoin d'être défendu par sa maman.

Ce n'était pas encore la période des étoiles filantes, mais les astres étaient si nombreux que le ciel avait des allures de bagarre générale.

Teresa l'Éclopée s'était fardé les paupières d'une couleur brique et avait même osé le rouge à lèvres pour l'occasion : il était appliqué de traviole, peut-être par sa mère qui ne tenait pas droit sur ses pieds, supposa Uvaspina.

En fin de compte, il avait décidé d'aller à la fête. À la maison, l'air était rance, comme chaque fois que la Dépareillée et Pasquale Riccio s'écharpaient : Uvaspina voulait fuir cet univers de rancœurs, d'insultes et de chemins de croix viciés.

Teresa et son père étaient passés le chercher à huit heures précises, et ils avaient pris la direction de Posillipo : la tête tournée vers la vitre, Uvaspina n'avait pas décroché un mot du trajet, répondant « oui, oui » à chaque question de l'homme, même quand ce dernier lui avait demandé : « Et maintenant, ton père va te trouver du boulot ou tu iras à la fac ? »

Teresa l'Éclopée en avait été gênée, Uvaspina l'avait compris en la voyant se ronger les ongles, comme il lui arrivait de le faire en classe.

Sur la plage de Posillipo, le muret du restaurant Giuseppone a Mare était comme d'habitude envahi de couples enlacés : les adolescents, loin de leurs parents, de la main lourde de leur père et de la voix de leur mère, n'appartenaient plus qu'à la brise de la Riva Fiorita, qui leur susurrait de toucher, palper, humer.

Les vendeurs ambulants de pistaches, cacahuètes et fruits secs s'étaient installés dos à la mer ; il y avait aussi une charrette de granités, tirée par des fonctionnaires qui, l'été, faisaient ce commerce pour arrondir leurs revenus. Et puis il y avait l'étal de Salvatore : tout le monde le connaissait parce que c'était le seul maître nageur qui ne savait pas nager. C'était une célébrité, Salvatore : une peau si mate qu'une fois, des gens venus de Rome pour tourner un film à Naples lui avaient fait jouer le rôle d'un vendeur à la sauvette maghrébin ; il ne savait pas nager mais il était doué pour planter les parasols, discuter avec les touristes et aller demander aux cuisines de la Riva Fiorita s'il n'y avait pas des restes pour lui. En fin de compte, il avait monté un étal de friture, et il était là, avec sa peau mate et ses dents toutes blanches, tendant ses cornets aux clients.

Uvaspina et Teresa l'Éclopée saluèrent le père de cette dernière d'un geste de la main et s'engagèrent dans la descente.

Le soir, la plage était éclairée par les lamparos : ces lumières tremblantes glissaient sur l'eau comme autant d'insectes lumineux qui mouraient puis retournaient à la vie.

Le palais Donn'Anna veillait avec ses fenêtres, yeux dorés qui brisaient la pénombre ; il avait une entrée par voie terrestre et une autre par voie maritime, uniquement accessible en bateau. Il paraissait suspendu, oscillant dans le ciel : ses stucs et ses ornements étaient comme des larmes nocturnes qui coulaient vers le noir de la mer.

Uvaspina et Teresa mirent un temps à identifier leurs petits camarades : il y avait beaucoup de groupes, autour de feux différents. Ils se déchaussèrent et avancèrent de quelques pas : le sable était frais sous la plante de leurs pieds et, à la lueur des lamparos, il ressemblait au sol d'une planète lointaine ou à celui de la Lune.

Dans le noir, les adolescents étaient indiscernables, tous avaient le contour de statues de cire et leurs bras étaient des tentacules lunaires terminés par des guitares, des bouteilles ou d'autres corps chuchotants. Les filles étaient à la fois différentes de d'habitude et toutes identiques : du fard sur les paupières, les seins écrasés dans des robes trop petites et les cheveux crêpés, légèrement ondulés par l'humidité de la mer ; les garçons, eux, ressemblaient à des trentenaires, et Uvaspina fut incapable de repérer ses camarades dans ce méli-mélo d'hommes accomplis.

L'Éclopée et lui finirent par trouver leur classe grâce à un lamparo qui, une fraction de seconde durant, éclaira les cheveux roux de Nino Scoppettuolo de sa lumière laiteuse. Leurs camarades avaient formé une sorte de cercle de serviettes serré autour d'un petit feu allumé n'importe comment. Ils s'avancèrent, mais éprouvèrent un sentiment proche de la peur en découvrant qu'aucun d'eux n'était seul, aucun corps n'était dépareillé, non assemblé à un autre. Sauf Giuseppe Martino, qui chantait dans son coin, mais quelques secondes après une blonde arriva derrière lui et posa ses mains sur ses yeux.

Uvaspina et Teresa étaient entourés de filles lovées dans les bras de garçons, de mains qui caressaient des cuisses blanches, de doigts qui parcouraient des cous, des bras, puis des ventres, d'adolescents qui ne s'étaient jamais adressé la parole en classe et qui maintenant étaient les uns sur les autres, étendus sur les serviettes sales.

Rusinè, la fille au serre-tête métallique et à la longue tresse, était scotchée à Nino Scoppettuolo ; il la tenait dans ses bras, comme s'il la berçait, une main entre ses cuisses, si bien que, dans cet entortillement de serpents, le corps de Rusinè frottait contre sa main chaque fois qu'elle éclatait de rire. Le son du ressac et des voix couvrait l'ivresse de la fille, dont le souffle était de plus en plus saccadé dans l'oreille de Nino à chaque frottement.

Ils n'avaient même pas le réflexe pudique de se cacher, pensa Uvaspina en tournant les yeux vers un autre couple qu'il n'avait pas réussi à identifier : ils étaient couchés par terre, une couverture jetée sur eux, on ne voyait que leurs pieds mêlés qui s'agitaient au rythme des vagues noires. Quand les pieds en question accélérèrent la cadence, des applaudissements s'élevèrent : quel que soit le couple auquel ils appartenaient, ce soir-là il avait baisé. Un garçon avait pénétré une fille, il était devenu homme et arrêterait de passer son temps à se branler, et une fille pourrait dorénavant informer ses copines de ce qu'on ressentait la première fois.

Certains étaient soûls, d'autres faisaient circuler des cigarettes ou des joints de shit acheté dans les Quartiers Espagnols. Peppe Spalice fit son apparition, sans Martina : il dansait torse nu avec une fille qu'Uvaspina n'avait jamais vue.

C'était comme si sur cette plage ruisselait une rosée de soufre et d'eau de mer mitonnée pendant des heures par les sorcières du Vésuve, elle mouillait chaque grain de sable, chaque coquillage, chaque étincelle dans les pupilles des adolescents.

Uvaspina et Teresa essayèrent de s'intégrer, mais c'était comme si une force les repoussait. Ils restèrent seuls.

— T'as eu quelles questions en grec aujourd'hui ?

— Les mêmes que tout le monde. Je sais que toi, tu t'en es bien tiré, Uvaspì.

Leur conversation mourait au bout de deux répliques : ils se fixaient, rougissant, non de gêne, mais de leur erreur d'être venus. Ils se couchèrent par terre à leur tour : en veillant à rester à distance.

Uvaspina regarda la voûte céleste, les constellations, les étoiles froides et immobiles, et dans ces treilles d'astres géométriques, il décela d'abord la forme d'un polygone aux angles aigus, puis d'un chien doté d'une seule oreille et enfin d'un fruit qui avait perdu sa peau et n'arrivait pas à trouver la paix. La peau qui enrobait ce fruit cabossé, fait de petites graines et de pulpe réduite en bouillie d'avoir été tant et tant pressée, rien n'aurait pu la remplacer, pas même un habit tissé d'étoiles.

— Je voudrais faire un vœu, Uvaspì.

Teresa l'Éclopée avait le nez tourné vers le ciel.

— Je veux marcher normalement, comme toutes les filles, et trouver un mec pour qui je serai la seule qui existe au monde.

Uvaspina ne savait que répondre. Il hocha la tête sans cesser de regarder les étoiles.

— Les garçons qui me draguent, tout ce qu'ils veulent c'est coucher, ils pensent que je suis débile parce que je suis boiteuse. Je leur sers d'entraînement, après, pour les histoires sérieuses, ils se cherchent de jolies filles pas handicapées.

Même dans le noir, il parvint à voir les yeux de l'Éclopée : d'instinct, il eut envie de lui caresser les cheveux. Teresa lui parla des maçons qui lui demandaient de les masturber, puis filaient en lui donnant un gros pain (« Tiens, petitoune, avec ça t'auras de quoi goûter pendant trois jours »), et des jeunes carabiniers qui se glissaient dans sa chambre quand ses parents n'étaient pas là. Tout le monde allait voir l'Éclopée, tout le monde passait, mais personne ne restait jamais. Et même quelques-uns de leurs petits camarades qui frimaient sur la plage, dit-elle, lui avaient rendu visite entre ses draps blanc cassé : voilà pourquoi ce soir ils étaient si téméraires et entrelaçaient mains et pieds avec une assurance que rien ne semblait pouvoir entamer.

Le ciel se fissura : un crépitement, un ronflement de pot d'échappement, qui ne troubla pas la jeunesse sur la plage ; personne ne l'entendit, tout le monde avait autre chose dans les yeux et dans les oreilles. Le temps d'un bruissement, et le ciel s'ouvrit, déchiré par un éclair en forme de charnière, celle entre l'enfance et l'âge adulte.

Dès que la pluie commença à frapper le sable, Uvaspina et Teresa se levèrent, en même temps que beaucoup d'autres qui, avec leur serviette sur les épaules ou leur sac sur la tête, poussaient des cris d'émotion devant le déchaînement de la nature. Certains grimpaient à toute hâte les montées bordées de murets, d'autres à l'inverse cherchaient un refuge sous les corniches des restaurants.

Seuls les adolescents de dernière année du lycée Pimentel Fonseca semblaient ne pas se rendre compte de l'eau qui leur tombait dessus, dessous, sur les cheveux, dans la bouche. À un moment donné, Nino Scoppettuolo poussa un hurlement, sa voix n'était pas celle d'un homme, mais d'un loup. Les autres l'imitèrent et, quand il se leva, ils le suivirent et se jetèrent tous dans les flots. De loin, ils ressemblaient à des sauterelles tremblantes dans les raies grises de la pluie. Cette vision fut brève : les sauterelles s'offrirent à la mer, qui les prit et les avala.

Les ruines du palais Donn'Anna dégageaient une chaleur qui anéantissait l'averse.

Uvaspina et l'Éclopée étaient assis, jambes ballantes, sur une saillie de la façade. L'Éclopée paraissait plus jeune, avec ses cheveux courts et mouillés plaqués sur son crâne, comme un casque noir qui faisait ressortir ses oreilles décollées. Dans un geste audacieux, elle posa une main sur l'épaule d'Uvaspina.

— T'es quelqu'un de bien, Uvaspì, n'écoute pas les autres quand ils se moquent de toi. Moi, en classe, je t'ai toujours défendu. De toute façon, ils se moquaient aussi de moi, j'avais rien à perdre.

— T'inquiète, je suis habitué. Et puis, je les reverrai plus, c'est fini.

— Pourquoi t'as jamais essayé de te défendre de Nino, Giuseppe et les autres ?

— Qu'est-ce que tu voulais que je leur dise ? J'allais pas les faire changer d'avis.

— Ils se moquent peut-être de toi parce qu'ils sont jaloux, ils t'envient parce que tu es bon élève.

Uvaspina ferma les yeux et se réchauffa à la tiédeur de cette consolation à laquelle il n'était pas accoutumé : oui, il y avait un domaine où il était doué, et on se moquait sûrement de lui par jalousie.

La main de Teresa glissa sur son cou, son bras.

— Ton problème, c'est que t'es toujours seul. Ça se voit que personne n'en a rien à foutre de toi et que tu souffres. Pas vrai ?

Uvaspina hocha la tête.

— Ça se voit que c'est dur pour toi. Je sais que les filles c'est peut-être pas ton truc, t'es pas obligé de me le dire, mais quand tu te sens seul tu peux m'appeler, je serai là, c'est important d'avoir une amie.

— OK, Teresa, merci.

L'Éclopée retira son bras pour mieux s'installer sur la saillie. Sa jambe boiteuse pendait dans le vide comme l'autre, dans le noir on ne voyait plus la différence. Elle se rapprocha tant d'Uvaspina qu'il perçut le parfum de sa peau : une odeur viciée de vieille poupée, de fleurs laissées à sécher entre les pages d'un journal intime. Teresa posa sa petite tête sur son épaule : il sentit le lobe de son oreille mouillée dans son cou.

— Les vrais amis, c'est pas ceux qui parlent mais ceux qui font, lui murmura-t-elle.

— Oui, Terè, et nous on est amis, t'as raison.

L'Éclopée entrecroisa ses doigts humides, un peu épais, aux ongles rongés, avec ceux d'Uvaspina. Ils se serrèrent et se caressèrent le dos de la main : celle de Teresa se réchauffait au contact des pulsations discrètes de celle d'Uvaspina, et il ne put s'empêcher de penser aux mains de Minuccia, qui avaient caressé et meurtri sa chair. Il était plongé dans une ballade aquatique, bercé par le bruit de l'averse, l'odeur de vieille poupée et la pensée de Minuccia : tous les poumons de cette ville ancienne paraissaient avoir cessé de respirer lorsque des voix vinrent brutalement déchirer ce moment de paix.

— Je veux pas me mouiller, sinon je vais attraper froid et je vais pas pouvoir aller bosser.

— Tu veux ma veste ?

— Et toi ?

— C'est rien. T'inquiète. Je te couvre.

Un garçon et une fille couraient sur la plage, deux silhouettes dans le noir.

— Je croyais qu'on était seuls, fit l'Éclopée, déçue.

Le couple approchait des ruines du palais : elle tenait ses sandales à la main, il était pieds nus. Le garçon enleva sa veste pour la poser sur les épaules de la fille : elle avait les cheveux frisés, de petites boucles denses qui lui faisaient une auréole. L'enseigne d'un restaurant l'éclaira : un sourire paisible, celui d'une mère couchant ses petitous. Elle portait sa beauté sans ostentation, sans les manières des filles qui savent qu'elles sont belles.

Uvaspina avait encore les doigts entrecroisés avec ceux de l'Éclopée et il dut faire un effort bestial pour ne pas planter ses ongles dans la paume de son amie lorsqu'il vit, sur le visage du garçon, deux yeux vairons que la nuit n'avait pas le bon sens de dissimuler.

Uvaspina et Antonio se regardèrent.

Sans réfléchir, Uvaspina saisit le menton de Teresa entre son pouce et son index et l'embrassa sur la bouche, si violemment que ce fut comme une morsure. Puis il la prit par la main, l'aida à descendre et l'entraîna ; hébétée, elle sautillait pour tenir le rythme.

Antonio les suivit des yeux dans la montée de Giuseppone a Mare, dans l'air salin saturé de pluie, dans cette pénombre aquatique.

Uvaspina ne se retourna pas une seule fois, il grimpa sans s'arrêter jusqu'à une marche d'où l'on ne voyait plus la plage, et ils se rassirent là : l'Éclopée se massait la jambe, le souffle court. Après un long silence, elle demanda :

— Tu te rends compte de ce que tu viens de faire, Uvaspì ?

Uvaspina acquiesça.

— Ben alors, désolée, mais tu dois continuer ce que t'as commencé.

L'Éclopée le prit dans ses bras et le couvrit tout entier : elle lui rendit le baiser qu'il lui avait donné au palais Donn'Anna, et alla plus loin.

Uvaspina connaissait une seule langue de femme, celle de Minuccia, quand, gamins, ils s'embrassaient pour rigoler : ce soir-là, il découvrit une salive à la saveur d'œillet séché. Il eut l'impression d'embrasser la poupée en porcelaine de sa sœur, posée sur l'étagère en face du lit. Ils poursuivirent pendant une dizaine de minutes et, à la fin, Uvaspina se sentit comme à la sortie d'un manège, l'estomac sens dessus dessous.

Ils montèrent jusqu'au parking. Le père de l'Éclopée n'allait pas tarder : elle avait la permission de onze heures, il ne voulait pas que sa fille passe trop de temps dehors. Teresa donna un dernier baiser à Uvaspina, vérifiant du coin de l'œil que les phares de la voiture paternelle n'étaient pas encore en vue. Ils entendirent un crépitement de pas qui approchaient, déplaçant le sable, les galets et des brindilles. Un garçon se dirigea droit sur eux, qui venaient de se détacher après leur timide dernier baiser.

— Ah, rusé, le gars… Tu as une petite copine et tu ne dis rien ?

Uvaspina sursauta et Teresa éclata de rire.

— On n'est pas ensemble, on est camarades de classe. Enfin, maintenant, même plus !

— Alors mes félicitations, ce soir vous avez rattrapé tout le temps perdu en cinq ans de lycée.

— Toi aussi t'as une copine. Tu es le mec qui était en bas, à côté du palais Donn'Anna, non ? Tu étais avec une fille, je suis pas miro, fit Teresa.

Elle scrutait Antonio avec curiosité, et à travers ce regard, Uvaspina sut comment, sans doute, toutes les femmes le regardaient.

— Disons ça comme ça, oui. Mais là, je rentre.

— Dis donc, tu es mal élevé, tu aurais pu la raccompagner chez elle ! lança l'Éclopée, les sourcils froncés.

— Quoi ? Il lui faut une citrouille qui se transforme en carrosse pour la ramener, dans le centre-ville ? Elle est partie avec son père, il dînait à un des restaurants d'en bas.

Antonio riait de son rire effronté, cascade de voyelles et d'hippocampes.

L'Éclopée rit avec lui : la pluie avait cessé de tomber, le ciel s'était éclairci.

— Tu y vas jamais, dans le centre, voir ta copine ?

— Si, d'ailleurs, je suis invité à déjeuner chez elle demain. Je ne te raconte pas la joie, en plus je vais devoir dépenser cinq mille lires pour apporter un gâteau ou une autre bricole à sa mère et essayer de me faire apprécier par son père qui ne peut pas me voir en peinture.

Antonio fixa Uvaspina, qui ne levait pas les yeux du sol.

— Qu'est-ce qu'on ferait pas par amour… commenta Teresa en le regardant d'un air rêveur, semblable à une gamine qui parle à un chanteur célèbre.

— Oh là, n'exagérons pas ! Amour, amour… La priorité, c'est la santé et le bonheur.

Des phares les éclairèrent : le père de Teresa était arrivé. L'Éclopée se dirigea vers la voiture en s'appuyant un peu sur Uvaspina, puis elle ouvrit la portière et se jeta sur le siège passager, massant sa patte folle.

Dans la fraction de seconde où Teresa et son père se firent une bise, Uvaspina se retrouva face à ces deux yeux différents, plus intenses que les phares.

— Toi, tu ne m'as toujours pas dit ce que tu devais me dire.

Uvaspina affronta le regard d'Antonio sans prononcer un mot, puis il monta dans la voiture et claqua la portière avec une violence imbécile, puérile.

La voiture repartit, suivie par les yeux vairons jusqu'à ce qu'elle soit avalée par la nuit et la colline de Posillipo. Il ne resta plus que le palais Donn'Anna, éternellement arrimé : ancré là, avec la lune, la mer, les décombres des siècles et de cette nuit.

16

En cet après-midi de juillet, le centre-ville avait un souffle chaud de bête fatiguée : l'air brûlant s'élevait des statues de christs et de diables, des pierres volcaniques et des chats errants qui faisaient le tour des fontaines pour se rafraîchir aux rares gouttelettes.

Uvaspina marchait dans les ruelles, la tête du gros poulpe était loin : le cap Posillipo était immergé dans son eau, tandis que tout le corps du mollusque s'empoissait. La mer ne baignait pas le centre-ville, et Uvaspina s'imaginait que les vagues avaient préféré fuir plutôt que d'être au contact de ce grand bazar.

Il arriva devant l'église du Gesù Nuovo : les pierres en pointe de diamant de sa façade n'étaient en réalité que les ventouses du poulpe, prêt à se réanimer dans une nuit de mistral. Il acheta une glace à la Scimmia, pistache et chocolat noir, et passa l'après-midi les mains poisseuses parce que les serviettes du glacier étaient comme du papier de verre. Il descendit puis remonta la via Mezzocannone. Il passa devant le conservatoire de la via San Pietro a Majella, d'où s'échappaient des notes de guitare, de piano et de violon. Il emprunta la via Benedetto Croce puis bifurqua dans la via San Sebastiano. Il entra dans l'église San Domenico

Maggiore, pleine de stucs bleu sombre, éclairée par une lumière azurée qui donnait l'impression d'être sous l'eau, devant des tombeaux de vice-rois et les corps embaumés de créatures marines. Il flâna dans la via dei Tribunali, à Forcella, passant par le vico delle Zite et le vico della Tofa ; l'après-midi touchait à sa fin, et Uvaspina continuait de déambuler sans but. Ses mains étaient de plus en plus poisseuses, son majeur et son annulaire droits étaient collés par une patine sucrée. Il marchait fiévreusement, il rentrait dans les gens, si bien qu'un monsieur moustachu lui avait dit de descendre de la lune. Il se sentait piqué de la tarentule, nerveux, l'apparition du garçon sur le parking l'avait inquiété, qu'était-il venu y faire ?

Il passa par Port'Alba : les livres étaient là, comme s'ils l'attendaient. Ils évoquaient des coffrets et des écrins d'émeraude, avec leurs couvertures ornées de motifs en relief. Une en particulier attira son attention : *Ferdinando IV e il suo ultimo amore*, à la couverture vert pétrole, signée d'un nom qui lui était familier, celui de Salvatore Di Giacomo. Instinctivement, il le toucha, mais il eut l'impression d'être en contact avec un tison et écarta sa main.

Alors, il s'attarda à regarder un perroquet perché sur une barre dans la via San Biagio dei Librai, qui criait : « Pas folle la guêpe ! », d'une voix de vieille bonne sœur. Il s'amusa pendant un temps à faire parler le perroquet, puis il continua sa balade, encore et encore. Il repensa à ce qu'avait dit la Dépareillée, une fois : le centre-ville était un gros village, on y trouvait tout, y compris ce qu'on ne voulait pas.

Presque personne ne connaissait l'église Santa Luciella. Uvaspina tomba dessus par hasard : il en avait déjà entendu parler, mais il ne l'avait jamais vue. Elle était cachée comme une petite perle dans une huître gigantesque, et avait conservé des allures grecques. Dans le treillage géométrique du cœur de Naples, elle formait un discret rappel du passé entre le cardo et le decumanus : elle était tout au bout d'une étroite impasse, que dans l'Antiquité on appelait le vicus Cornelius. On avait raconté à Uvaspina que cette église avait été fondée par des tailleurs de roche volcanique, des *piperniani*, qui se blessaient les yeux avec les éclats de pierre des bâtisses qu'ils édifiaient : c'était pour cette raison qu'ils l'avaient dédiée à sainte Lucie, protectrice de la vue. Plutôt que la baptiser Lucia, ils lui avaient donné le diminutif affectueux de Luciella, car dans ces venelles, même une sainte pouvait être une petite sœur que l'on prenait par la main. Uvaspina décida de se laisser embarquer par Luciella, de toute façon il n'avait rien à perdre.

Il passa sous les trois blasons surmontés d'une demi-lune qui encadraient le portail et fut accueilli par un rayon de lumière, qui faisait danser la poussière de la rue. Il aimait les églises, le parfum de lys et d'encens le remplissait d'une étrange paix ; dans celle-ci, il y avait de vieilles femmes toutes identiques, immobiles et susurrantes dans la pénombre. Le sol était pavé de losanges marron et orangés, et l'œil d'Uvaspina s'égara sur leurs motifs, qui allaient s'écraser contre un autel couvert de fleurs. Il se signa, comme le faisait la Dépareillée chaque fois qu'elle entendait la messe à la radio, et s'assit sur un banc : il regarda droit dans les yeux une petite madone placée à côté du tronc d'église. Puis il se leva pour allumer un cierge, sans savoir pourquoi : il glissa deux pièces, prêt à s'en retourner à Chiaia en pensant à cette petite flamme solitaire.

— Tu sais qu'ici, c'est la seule église qui abrite un crâne avec des oreilles ?

Uvaspina faillit pousser un cri : au moins, il n'avait plus besoin de faire semblant d'ignorer l'origine de son inquiétude, car elle venait de se matérialiser devant lui. Néanmoins, il se découvrit de l'audace, car il répondit sans hésiter :

— T'étais pas censé déjeuner chez les parents de ta copine, toi ?

Antonio éclata de rire, un rire qui résonnait comme un blasphème au milieu des stucs et des parements, un sacrilège pour les vieilles femmes immobiles et pour la petite madone au regard apeuré. Uvaspina pensa qu'Antonio avait un rire à faire tomber les christs de leur croix.

— Tu as vu l'heure qu'il est ? Tu as cru que j'allais rester là-bas jusqu'à sept heures du soir ou quoi ? Tu es fou, tu n'as qu'à y aller toi, si tu as le courage.

— Ben, t'étais avec ta copine, c'est plutôt sympa, non ?

Uvaspina alluma le cierge et se brûla les mains avec la cire. Il s'empourpra.

— Dis donc, tu en racontes des conneries, je préfère bouffer des *zeppole* que des conneries pareilles.

Une vieille l'entendit et leur jeta un regard scandalisé. Uvaspina n'avait rien à répliquer, il se recroquevilla dans la sensation d'être à côté de la plaque chaque fois qu'il ouvrait la bouche en présence d'Antonio.

— En parlant de pâtisseries, j'en ai apporté un plateau à cinquante mille lires à ma belle-mère et à ma petite amie, ainsi qu'une *delizia al limone*, et en prime il aurait fallu que je reste là-bas jusqu'à la nuit ?

Antonio rit encore en regardant les fresques et les stucs, comme si tout cela n'était qu'un grand jeu qui embaumait la myrrhe rien que pour eux.

— Qu'est-ce tu fais ici ? osa alors Uvaspina en revenant vers le banc. Tu m'as pas l'air d'être le genre de mec qui prie beaucoup, murmura-t-il en se rasseyant.

Antonio s'assit à côté de lui.

— Tu te trompes, je passe mon temps à prier. Je prie pour que les poissons mordent à l'hameçon, pour que les rascasses soient bien grosses et savoureuses, pour que la mer ne fasse pas de caprices, pour que ma belle-mère ne me casse pas les couilles : je passe mon temps à prier, moi. Certes, je ne prie pas à l'église mais, crois-moi, le Père éternel m'entend quand même.

Uvaspina scruta son majeur et son annulaire : à la patine sucrée s'étaient ajoutés des morceaux de cire.

— Mais bon si je suis là, c'est que je t'ai vu de loin en train de faire le con avec le perroquet et je me suis demandé ce que tu fabriquais. Puis tu es entré dans l'église, alors je me suis dit : peut-être que ce gamin a besoin d'aide.

Uvaspina vira à l'écarlate et serra les poings.

— Bon, je vais me rentrer, j'en ai marre de me balader, dit-il.

— Attends, viens voir le crâne avec des oreilles, avant. Tu es quand même sacrément mal élevé, toi.

Uvaspina aurait voulu crier, mais il n'avait pas la crevardise d'Antonio.

— Qu'est-ce j'ai fait de mal élevé ?

Il se sentit comme un gosse qu'on aurait mis au coin.

— Tu as la mémoire courte, pas grave. Allons voir ce crâne, après tu partiras. J'ai compris que tu étais mal luné.

Les souterrains de l'église puaient le renfermé et la poussière séculaire des velours et des reliques : la lumière du soleil n'y pénétrait pas, comme si éclairer des tombeaux cachés, des ampoules et des calices était un sacrilège. Cette odeur vous mordait aux narines : Uvaspina avait envie d'éternuer, mais l'éternuement ne venait pas. Ces effluves à la fois rances, gras et secs lui évoquaient un peu les appartements de ses grands-parents, lesquels présentaient cependant, à la différence de l'église, une note sucrée et un arrière-goût familier qui atténuaient l'angoisse du temps.

Antonio se déplaçait dans les petites catacombes comme s'il était sur une place ou dans son salon.

— Viens voir, je te montre.

Dans une châsse en verre incrustée de topazes et d'émeraudes se trouvait une petite demi-sphère qui ressemblait à un fossile, ébréchée et jaspée de mille nuances de marron. Elle était creusée de deux petites cavités, les orbites, et pourvue sur les côtés de deux protubérances : les oreilles. Le crâne à oreilles fixait Uvaspina dans sa beauté cruelle, lui faisant mal à un endroit de son corps dont il ignorait l'existence. De ce crâne sortait une mélodie terrible et splendide, qui parcourait Uvaspina jusqu'à la pointe de ses cheveux et portait en elle les contes tristes du soir et la peur des monstres cachés sous le lit, mais aussi l'excitation de l'inconnu.

— Tu as perdu ta langue ? Tu peux parler, Uvaspì, le crâne t'entend, il a des oreilles.

— Je ne l'avais jamais vu, il est vraiment bizarre.

Uvaspina n'arrivait pas à détacher ses yeux de ce crâne fossilisé aux oreilles momifiées.

— Tu as entendu parler de la peste de Naples, celle du XVIIe ? Ce crâne, c'est celui d'une personne de cette époque.

— Comment tu sais ces trucs-là, toi qu'es pêcheur ?

— Quel est le rapport ? On t'a appris que les pêcheurs étaient ignorants ? Je lis, je connais des histoires, j'écoute les gens.

— Non, je voulais pas dire que…

— Laisse, c'est bon, j'ai pigé, tu es à côté de tes pompes.

Antonio se lança dans le récit de la peste de Naples : il parla de la poudre des semeurs de peste dans les bénitiers, des gens qui n'osaient plus se signer, de ceux qui avaient peur de manger du poisson et se tenaient loin de la mer, comme si son eau exhalait la maladie.

Uvaspina finit par détourner les yeux du crâne pour regarder un gros coffre en bois fendillé, comme s'il pouvait trouver à l'intérieur quelque chose d'intelligent à dire. Mais il devinait qu'Antonio n'avait pas la rancœur tenace : en sa présence, tout poids prenait son envol avec la légèreté d'un colibri.

— Pourquoi ce crâne a des oreilles, alors ?

— Qu'est-ce j'en sais, Uvaspì ? Peut-être pour continuer d'écouter ce qu'on raconte ?

Une esquisse de sourire fleurit sur les lèvres d'Uvaspina, balayant l'odeur de renfermé.

— Qu'est-ce que tu veux lui dire, au crâne à oreilles, Uvaspì ?

— Je… j'ai rien à lui dire.

— Réfléchis-y. Il doit bien y avoir quelque chose.

— Quoi, Antonio ?

Il venait de prononcer son prénom pour la première fois. Antonio. Antonio, ce prénom qui dans sa bouche avait un goût d'eau vive, de sel et d'embarras. Il s'apitoya aussitôt sur lui-même et ne parvint pas à le regarder en face.

— Tu le sais, ce que tu veux lui dire. Quelque chose que tu dois verbaliser depuis longtemps…

Antonio s'approchait puis s'éloignait, ses yeux vairons allaient de la châsse à Uvaspina.

Une vieille apparut dans la crypte, puis se retira avec un bruissement. Soudain, Uvaspina eut honte. Ce pêcheur se moquait de lui. C'était peut-être un ami de ses camarades de classe, qui allaient apparaître d'un instant à l'autre pour applaudir puis raconter à la ronde qu'il s'était fait traîner dans les catacombes d'une église par un garçon qui voulait lui jouer un tour. Et aussi qu'il sortait avec l'Éclopée. Qu'est-ce qu'il lui voulait ? Pourquoi perdait-il son temps avec lui au lieu d'emmener sa copine au restaurant ? Pourquoi toute la création devait se ficher de lui ? Il eut envie de pleurer : même quand la foltoupie était absente, il sentait sa pointe, il la voyait s'élever des tableaux sacrés, s'enrouler autour de ses chevilles et le faire trébucher, sous la risée générale. Avec Antonio, ça finirait comme avec Peppe Spalice, et il ne voulait pas passer d'autres nuits à se ronger le foie.

Antonio le regarda longuement, puis il lui effleura la tempe, à l'endroit précis où elle palpitait et transpirait le plus ; il recueillit sa sueur sur la pointe de son doigt.

— Tu es tout nerveux. Viens avec moi tuer les poules, ça te détendra.

Ce contact donna à Uvaspina une sorte de nausée furieuse, une envie d'uriner au milieu des tombeaux de saints. Il voulait partir, fuir ces yeux qui changeaient de couleur en fonction de la lumière qui filtrait de l'église au-dessus d'eux.

— Je te fais tant rire que ça ? réussit-il à demander d'une voix profonde qu'il ne reconnut pas.

Antonio lui jeta un regard désorienté : il n'imaginait pas que ce gamin pouvait avoir une voix pareille, sortie de nulle part. Uvaspina était dévoré par la peur, et c'était elle qui lui donnait de la force. Dans cette voix, il y avait toutes les réponses qu'il aurait voulu crier à Minuccia, à la Dépareillée, aux « Serre les dents, mon tout joli » : il y avait son corps qui se libérait péniblement de la ficelle de la foltoupie.

— J'ai pigé ce que tu penses de moi. Ce soir, tu pourras raconter à ta copine que t'as sauvé un pédé qui se noyait.

Pour la première fois, Antonio ne rit pas : ses yeux s'étaient unifiés dans la même couleur, un gris opaque, poussiéreux.

Uvaspina était encore plus blanc, il avait juste envie de vomir, il se vidait d'une matière incandescente qui avait dormi pendant des années dans les abîmes de son corps : elle débordait, dans ces catacombes qui sentaient le renfermé, devant un inconnu qui l'avait rattrapé par la cheville et l'avait remis dans un monde où il n'y avait pas de place pour lui.

Antonio sembla vouloir dire quelque chose, il chercha le contact, mais Uvaspina le repoussa d'un geste ferme, et Antonio vit briller dans ses yeux l'éclat d'une larme enfantée par l'épuisement. Uvaspina expulsa sa dernière étincelle de rage : il s'empara d'un calice dans l'intention de le jeter par terre, puis il eut peur de lui-même et le reposa. Le crâne semblait tendre les oreilles pour écouter les mots de ce gamin qui était toujours resté silencieux parce que toute sa vie durant il n'avait jamais osé parler.

Uvaspina voulait partir, mais ses jambes ne lui obéissaient pas.

Au fond des catacombes se nichait une petite sacristie occupée par un meuble en bois tout vermoulu, dont les deux portes dissimulaient quatre tiroirs. Antonio en ouvrit une, derrière était fixé un miroir piqué, couvert d'auréoles brunâtres. Il revint sur ses pas, passa à côté d'Uvaspina sans le toucher, puis s'arrêta. Uvaspina leva la tête et se vit dans le miroir. Derrière lui, Antonio.

Dans cette pénombre, sa peau avait la clarté irréelle des statues de cire, seule une traînée de rose tachait sa joue, sur le sillage de la larme ; sa poitrine se soulevait et s'abaissait à un rythme saccadé, en raison de son angoisse qui commençait tout juste à s'apaiser, et ses cils humides lui faisaient les yeux plus ronds et plus brillants. Sa tache en forme de grain de raisin paraissait vivante, une coccinelle qui voulait monter sur sa paupière pour prendre son envol. Uvaspina pensa que de ce trou, peut-être, s'écoulerait toute la souffrance qu'il portait en lui. Antonio se tenait derrière lui, immobile, il ne regardait pas dans le miroir, comme s'il voulait lui laisser le temps de discuter avec cette image reflétée.

Uvaspina se vit dans le miroir. Il se vit. Blanc, dans son involucre. Graine par graine. Ses côtes qui se soulevaient en suivant le tempo de son cœur. Sa peau de fruit percée, lacérée. Alors, il leva les yeux et Antonio le vit aussi. Uvaspina le regarda. À cet instant, il sut clairement ce qu'il devait dire et ce qu'il avait oublié. Il jeta un dernier regard à son reflet.

Sans même qu'il y pense, un petit « merci » sortit de sa bouche close. Seul le crâne l'entendit. Et ce dernier prit ce « merci » des lèvres d'Uvaspina et l'emporta dans sa châsse, enclos avec les histoires des vice-rois, des courtisans et des évêques morts durant la peste du XVIIe.

17

Il y avait sans doute un lien entre Notre-Dame des Neiges et les coiffeurs : chaque année à l'approche du 5 août, les salons se remplissaient de dames voulant un brushing, de fillettes désirant des boucles aussi serrées que des *fusilli* et d'hommes dont la coupe semblait parfaitement identique à celle qu'ils avaient en entrant. Oui, il devait y avoir un lien entre sainte Marie des Neiges et les pellicules qui couvraient de flocons les vestons de ces messieurs.

Notre-Dame des Neiges n'était pas descendue du ciel : elle avait émergé des eaux du golfe à Torre Annunziata, le visage sombre, dans une caisse en bois. Les pêcheurs de Stabia l'avaient ramenée sur le rivage et l'avaient lavée des algues et du foutre de la mer. Puis ils avaient frotté un linge sur son visage et avaient découvert qu'elle n'était pas blanche et éthérée, mais plus basanée qu'une Marocaine.

À l'occasion des festivités en son honneur, la coupe la plus demandée par les vieilles était le carré, d'une solidité à toute épreuve : il résistait même à la force de gravité.

Le 4 août, Minuccia et la Dépareillée allèrent chez Barbara, surnommée « la Couaffèr », qui possédait un beau salon dans la via dei Mille : quatre lavabos avec appuie-tête et une quantité de produits dernier cri, car elle suivait des formations pour rester à la page et recevait des revues françaises présentant les nouveautés.

La Dépareillée tenait beaucoup à impressionner les femmes de la famille de Pasquale Riccio, qui l'avaient toujours regardée de travers : elle voulait les éblouir à coups de balayages et de crevardise, car ces femmes étaient aussi riches que radines, elles exhibaient fièrement leurs cheveux blancs qu'elles n'avaient jamais teints, elles arboraient leur vieillesse avec la même impudence que leurs rangs de perles.

— Qu'est-ce on y fait, à cette jolie demoiselle ? Une petite frange ? Un dégradé, que c'est à la mode ?

Minuccia regarda Barbara la Couaffèr, qui suçotait le kyste sur sa langue entre deux phrases.

— Non, rafraîchis juste les pointes.

Elle alla s'asseoir et bascula la tête en arrière : elle avait mal à la nuque, le bord du lavabo appuyait sur une de ses cervicales.

— T'es confortable, mon chou ? Tu veux qu'on installe mieux le coussin sous tes fesses ? Qu'est-ce qu'elle en pense, maman ?

Barbara la Couaffèr jeta un œil à la Dépareillée, qui feuilletait un catalogue avec des échantillons de mèches colorées pour que les clientes puissent se faire une idée des teintes : un vaste choix, de l'acajou à l'auburn.

La tête shampouinée, Minuccia prit des allures de loutre pelée, les cheveux collés sur le crâne, la peau blanche et les cernes bien en vue : ses paupières étaient ourlées de résidus de crayon mal taillé.

La lumière de la via dei Mille se brisa sur la pointe des ciseaux de Barbara la Couaffèr. La Dépareillée se leva et annonça :

— J'ai décidé : ce sera auburn et balayage acajou foncé, comme ça on ne pourra pas les rater même dans le noir.

La coiffeuse lui fit un clin d'œil : son fard beige avait fondu avec la chaleur et ressemblait à du sable incrusté dans ses rides.

Les mèches de Minuccia tombaient sous les coups de ciseaux, s'accumulant par terre comme des queues de bêtes mortes.

— T'es contente, Minù ? demanda la Couaffèr, avant de sucer son kyste dans un claquement de langue.

— Bof. Ils sont trop courts, on voit trop mon visage.

Minuccia porta un doigt à sa bouche et arracha une petite peau.

— Et tu voudrais qu'on voie quoi ? Ton cul ?

Barbara la Couaffèr adressa un autre clin d'œil à la Dépareillée puis entreprit de brosser les cheveux de Minuccia.

— Ils ressemblent à des spaghettis, ces cheveux.

— Eh oui, ma fille les a jamais eus bien fournis.

Le miroir renvoyait l'image d'une adolescente à la raie au milieu, comme sa mère, mais sa chevelure n'avait pas le volume des ondulations décolorées de cette dernière, ils formaient plutôt comme une flaque immobile. Minuccia scruta la Dépareillée dans le miroir. Puis la Couaffèr, qui continuait de mâchonner et de ruminer son kyste.

— Graziè, si vous voulez j'ai des produits pour votre fille, elle a qu'à se les vaporiser sur la tête, ça donne de la vitalité aux cheveux : regardez comme ils sont fins, on dirait des vermicelles ! Y a plus qu'à faire du potage avec !

Elle éclata de rire, faisant claquer sa langue pour la énième fois. La Dépareillée ne réagit pas.

L'autre poursuivit :

— Ma fille, c'est pareil. Qu'est-ce vous voulez ? Elles ont toutes le même problème ! Sont nées avec trois poils sur le caillou... Mais c'est quand même bizarre, Graziè, parce que votre fils m'est souvenir qu'il a une chevelure toute belle et bien épaisse. Elle tient de qui, cette petite ? Vous auriez dû lui faire suivre une cure, ça se peut qu'elle manque de vitamines. Ces choses-là, faut les régler le plus tôt possible !

Minuccia regarda ses pupilles dans le miroir, comme si elle les voyait pour la première fois. Puis son regard glissa sur sa mère.

— ... Vous en dites quoi, Graziè, on tente de lui crêper une grosse mèche sur le côté pour faire illusion ?

Elle sortit un catalogue du tiroir pour montrer différentes coiffures à Minuccia.

La Dépareillée voulut caresser la tête de sa fille, mais Minuccia lui pinça la main pour la chasser. Graziella la Dépareillée bondit en arrière et resta plantée au milieu de la pièce, ahurie.

— Quoi, vous avez perdu votre langue ? s'enquit la coiffeuse.

— Quand il s'agit de parler sérieusement, on l'entend jamais, ma mère.

La Couaffèr éclata de rire.

— Ben quoi, petite, t'as pris la mouche ? C'était juste une proposition ! J'aurais peut-être pas dû. Voyez, je suis faite comme ça, mon mari me le dit toujours que j'ai pas de filtre entre la cervelle et la bouche, mais c'est sans méchanceté.

Minuccia se frotta les yeux, puis les écrasa de ses poings.

— Oh, te fous pas en rogne, Minù ! T'es jolie, ça se voit pas que t'as pas beaucoup de cheveux, moi je l'ai remarqué parce que j'avais le nez dessus, mais les autres, comment tu veux qu'ils s'en aperçoivent ?

L'expression sincèrement désolée de Barbara la Couaffèr énerva davantage Minuccia.

— En plus, si ça t'embête, ça peut s'arranger, tu sais ! Il y a des produits faits exprès. T'es encore toute jeune, t'as quel âge ?

— Dix-sept ans, répondit Minuccia.

La Dépareillée recula, sortit une cigarette de son étui et alla s'asseoir sur le seuil pour la fumer.

— C'est tout ce que tu sais faire. Fumer clope sur clope. Souffler la fumée par ton pif, comme les taureaux. T'es pas foutue de faire autre chose, hein, m'man ?

La Dépareillée tira sur sa cigarette, trop fort : la fumée mêlée à l'odeur de laque lui irrita la gorge.

Les ciseaux de Barbara la Couaffèr avaient valsé, ils gisaient par terre, jambes écartées. Des poudres et des liquides visqueux, desquels il valait mieux tenir à distance le briquet bleu de la Dépareillée, s'échappaient des pots ouverts. En tombant, les tiroirs s'étaient cassés en mille morceaux.

— Mes miroirs ! criait Barbara la Couaffèr, alors que des curieux s'attroupaient devant son salon. Sept ans de malheur ! Qu'est-ce t'as ? Qu'est-ce qui t'a pris, Minù ? Oh, Graziè, vous y dites rien, à votre fille ? J'en reviens pas…

La Dépareillée fixait, par terre, un éclat de miroir où se reflétaient ses racines grises. Minuccia se planta devant elle et la regarda droit dans les yeux.

— Toute façon, t'as l'air moins con quand tu la fermes. Il te suffit de fumer pour être contente. Oui, oui, c'est à toi que je parle : t'es pas foutue de faire autre chose que de fumer.

Barbara la Couaffèr attrapa Minuccia pour l'empêcher de se jeter sur sa mère.

— Pas de ça dans mon salon, fichez le camp, réglez vos comptes chez vous et ne remettez jamais les pieds ici !

— Celle-là, y a trois trucs qu'elle sait faire : bouffer, fumer et se plaindre. Si j'ai tous ces défauts, pourquoi elle m'a pas emmenée chez une pro ? Hein, m'man, t'aimes ça, montrer que ta fille est moche et laisser les autres me le dire ?

La Dépareillée ramassa un débris et le mit à la poubelle. Puis un autre.

— Ta mère, c'est quelqu'un pour les problèmes au cerveau qu'elle devrait t'emmener voir, pas ceux aux cheveux. T'aurais besoin qu'on te refoute les idées en place, toi !

Barbara la Couaffèr n'avait pas peur, elle ne voyait pas la foltoupie. Elle prit Minuccia par les deux bras : dans son salon, fréquenté par les dames de la haute, les comportements pareils n'étaient pas admis. Son salon, même les femmes des docteurs du Vomero y venaient, il ne manquait plus qu'elles tombent sur cette gamine folle furieuse, dont la mère ne valait guère mieux. Un monstre, un prodige obscur enfanté par la lave toxique : voilà ce que c'était, cette gamine, jamais vu une abomination pareille.

— Arrête. Allez vous étriper ailleurs si ça vous chante, mais ne foutez pas mon salon en l'air ! criait-elle d'une voix masculine, à bout de souffle.

Plus elle la tenait, plus Minuccia se débattait et agitait ses bras comme de petites ailes, plus la fureur palpitait dans son sang jeune et vénéneux. Elle hurlait et crachait sur sa mère : la coiffeuse sentait que Minuccia allait réussir à se dégager de sa poigne, cette gamine avait une force anormale, une force de bête qui jaillissait dans ses crachats rageurs, dans sa volonté de désacraliser sa mère par ses jets de salive.

La Dépareillée continua de ramasser les débris, accroupie, les jetant un à un à la poubelle, tandis que sa fille se démenait comme une possédée pour pouvoir lui sauter à la gorge. Elle ressemblait à une fillette âgée, la Dépareillée, et la peur lui glaçait les joues. Minuccia, sa Minuccia chérie, sa Minuccia chérie, les crachats, la salive, Minuccia qui crachait. Minuccia qui voulait cracher sur sa maman.

Barbara la Couaffèr serra plus fort, mais les bras de Minuccia étaient parcourus d'un frémissement dur : d'un geste sec, elle se libéra.

Quand Minuccia se jeta sur sa mère, celle-ci sentit un goût de lait dans sa bouche. Le lait que Minuccia avait tété, petite, à son sein, et qu'à présent elle lui crachait dessus, tout mousseux de méchanceté. Quand Minuccia la frappa pour la première fois au visage, la Dépareillée sentit une odeur de lait rance. Sa Minuccia chérie, Minuccia qui la battait, Minuccia qu'elle avait allaitée, Minuccia qui avait brisé toutes les règles de la création, Minuccia et ses crachats et ses gifles contre nature, contre la mer, contre l'air, contre le vent du golfe, Minuccia qui n'avait plus une bouche d'enfant, mais des dents de louve. Les mains de Minuccia faisaient mal quand elles tapaient : ses ongles devenaient des crochets, qui griffaient et laissaient des marques, comme des empreintes dans la forêt.

De cet après-midi, la Dépareillée se rappellerait toujours les mains de sa fille : elle ne les associerait plus à l'odeur du berceau ou du talc, mais à celle, âcre, de la laque. Elle se les rappellerait sur sa tête, sur son visage, elle se rappellerait les crachats, les coups et les morsures de chienne.

La Dépareillée rentra à la maison avec ses racines grises et sa raie au milieu : l'auburn et l'acajou étaient restés dans le catalogue de Barbara la Couaffèr.

Sur le chemin de Chiaia, Minuccia marchait devant et la Dépareillée derrière : Minuccia avait les mains dans les poches, ces mains qui avaient oublié la vergogne et avaient profané sa mère. Elle avait les mains dans les poches et les cheveux tout mouillés, comme si c'était la chose la plus normale du monde.

Le soir, les feux d'artifice furent tirés.

La Dépareillée n'était pas allée à la maison de la famille de Pasquale Riccio à Torre Annunziata ; elle avait remisé dans son armoire la robe qu'elle aurait dû porter pour la fête de Notre-Dame des Neiges et s'était assise sur le balcon. De là, on voyait bien le spectacle, et il soufflait un petit vent frais qui sècherait tout, même l'eau qu'elle avait dans les yeux.

À la fin de la fête, les pêcheurs formèrent une colonne pour jeter leurs filets dans la mer, comme ceux qui avaient autrefois retrouvé la Vierge noire : à cet instant, la Dépareillée comprit que la foltoupie existait vraiment et qu'elle ne pouvait plus l'ignorer. Les mains de sa fille avaient cuirassé son cœur : elle allait parler à Pasquale Riccio, ils décideraient ensemble de la marche à suivre.

Quand la dernière lueur des feux d'artifice s'éteignit dans le ciel, la Dépareillée pria la Vierge noire pour la première fois : si elle avait su arrêter la lave du volcan, qu'elle éteigne donc le feu qui brûlait dans la tête de sa fille.

18

Uvaspina tenait une poule rousse bien serrée entre ses cuisses : une main autour de son cou, l'autre, de son bec. La bête était immobile, ses yeux écarquillés tournés vers la Sanità.

Dans le quartier Stella se trouvaient encore des bouts de campagne : la Sanità était le terminus du poulpe, à l'opposé de sa tête au cap Posillipo. Là, le poulpe n'était plus visqueux et lisse : des brins d'herbe poussaient sur ses tentacules et la terre salissait ses ventouses.

Antonio se pencha entre les jambes d'Uvaspina.

— Serre plus fort, on dirait que tu tiens un tuyau d'arrosage !

Malgré sa main sur son bec, la poule haletait comme un être humain, et Uvaspina éprouva une peur inédite.

Antonio n'avait pas peur, lui : ses yeux avaient pris une couleur unique, qui se reflétait dans les yeux jaunes de la bête, et les pupilles de l'un comme de l'autre parlaient la même langue primitive. Antonio déposa un baiser sur sa tête et la caressa, tout doucement. Puis, de l'autre main, il retira le couteau qu'il avait planté jusque dans ses viscères. La poule s'affaissa, se dégonfla comme un petit ballon, ses yeux encore ouverts injectés de toiles d'araignée rouges.

Du sang noir coula entre les cuisses d'Uvaspina, pareil à de grosses gouttes de liqueur : les mains d'Antonio étaient toutes noires, la lame aussi.

Ils déposèrent la bête sur la bâche qui protégeait les planches installées par Antonio devant la masure, située dans une ruelle qui paraissait celle d'un village et non de la ville : dans son immobilité, la poule semblait rêveuse, extatique, le bec tourné vers le cimetière des Fontanelle.

— Hé ben ? Il y en a d'autres à égorger. On ne va pas rester plantés à se regarder dans le blanc des yeux, Uvaspì.

Antonio riait : deux traînées de sang marron s'étaient incrustées dans sa moustache.

Uvaspina passa l'après-midi à tenir des poules et des poulets entre ses jambes ; l'espace entre ses cuisses s'était habitué à la forme des volatiles qui, désormais, ne se débattaient même plus, s'offrant presque à la lame d'Antonio, comme s'ils avaient compris que leur destinée était de crever à la Sanità, dans l'odeur des chrysanthèmes, au milieu des catacombes paléochrétiennes : à la Sanità, la mort est une banalité, tartinée entre les herbes folles et le cimetière rempli de crânes.

— On dirait que tu t'es pissé dessus, Uvaspì ! Ou pire !

Uvaspina se maudit d'avoir mis un pantalon beige ; Antonio, lui, était manifestement habitué à ces choses, le sang n'avait rien de choquant sur lui.

Débardeur, pantalon adapté et grosses chaussures : l'équipement de quelqu'un qui s'était construit à force de réveils avant l'aube, de travail à la journée et de mains crevassées qui ne se hontaient ni du sang ni de la merde. Pour Antonio, les viscères, les tripes, les poulets saignés, la marmite où on les déplumait étaient comme des jeux, des tours familiers car ses mains étaient savantes. Uvaspina l'avait immédiatement pensé : ces mains qui égorgeaient les bêtes, puis, avec délicatesse qui se lavaient du sang et le chassaient au loin comme des bulles de savon, ressemblaient à celles d'un magicien.

Antonio n'arrêtait pas de rire et Uvaspina lui enviait ce sourire qui s'ouvrait sous sa moustache, sa capacité à toujours trouver une excuse pour donner une estocade crevarde à la vie et à la mort.

— Cette petite maison de campagne, on s'en sert seulement l'été pour les travaux, égorger les poulets et les poules qu'on mangera. Inutile de dépenser de l'argent chez le boucher.

Antonio disparut derrière la porte bleue de la masure, se retourna sous les lianes en plastique qui pendaient vers le seuil.

— Je viens de temps en temps nourrir les poules. En plus, les bêtes qu'on élève soi-même sont meilleures que celles des autres.

Il revint avec une bassine bleu clair.

— C'est mon oncle qui a acheté cette baraque, mais il n'y a jamais mis les pieds : elle sent toujours aussi mauvais que dans mon enfance. C'est pour ça que je préfère la mer : elle sent toujours bon, elle.

Les vieilles maisons napolitaines puaient toutes le sang : sang pissé, sang écoulé, sang coagulé, sang des jurons et sang liquéfié dans la sauce tomate du dimanche. Ce même sang qui maculait à présent le pantalon d'Uvaspina.

— Regarde-moi cette grosse maline, elle s'était planquée !

Dans la cour, il y avait un cabanon à outils et, sur le côté du potager, l'enclos des poules. Une petite tache sombre, qui semblait vouloir prendre son envol mais ne s'élevait pas de terre, virevolta comme une balle emplumée.

— Je ne l'avais pas vue, cette petitoune !

Les yeux d'Antonio se transformèrent en kaléidoscope de lumières et de jeux : il se lança à la poursuite de la caille, l'attrapa et la serra, le volatile poussa un cri strident similaire au vagissement d'un nouveau-né. La caillette gémissait, confiante. Uvaspina se demanda où Antonio l'avait trouvée, en forêt, à la campagne, dans la rue, et comment il l'avait attrapée : il imagina ses mains la saisir et la fourrer dans un sac.

— On en fait quoi, maintenant ?

Uvaspina posa cette question sans s'en rendre compte. Antonio ne l'entendit pas : il berçait la caille contre sa poitrine et la caressait, émettant des sons qu'eux seuls comprenaient.

Uvaspina sut alors qu'Antonio appartenait à un autre règne, ni humain ni même animal, peut-être, un règne où les hommes et les bêtes échangeaient des regards d'entente, et qu'il était en mesure de déchiffrer toute la création dans le vol des oiseaux.

L'espace entre les cuisses d'Uvaspina était trop large pour la caillette, si petite qu'elle aurait tenu tout entière dans une tasse de café crème. La bestiole paraissait sentir le sang encore humide sur le pantalon d'Uvaspina.

Antonio se pencha, avec ses cheveux de poussin ébouriffé. La caillette piaula et Antonio piaula en retour : elle avait les plumes striées de blanc. Trois secondes après, le blanc avait disparu : la caillette était une boule rouge et mouillée entre les cuisses d'Uvaspina.

Avant que la caillette arrête d'agiter ses petites ailes, un jet de sang s'échappa d'elle et atterrit sur le nez d'Uvaspina : il coula, ligne noire, jusqu'à son menton. Uvaspina n'eut pas le temps de recueillir de sa langue la dernière goutte qui courait sur sa lèvre qu'il sentit une salive chaude contre sa bouche, une salive au goût de sang.

19

— La reine Jeanne était une sacrée coquine.

Antonio sortit une feuille de citronnier de sa poche et la suça. Il regardait le palais Donn'Anna, coquillage géant et translucide dans le couchant, traversé par des traits de crépuscule violet qui allaient se ficher dans sa coquille.

Uvaspina était couché, la tête sur les jambes d'Antonio : la mer baignait ses chevilles.

— Pourquoi tu dis ça ? Elle t'a fait quelque chose, cette reine morte ?

Il était devenu plus audacieux, il avait appris l'art de poser des questions, de ne pas se contenter de répondre à celles des autres.

— À moi, rien du tout ! répondit Antonio en riant. Mais à tous les pêcheurs qui passaient sous sa jupe, si.

Tout le monde avait quitté le bout de plage gratuite au pied du palais, même les derniers touristes allemands, qui s'étaient baignés avec leurs sandales transparentes. Antonio et Uvaspina avaient ramassé des tellines tout l'après-midi et Antonio avait enseigné à Uvaspina comment taper la tête des poulpes contre la roche : au début, ce dernier avait été troublé, il lui semblait taper la tête d'êtres humains, puis il avait fini par y prendre goût.

— Je veux bien la connaître, l'histoire de la reine Jeanne.

Uvaspina avait l'impression de tremper dans une mélasse amère et sucrée à la fois : avant de revenir sur la plage du palais Donn'Anna, il avait traversé dix nuits d'insomnie et n'avait rien avalé, car le seul contact d'une goutte de sauce sur sa bouche, où il avait senti celle d'Antonio, lui était douloureux. Le matin, il se lavait la figure et frottait bien ses lèvres et son menton, puis y passait ses doigts humectés de salive pour y dessiner celles d'Antonio et ne pas les oublier.

Il se sentait détenteur du secret du commencement de toutes choses, le secret par lequel le monde était passé de la soupe primordiale aux premières créatures qui avaient peuplé arbres et rivières ; il évitait le regard de la Dépareillée et de Minuccia, persuadées qu'il avait attrapé des poux à la fête de fin de lycée sur la plage : il s'avérait que certains de ses camarades en étaient infestés, et la Dépareillée le lorgnait de derrière en cachette, vérifiant qu'un parasite ne se cachait pas sur le col de sa chemise. Minuccia, elle, avait fourré ses mains dans ses cheveux, mais s'était brusquement interrompue, disant d'un ton rageur :

— T'as une drôle d'odeur, Uvaspì, ça sent pas toi.

Depuis lors, elle le regardait d'un air soupçonneux.

Uvaspina refusait de manger parce que quelque chose tambourinait dans son corps, des ailes violentes qui heurtaient les parois de sa poitrine comme des percussions. Il s'était mis à souffrir d'une forte tachycardie quand il parlait trop, c'était comme si son cœur ne suivait pas et l'air n'arrivait pas jusqu'à son nez et à sa bouche. Alors, il laissait les conversations en suspens, se levait et partait. Puis, il pressait sa main sur sa poitrine et sentait une libellule affolée voleter en tous sens, mais il ne pouvait pas tuer cet insecte, seulement attendre qu'il s'apaise.

Il avait l'estomac si noué qu'il avait même refusé les spaghettis aux palourdes de Svetlana, qui ajoutait toujours deux tomates à la sauce. Dans les fragments rouges de leur peau, il voyait le sang qu'Antonio avait léché sur sa bouche.

Lorsque Svetlana ouvrait la fenêtre du séjour pour aérer l'appartement, le soleil qui se posait sur les bonbonnières ornant les étagères lui évoquait les jeux de lumière de deux yeux vairons, l'un marron, l'autre vert broussaille, deux yeux qui ne se détournaient jamais de lui. Il perdait la tête, l'appartement le suffoquait, Antonio lui avait jeté un sort, il avait été piqué de la tarentule, et Uvaspina était incapable de tenir en place.

Il allait se mirer dans la grande glace de la chambre de la Dépareillée et de Pasquale Riccio et mimait l'expression qui avait sans doute été la sienne au moment où Antonio l'avait embrassé. Un matin où la Dépareillée était allée chez une autre coiffeuse – elle était bannie de chez Barbara la Couaffèr, cette vache avait même demandé à Pasquale Riccio de payer les dégâts –, Minuccia était chez la prof de latin pour ses cours particuliers et Svetlana sortie faire les courses, Uvaspina avait pris dans le tiroir de la coiffeuse les crayons rouges avec lesquels sa mère soulignait le contour de ses lèvres à l'époque où elle travaillait. Il s'était déshabillé et avait dessiné trois gouttes de sang sur son menton et sur sa lèvre. Puis il s'était éloigné du grand miroir et avait osé se regarder, tout entier. Et il s'était vu prendre vie : alors, il avait éprouvé un besoin d'eau, car le réveil de la vie doit être entouré d'eau, et il avait ri et s'était touché sous la douche, libre et coupable.

Après quoi il avait tout rangé, mais il était resté dans la lune, étonné que personne ne lui demande rien car il se sentait comme neuf et chatoyant. Ce soir-là, au lit, il s'était enroulé dans le drap et au long de cette nuit chaude il avait fixé la pénombre jusqu'à ce que les yeux vairons qui régnaient sur sa mémoire s'éteignent comme des torches consumées, l'autorisant à dormir.

Au bout de dix jours ainsi, Uvaspina avait compris que la seule personne qui pouvait calmer son inquiétude était celle qui la lui avait injectée.

Antonio parlait et Uvaspina s'apaisait, au cours des heures qu'ils passaient ensemble sa respiration se faisait aussi régulière qu'un métronome et la faim lui revenait, il avait envie de couteaux arrosés de citron et de pâtes aux anchois.

— Allez, Antonio, raconte-moi l'histoire de la reine Jeanne.

En sa compagnie, il devenait curieux, ses pores s'ouvraient, il était comme un gamin qui découvrait le plaisir de la récréation.

Antonio fit mine de ne pas vouloir la lui conter, il prononça quelques mots puis s'interrompit, recommença puis éclata de rire.

— Bah, ce qu'elle faisait ? Elle couchait avec chacun d'entre eux, et après elle les jetait à la mer et ils se faisaient dévorer par les poissons. Un véritable délice.

Il lui indiqua l'entrée du palais Donn'Anna par la mer.

— Ils se croyaient rusés parce qu'ils entraient avec leurs barques par le passage secret. Après, ils repartaient aussi par la mer, mais ils faisaient moins les fiers.

Dans la bouche d'Antonio, les récits étaient chamarrés : il prenait reines, pêcheurs, barques, poissons et légendes et les déposait aux pieds d'Uvaspina, qui s'en emparait comme si c'étaient des jouets. Ces histoires dansaient entre les lèvres d'Antonio et se paraient de toutes les couleurs du golfe et de la péninsule : elles respiraient à travers son souffle, ses pauses et ses accents.

Et dans ses rires, Uvaspina glissait un baiser : au début, il se l'interdisait, honteux, se demandant : « Et si c'était moi le seul pédé ? Si Antonio ne l'était pas ? » Puis il avait compris qu'on pouvait être pédé même si on avait une petite copine, il essayait juste de ne pas y penser : il se contentait de ces heures pleines de contes bigarrés, sans oser en demander plus.

— Après, on ira voir ce qu'il y a dans le passage secret, Uvaspì ? On y trouvera peut-être un fantôme de pêcheur qui cherche la reine.

Antonio jouait à effrayer son *criaturiello*, son tout-petit : il aimait déceler dans ses yeux cette terreur enfantine qui se muait en joie, la peur qui devenait euphorie.

Ensuite, il l'attrapait, le tartinait de sable de la tête aux pieds, l'embarquait dans le cabanon de pêcheurs, puis posait un gros seau devant la porte : il suffisait d'un souffle de vent un peu plus fort pour faire résonner le fer-blanc, et les alerter. Une fois tranquilles, ils se couchaient sur la paillasse, et Antonio le berçait et le couvrait de baisers, de plus en plus beaux et toujours différents.

Chaque fois, Antonio osait une nouveauté : les premières fois, c'était bouche close, puis il l'avait progressivement ouverte, puis il l'avait aussi serré dans ses bras, et à la fin il n'était plus possible de discerner la bouche de l'un de celle de l'autre.

Au début, ces baisers faisaient peur à Uvaspina, les gens ne s'embrassaient comme ça que dans les films, il croyait que c'était un artifice appris dans les cours d'acteurs. Et pourtant, c'était vrai, et Antonio s'approchait avec sa tignasse ébouriffée de poussin : il lui donnait un coup de bec sur la pointe du nez, puis il descendait jusqu'à ses lèvres, les écartait pour y glisser sa langue, et Uvaspina l'embrassait les yeux ouverts, pour s'assurer qu'il ne rêvait pas.

Quand Antonio lui avait parlé de la reine Jeanne, Uvaspina s'était imaginé habillé en reine puis en courtisane, il s'était vu dansant devant le palais Donn'Anna sous les yeux rieurs d'Antonio.

Antonio parlait, il lui racontait des histoires au goût de sel, et Uvaspina n'avait plus honte de poser sa tête sur ses jambes. Il ne voulait pas savoir si Antonio était pédé ou non, s'il irait retrouver cette jolie fille bouclée ; il voulait seulement qu'il continue à le picoter avec son bec de poussin, car ce contact lui apportait tout le bonheur qu'il n'avait jamais osé seulement imaginer.

Parfois, ils restaient simplement assis sur le rivage à discuter, sans même se frôler. Quand le soleil quittait le ciel, Uvaspina offrait sa peau au crépuscule et son torse maigre s'imprégnait des dernières bribes d'orange moribond : l'air de rien, même ce soleil agonisant brûlait. De l'extérieur, Antonio et lui paraissaient deux pêcheurs se demandant combien de sars ils prendraient ou le meilleur appât à utiliser, une telle normalité que la scène pouvait sembler la plus banale de cette ville tout empagaillée.

Ils étaient toujours les derniers à quitter la plage. Souvent, Antonio le déposait à Chiaia en voiture, ou bien ils allaient manger des *taralli 'nzogna e pepe* au chalet Ciro à Mergellina, et Antonio adoptait à l'égard d'Uvaspina une attitude de complicité virile, la même, sans doute, qu'avec ses amis. Mais sur la plage du palais Donn'Anna, le charme opérait, nourri d'eau salée et de l'esprit des reines d'antan : une autre lymphe coulait en eux, et quand Antonio s'approchait ou ouvrait la bouche plus que d'habitude, Uvaspina avait des érections si violentes qu'elles en étaient embarrassantes et douloureuses.

Ils agissaient selon leur bon vouloir : quand il était tard et qu'il n'y avait pas un chat sur la plage, Antonio le couchait sur une serviette derrière la cabane de pêcheurs, sinon il l'emmenait à l'intérieur et c'était peut-être ça qu'Uvaspina préférait, le grincement rassurant de la paillasse était comme un son inventé par Antonio exprès pour lui.

Antonio apprenait à son *criaturiello* comment s'apaiser. Il s'en chargeait lui-même : de ses mains, il faisait ce qu'Uvaspina faisait tout seul sous la douche, mais en mieux, parce que les mains d'Antonio étaient intelligentes, elles connaissaient le souffle des poissons et le secret des tourbillons dans l'eau.

Uvaspina ne voulait pas lui laisser voir combien cela lui plaisait, mais quand à la fin il capitulait entre les doigts d'Antonio, il avait l'impression que de son corps ne jaillissait pas la substance blanche et poisseuse dont il avait toujours porcassé ses draps, mais une eau saumâtre qu'Antonio était directement allé puiser dans les abysses du golfe.

Presque deux semaines passèrent ainsi. Entre eux, le temps glissait, il se fendait, se lézardait tout entier, comme si le ciel était traversé de mille minuscules fissures semblables à des capillaires : il y avait des orages qui se déchaînaient pendant cinq minutes, puis disparaissaient dans une bouffée d'air caniculaire, des soirées où il faisait frisquet et d'autres où l'on agonisait comme des rascasses sorties de l'eau. Cet été-là, tout semblait alangui et cruel : tout durcissait et refroidissait pour ensuite fondre à nouveau.

Sans se donner de rendez-vous précis, Antonio et Uvaspina se retrouvaient presque tous les jours sur la même plage. L'heure, ils la décidaient sans se la dire, au hasard, et cela fonctionnait toujours, comme si la traînée baveuse d'un escargot les unissait sur des kilomètres, pour les réunir à cet endroit précis.

Une fois seulement, Uvaspina ne trouva pas Antonio ; il avait acheté deux *focacce* au romarin, glissées dans un cornet huileux, pour les manger avec lui. Il passa deux heures à les émietter et à les jeter aux petits oiseaux de mer. Enfin, Antonio arriva : lorsque Uvaspina s'élança à sa rencontre pour le serrer dans ses bras, il sentit sur son cou un parfum floral, mélange de vanille et de fleur d'oranger.

Quand ensuite Antonio le fit se coucher sur la serviette derrière le cabanon, Uvaspina s'excita avec une rage animale : cette rage lui donna envie de pleurer, mais il ravala ses larmes, car il en avait ras le bol d'être le *criaturiello* de tout le monde. Antonio s'apprêtait à le toucher, à explorer tout son corps de ses mains, comme toujours : il avait l'habitude de sentir Uvaspina s'ouvrir en mille anfractuosités secrètes qui le mouchetaient comme une petite fleur docile et maculée. Uvaspina bloqua ses mains avec une force inspirée par le souffle de la mer. Il les serra violemment et lui fit mal, car le *criaturiello* avait aussi de la poigne, et plus il pensait à ce parfum de vanille et de fleur d'oranger, plus il sanglait, aiguillonné par son dégoût pour cette odeur femelle.

Ensuite, il le toucha. Ses gestes furent d'abord hésitants, plus troublants pour lui que pour Antonio, puis sa peur s'évanouit avec la rumeur des vagues, et cette rumeur irrigua son corps, se faisant violent désir marin, au goût d'algues. En un instant, ses mains furent sur le ventre d'Antonio, d'abord sur son nombril, puis plus bas, au centre de tout, là où il ne s'était jamais aventuré le premier. Les yeux d'Antonio lui semblaient différents. Il aurait voulu les aveugler, les crever avec une épingle, car ce soir-là ils s'étaient aussi posés sur une tête bouclée.

L'air était vif, le temps s'était cassé et n'en faisait qu'à sa tête : Uvaspina en prenait conscience à la peau d'Antonio, dont l'arrière-goût frais dans sa bouche lui rappelait la menthe, l'origan et la végétation sauvage des forêts. Antonio tremblait, pas seulement à cause du vent, mais parce que la fougue d'Uvaspina avait quelque chose de doux et de démoniaque, l'élan imprévisible des fouines s'enfonçant dans un terrier.

À cette heure, la mer restituait la tiédeur des corps qui s'étaient baignés en elle toute la journée durant : senteur de fluides, chair, os juteux. Dans ces eaux, les poissons et les méduses pouvaient enfin trouver le repos et se laisser cuire à feu doux : Antonio sentit l'haleine chaude des vagues et entraîna Uvaspina dans la gueule de cette mer qui promettait la délivrance.

En l'espace d'un instant, ils furent deux points dans la mer Tyrrhénienne. Uvaspina le touchait et Antonio se laissait toucher, puis il le touchait à son tour et Uvaspina s'abandonnait, puis reprenait les rênes et Antonio cédait, dans un contrepoint parfumé de nuit, d'eau salée, de lèvres mouillées. Enfin, Antonio cessa de bouger, il écarta les jambes, les enroula autour des hanches d'Uvaspina et, dans l'eau qui le maintenait à la surface, il se donna à son *criaturiello* comme un animal mourant, une étoile de mer offerte. Et Uvaspina regarda Antonio, il pensa à cette odeur qu'il avait sentie sur sa peau, quand il l'avait vu. Puis il le serra contre lui et Antonio ne bougea pas, aussi sombre que l'eau il appartenait tout entier à Uvaspina : la mer avait tout lavé, jusqu'à ce parfum de femelle, et Antonio embaumait le propre entre ses bras, comme les nouveau-nés et les noisettes de mer. Il n'existait plus de fille bouclée, la mer l'avait dévorée, de même que les poissons les plus laids, les méduses les plus transparentes et les plus venimeuses.

20

Tu veux de l'eau, Minuccia ? Tu veux des boulettes de viande, Minuccia ? Y fait chaud, tu veux que j'ouvre la fenêtre, Minuccia ?

La Dépareillée était comme un chien de berger collé aux basques de sa fille. Il ne manquait plus qu'elle lui dise : « Marche-moi sur le ventre, j'adore ça. »

Elle appelait sa fille par de nouveaux diminutifs : « Mina », « Minetta », « Minuccia chérie », « Mena », d'une voix toujours plus douce et flûtée. Elle la couvait de regards blessés et débordants d'amour, pareille à une sainte Thérèse tout juste tombée de l'autel.

T'es pas mieux au frais à côté du balcon, Minetta ? J'ai acheté ton gel douche préféré, Mina. Est-ce que t'es confortable sur le canapé, Mena ?

Ce dimanche-là, ils avaient fait une grillade sur le balcon, et la Dépareillée avait demandé à Svetlana de préparer du filet, le morceau le plus tendre, pour sa Minuccia chérie.

Pasquale Riccio, les doigts jaunis par la nicotine de ses innombrables cigarettes, passait son temps au téléphone avec les membres du cercle nautique. Il discutait, il discutait du matin au soir, et quand la

Dépareillée lui disait : « Faut qu'on parle de Minuccia et du reste aussi », il répondait : « Oui oui, j'arrive », puis il se faisait de nouveau engloutir sous l'averse d'appels et il était impossible de l'en extirper.

Tu veux une glace, Minuccia ? Viens voir maman, Mina. T'aimes les abricots, Mina ? Y en un sac plein au frigo rien que pour toi, les autres ont pas intérêt à y toucher, j'y ai dit à tout le monde qu'ils étaient pour toi.

Avec Minuccia, la Dépareillée pesait ses propos comme les tripes sur la balance du boucher, elle craignait de réveiller la foltoupie, chaque mot devait être choisi avec un soin précis et douloureux. Elle était tombée sous le joug de sa fille depuis que celle-ci avait levé la main sur elle : devenue docile, elle ne prononçait pas une phrase qui puisse lui déplaire. Elle était redevenue gosse, la Dépareillée, une petitoune qui ne voulait pas mettre sa maman en colère. Elle recherchait l'approbation de sa fille, elle avait arrêté de fumer à la fenêtre et s'enfermait sur le balcon, même si la vue depuis le cinquième étage lui donnait le tournis et le vertige, en fumant et en aspirant elle pensait aux mains de Minuccia qui la frappaient, alors elle aspirait plus fort, une taffe toutes les quinze secondes, et la tête lui tournait et elle avait peur de tomber face la première et d'aller s'écraser par terre.

Minuccia était consciente de tenir sa mère sous sa coupe. Elle jouissait de la voir réduite à la condition de chien battu, qui se rendait malade pour la satisfaire. Ça lui apprendrait, à la Dépareillée, à ne penser qu'à sa gueule : elle avait laissé une coiffeuse se moquer d'elle alors qu'elle ne s'était jamais souciée de lui acheter un seul produit pour les cheveux. Évidemment, elle était trop occupée à crever et ressusciter, qu'est-ce qu'elle en avait à foutre ? Pour elle il n'existait que son cirque sinistre du mercredi soir.

La Dépareillée avait perdu son envie de chanter sous la douche ; elle ne finissait plus son assiette ; les pâtes *alla genovese* ne lui faisaient plus ni chaud ni froid ; elle suppliait Minuccia de manger et coupait sa viande en petits cubes ; elle ne se mettait même plus en colère lorsque Pasquale Riccio rentrait tard, elle en avait marre de ses affûts sur le balcon et ne s'endormait qu'après avoir souhaité une bonne nuit à sa fille.

Les coups avaient abruti la Dépareillée, elle en avait même perdu son rouge à lèvres rougepute : elle n'était plus qu'eau pure qui coulait tout doux sur le carrelage, gouttait du balcon et allait mourir dans la rue, sur la boutique Marinella.

— Alors, Pasquale Rì, c'est arrangé cette histoire ?

— Faut encore que je voie.

— Qu'est-ce t'as à voir ?

Pasquale Riccio sentait ces yeux de tortue posés sur lui, même à travers le combiné. Il sortit une cigarette de son étui et fuma sans prendre le cendrier, faisant tomber la cendre directement par terre, toute façon s'en branlait, c'était pas lui qui lavait.

— Oui, la situation est sous contrôle, t'inquiète.

— T'es sûr ?

— Oui, je dois en parler à quelqu'un ces jours-ci.

— N'oublie pas de préparer les comptes, aussi. Tu planches sur la paperasse ?

— Oui, tous les jours, Crescibè.

— Faut encore que tu m'expliques ce que t'as foutu.

— C'est bon, Crescibè, j'ai compris.

— Attends, tu joues les énervés, en plus ? Sérieusement, Pascà ?

Pasquale Riccio sentait l'haleine du médecin-chef Crescibene à l'autre bout du fil : il était trois heures de l'après-midi, il avait dû boire son *amaro* pousse-café et il n'allait sûrement pas tarder à faire la sieste.

— Je vais te dire un truc. Peut-être je me fais des nœuds au cerveau, et puis c'est pas tes oignons, mais faut que ça sorte. Ma fille, ma petite dernière, elle va pas bien ces derniers temps, ça a toujours été compliqué entre son frère et elle.

— Bah, les filles c'est toujours compliqué.

— Oui, mais là, ça va plus avec sa mère non plus. Je sais pas où donner de la tête, tu comprends ? C'est le bazar, ici. Chez moi c'est un asile de fous, y a des jours j'attends juste que la lune sorte pour aller au pieu…

— L'a quel âge, ta fille ?

— Va avoir dix-huit ans en décembre. C'est plus une gamine.

— Pareil que la mienne. Mais ma fille, l'est déjà mariée et l'est en pleine forme. Son mari et elle ont un bel appartement sur la colline de Camaldoli, peuvent pas espérer mieux.

— Il fait quoi, son mari ?

— L'a les bijouteries du corso Umberto. Ma fille bosse pour lui, ils sont bien, tous les deux.

Pasquale Riccio imagina Minuccia loin de la maison. Loin de Chiaia, les nerfs plus détendus, un visage normal, pas cette expression toujours enragée. Allez savoir, c'était peut-être le fait d'être en famille, son problème. D'être à la maison avec Uvaspina et la Dépareillée, l'air vicié entre eux, une bande de poulets dans un poulailler aux fenêtres toujours fermées, où l'énergie mourait. Même si, à vrai dire, dernièrement,

Uvaspina était tout le temps dehors. Il sortait et rentrait tard, avalait son repas et ressortait immédiatement, c'était bien la première fois que Pasquale Riccio se demandait ce qu'il fabriquait. D'habitude, son fils était aussi important pour lui que le papier peint du salon, il ne remarquait ni sa présence ni son absence.

— Tu connaîtrais pas un bon gars pour ta fille ? Ça lui ferait peut-être du bien de se caser. Le prends pas mal, Pasquale Rì, mais moi non plus je voudrais pas passer mon temps avec ta femme, poursuivit le médecin-chef.

Pasquale Riccio réfléchit : un gars pour Minuccia ? Il pensa à ses camarades de classe, mais c'étaient encore tous des gosses, et de sacrés mollassons. Néanmoins, c'était peut-être la bonne solution pour tranquilliser sa femme, et ça inciterait peut-être ce jean-foutre d'Uvaspina à quitter aussi le cocon, sinon, maintenant qu'il avait fini le lycée, l'allait falloir se le coltiner, sûr. Non, mieux valait peut-être ne pas s'en mêler : c'était la croix que le Père éternel leur avait donnée, il fallait la prendre à bras-le-corps et la porter.

— Désolé, je change de sujet, Pascà, reprit la voix, imperturbable, à l'autre bout du fil.

— Je t'écoute.

— C'est fini, les balades avec la gonzesse ?

— Ouais.

— Pasquale Rì.

— Quoi ?

— Porzio m'a posé une question détournée, moi je peux pas non plus te couvrir à cent pour cent, à quatre-vingt-dix oui, mais pas à cent.

— Il t'a demandé quoi ?

— Pas des trucs qui te concernent, mais quand même : t'as déjà assez d'emmerdes comme ça, chez toi c'est un asile de fous, t'avais vraiment besoin d'aller en chercher d'autres ? Le sac à merde déborde, là, Pasquale Rì.

Crescibene éclata d'un rire caverneux, semblant provenir des montagnes, pas d'une terrasse dans le quartier du Vomero.

Pasquale Riccio se jeta un œil dans le miroir du salon : ce salon toujours immaculé, où un mégot de cigarette écrasé trônait par terre aux pieds d'un vieil homme qui décelait des fils blancs dans ses cheveux ; à la bouche pâteuse empuantie par le tabac et cernée de petites croûtes de salive sèche.

Crescibene raccrocha avec un bruit si sec que Pasquale Riccio imagina ses lunettes en écaille de tortue tomber dans ce geste.

À présent, chaque fois que la Dépareillée pleurait, Uvaspina se retenait de rire.

Quand sa mère grimaçait et gémissait comme une bête étrange, il devait se cacher pour dissimuler son sourire, sans quoi, malgré ses sanglots, la Dépareillée lui en aurait collé une bonne.

Couchée sur le canapé beige du salon, elle ne pleurait pas avec les yeux, seulement avec les expressions de son visage et ses cris.

— Je crois que mes yeux y sont asséchés, fit-elle en regardant Uvaspina, les orbites cerclées de rimmel fondu. Ta sœur a pompé toute la flotte que j'avais dans le corps.

Il s'assit sur le bord du canapé, les fesses au niveau des seins de sa mère. Les muscles du visage tressautant par à-coups, elle pleurait et s'interrompait parfois pour tousser ou se plaindre.

Ses yeux secs regardaient les céramiques, la fenêtre, la vitrine, le tapis, le sol que Svetlana avait récuré. Si secs que c'était comme si quelqu'un les avait frottés avec un chiffon avant de les ranger dans leurs orbites.

— De l'eau sucrée, Uvaspì.

Il alla dans la cuisine, remplit un verre au robinet et y versa deux cuillérées de sucre. Il mélangea et l'apporta à sa mère.

De l'eau sucrée, le remède de toutes les femmes de la famille de la Dépareillée, le médicament de tous ceux qui ne pouvaient pas se permettre d'entrer dans une pharmacie : l'eau sucrée soignait tous les maux, du mal de ventre jusqu'aux crises de nerfs.

La Dépareillée vida le verre, aussi avide que lorsqu'elle tirait sur les cigarettes de contrebande : on aurait dit qu'elle voulait boire toute l'eau qu'elle avait perdue ces derniers jours, tous les liquides que sa fille avait fait s'écouler de son corps. Elle demanda un autre verre à son fils. Puis un autre encore. Le sucre avait déserté son cœur de mère, où se trouvaient tous les souvenirs du berceau et de l'odeur de lait sur la peau de ses enfants.

Uvaspina vit la Dépareillée se tordre sur le canapé, devenue incapable de chialer : il n'avait jamais imaginé qu'il verrait un jour sa mère dans cet état, mais il n'arrivait pas à en souffrir.

Elle le fit de nouveau approcher, se poussa pour qu'il puisse s'asseoir et posa sa tête sur ses genoux. Exactement comme il faisait avec Antonio. Malgré son vertige, Uvaspina lui caressa les cheveux.

— J'ai soif, j'ai encore soif.

La soif de la Dépareillée était insatiable : armée d'un verre, elle aurait pu puiser toute l'eau autour du Borgo Marinari pour apaiser sa bouche aride.

Elle s'agitait, se tournait, et son déshabillé révélait ses cuisses couvertes de vergetures blanches en toiles d'araignée, de poils et de bleus verts, violets, rouges, roses, noirs, qu'Uvaspina évitait de regarder, car ils lui rappelaient les taches qui le maculaient depuis l'enfance. La Dépareillée et lui étaient peut-être des animaux plus semblables qu'il ne l'avait jamais imaginé : mais outre ces bleus, lui possédait à présent une voile qui pouvait l'emmener loin. La Dépareillée plongea sa tête dans le ventre de son fils et se remit à pleurer, assoiffée, les yeux secs et lustrés.

Pour la première fois, Uvaspina désira avoir des seins afin de les glisser dans la bouche de sa mère et la désaltérer, redonner l'élément liquide à son corps. Au lieu de cela, il se leva, arrangea son short et alla remplir un autre verre d'eau sucrée.

21

Uvaspina était dans les bras d'Antonio, à califourchon sur lui. Antonio lui caressait la cuisse tout en surveillant le vent, qui soufflait en poupe : il avait hissé les voiles, qui ressemblaient à des draps bien tendus. La barque se balançait, et Uvaspina se balançait sur Antonio, sans honte aucune : ils épousaient le rythme de la mer, leur boussole pour gagner Procida. Parfois, Uvaspina s'interrompait pour reprendre son souffle : il se penchait par-dessus bord et essayait de plonger la main dans l'eau, comme désireux de cueillir les grappes d'azur des fonds marins.

Quand ils descendirent de la barque et foulèrent le sol de Procida, Uvaspina se sentait déjà différent. Il ne connaissait personne sur l'île : ils pouvaient marcher côte à côte, et de temps en temps, il entrecroisait son petit doigt avec celui d'Antonio. Ce doigt offert était pour Uvaspina la mesure de leur liberté, à quelques milles de la tête de poulpe. Il s'acheta un chapeau de paille : si la Dépareillée l'avait vu avec, elle lui aurait dit qu'il ressemblait à une tête de nœud.

— Uvaspì, toi qui as été au lycée classique, tu sais pourquoi Procida porte ce nom ?

— Non, on apprend pas ces trucs en cours.

— Alors, il te fallait rencontrer un pêcheur pour apprendre que son nom vient de la nourrice d'Énée.

Le mythe planait au-dessus de leurs têtes : Énée, les sirènes, les voyageurs de l'Antiquité, l'île surgie du cratère d'un volcan. Ce bonheur était un vin pétillant, et Uvaspina ouvrait grand la bouche pour ne pas en perdre une goutte, il ne revivrait peut-être jamais plus une journée aussi dorée. Il se sentit comme un petitou en excursion scolaire, à la différence que ses camarades n'étaient pas là pour se donner des coups de coude et le traiter de pédé, ni les profs pour faire semblant de ne pas entendre. Il n'y avait qu'Antonio, la plage de Chiaiolella, Marina di Corricella, des ports peuplés de pêcheurs édentés et des hommes attrapant les poissons à mains nues : l'île embaumait la lessive et le grand ciel.

Il était difficile de se tenir, à Procida, de réprimer ses mains et ses sens : l'odeur des poissons vidés, des algues sèches et de la flore marine conduisait le corps à un état de trouble qui n'avait pas grand-chose d'humain, le plongeait dans le souffle du mythe. Un mythe phlégréen, où la liberté avait une saveur de peau nue et de sortilèges anciens.

La barque d'Antonio était amarrée au port de la Corricella, cerné de maisonnettes orange, rouges ou d'un bleu écaillé, qui était comme une insulte à la mer, à l'azur parfait.

Les plages étaient de sable noir, et après s'y être roulé, Uvaspina ressemblait à un jeune corbeau.

— Profitons-en bien, Uvaspì, à quatre heures il faudra repartir.

— On peut pas rester un peu plus ? Ça nous arrive jamais de sortir de Naples.

— Me fais pas répéter toujours les mêmes choses, Uvaspì…

— Mais regarde ce temps. Allez, on reste un peu plus !

— Encore heureux qu'il fasse ce temps, sinon on n'aurait pas pu venir !

— Hé ben, alors on en profite au maximum !

— Et ce soir, qui y ira, là-bas ? Toi, Uvaspì ?

Uvaspina se tut, une force sourde dévorait ses mots de l'intérieur. Il plongea puis alla s'étendre sur la serviette orange qu'Antonio avait dépliée pour lui.

— Tu es vexé, Uvaspì ? Je vois bien que ça ne va pas, lui demanda Antonio en lui massant les chevilles.

Uvaspina était couché sur le ventre : il secoua énergiquement la tête, les poings serrés le long du corps.

— Tu es vraiment un gosse, mon *criaturiello*. Regarde un peu où je t'ai emmené, cette mer, cette île, tout ça rien que pour toi !

Uvaspina fit appel à toutes ses forces pour faire croire à Antonio que ses cils étaient seulement mouillés d'eau de mer. Antonio se mit à le chatouiller, comme à son habitude, à souffler sur son dos blanc, à le soulever parce qu'il était petit et léger, à dire des grossièretés pour le faire rire : et Uvaspina rit, mais pas avec les yeux. Puis ils marchèrent vers une crique, le sentier était accidenté : Uvaspina tomba deux ou trois fois, écopant d'un bleu au genou de la taille d'une aubergine.

De là, Procida avait la forme d'un poisson piqueté de fleurs jaunes et roses : un gros squelette de poisson pastel au milieu du golfe de Naples, comme dessiné par un dieu mineur qui aurait parcouru les côtes phlégréennes à l'aube des temps.

L'après-midi s'écoulait tout doucement, les heures s'étaient suspendues sur les galets ardents. Antonio avait sorti de la barque une corbeille en osier remplie de mollusques et de poulpes qui bougeaient encore, et il marchait du pas tranquille qui lui était coutumier. Uvaspina, lui, peinait, haletait dans les montées : de plus, une de ses claquettes s'était cassée pendant la marche, et il avançait avec un pied nu.

— On était pas obligés d'y aller à cette heure, en plein cagnard, on aurait pu rester jusqu'à ce soir et y aller tranquillement à la fraîche !

Uvaspina donna un coup de pied dans un caillou.

— Mais non, faut qu'on se tape une suée à une heure de l'aprèm…

Il donna un coup de pied à un autre caillou, plus rond. Chacun de ses gestes rageurs dictait le tempo des mots qui remontaient sa gorge comme autant de serpenteaux s'en allant ramper sur le dos d'Antonio.

— Mais non, faut qu'on fasse un malaise sous ce soleil. Et en plus faut qu'on reparte dans pas longtemps.

— Oh, tu ronchonnes comme une mitraillette déchargée, Uvaspì. Il est où, le bouton *off* ?

Antonio éclata de rire, et Uvaspina se détesta, car ce rire lui donnait envie d'arrêter d'être en colère contre Antonio. Il voulait le tenir à distance, mais ensuite il se détestait parce qu'il désirait seulement qu'Antonio cherche le contact, s'éloigne puis revienne auprès de lui.

Ils arrivèrent à la crique et Uvaspina s'accroupit à l'endroit le plus ombragé, mais même là, le sable noir brûlait. Antonio posa sa corbeille à l'abri du soleil : les poulpes se débattaient de plus en plus faiblement, le soleil asséchait leurs yeux. Puis il enlaça Uvaspina par-derrière et lui caressa le dos, déposa des baisers sur chacune de ses vertèbres : il lui becquetait les os, le serrait, un doigt dans le creux de son nombril. Ses lèvres sur la peau d'Uvaspina étaient sèches, salées : d'abord, ses baisers furent brefs et décidés, puis, sans décoller la bouche de son dos, il le parcourut tout entier, jusqu'au coccyx. La chaleur avait altéré les couleurs de l'île, tout était comme plongé dans une gélatine violette.

— Non. Dégage.

Uvaspina se leva brusquement et se libéra de l'étreinte d'Antonio.

— J'ai pas envie, je veux juste me baigner et bronzer, vu qu'on a pas le temps.

Il s'étendit sur le ventre, le menton planté dans le sable noir. Antonio esquissa un rire. Dans la corbeille, les poulpes agitèrent encore leurs tentacules. Antonio fit pivoter Uvaspina et prit son menton entre son pouce et son index, mais Uvaspina détournait les yeux.

— Quoi ? Même pas un bisou ?

Une fissure d'inquiétude lézarda la crevardise d'Antonio.

— Tu le mérites pas, je t'embrasse pas, je te donne plus rien.

Uvaspina éprouva du plaisir à voir Antonio s'angoisser à cause de lui, abandonner sa crânerie de gouape.

— Tu n'as vraiment rien pigé, Uvaspì. Pourquoi c'est toi que j'ai emmené ici, à ton avis ?

— Qu'est-ce ça peut foutre ? Tu m'as amené ici et faut déjà qu'on se casse ! Pourquoi on est là, en fait ?

Uvaspina devenait audacieux, il avait appris à répondre, à exprimer les pensées qui bouillonnaient dans sa tête, Antonio lui avait transmis un peu de sa crevardise.

— Pauvre de toi, Uvaspì. Tu n'es vraiment qu'un gosse. Tu comprends rien, et tu t'acharnes, en plus. Tiens-moi au courant quand tu auras un peu grandi, mais tranquille, prends ton temps, hein !

Antonio se leva, saisit la corbeille en osier et la tapa contre le sable, puis il l'inspecta et observa le plus gros poulpe qu'il avait pêché : on aurait presque dit une pieuvre, aux éclats nacrés. Il mordit la bête entre les yeux pour la tuer rapidement, il planta ses dents dans cette tête lisse de monstre marin et savoura tout l'amour que le gosse couché sur le ventre ne voulait pas lui donner. Dans ce coup de dents, il y avait l'air de la mer et la pierre ponce, l'amour désiré et l'amour refusé : quelques secondes après, le poulpe avait cessé de bouger.

Antonio le tapa avec violence sur un rocher, faisant gicler son sang bleu de toutes parts : c'était comme s'il voulait briser les os de Parthénope, qui était en face, toute Parthénope avec ses âmes du purgatoire, ses palais baroques et ses immeubles rouge pompéien.

Uvaspina éprouva la douleur solitaire du mollusque. Antonio poursuivit son entreprise avec les autres poulpes : il les tapait si fort que, sur la pierre, ils produisaient un bruit d'applaudissements, comme un jour de première au théâtre San Carlo.

Plus Uvaspina entendait ces claquements, plus il sentait son ventre s'agiter, une colère lointaine se réveiller. Le sang avait barbouillé les galets, les rochers, les parois de la crique, et son corps, sur lequel les éclaboussures de bête retombaient. Remontant d'une zone profonde de son être, le courage avait fait surface : celui dont toutes les humiliations du monde n'avaient pas réussi à extraire le jus. Son courage mûrissait sous le soleil. Uvaspina le rassembla tout entier dans ses poings, ses bras, puis sur la peau d'Antonio. Ce fut lui qui mena la danse, qui tint Antonio sous son joug, il ne supportait plus de se plier à tous ses désirs.

D'abord, il l'attrapa violemment, avec l'envie de le frapper, de le taper comme les poulpes sur le rocher : il l'attrapa en haletant dans son oreille, en pinçant ses hanches, en crachant sur son dos. Il l'attrapa alors qu'Antonio avait les mains tachées de poulpe. Quelque chose coula des yeux d'Antonio, larme ou résidu d'encre, et il cria, pensant qu'il en avait peut-être trop appris à son *criaturiello*.

Les mollusques morts, aux yeux désormais jaunes et cuits par le soleil, regardèrent Antonio implorer la merci d'Uvaspina. Il lui demanda d'arrêter, mais Uvaspina était sourd, il avait un rictus adulte : il était méchant, il voulait écraser cet homme qui lui avait sauvé la vie et l'avait sorti du ventre de la mer.

C'était Antonio le gosse, maintenant, et Uvaspina le tuait avec les armes par lesquelles Antonio l'avait sevré : Antonio lui avait appris à embrasser, mordre, cogner, pousser, pénétrer. Uvaspina maudit la mer de Posillipo, qui ne l'avait pas emporté ce jour-là et l'avait abandonné aux mains de cet homme qui d'un œil l'ensorcelait, de l'autre le jetait dans le royaume d'Hadès.

Antonio, Antonio, ce prénom qui lui brûlait la gorge, ce prénom qui était le sable noir de Procida, ce prénom qui lui avait ôté la paix.

Puis, tout doux, Uvaspina s'apaisa. Antonio ne l'encouragea pas à se calmer, au contraire, il s'offrit plus encore, le laissa finir, jusqu'à ce qu'Uvaspina se libère de la dernière goutte du liquide vénéneux qu'il avait dans le corps. Ils se retrouvèrent couchés dans la crique, porcassés d'encre, de sable et de sueur. Antonio ne comprenait plus rien, ne voyait plus rien : ni la mer, ni l'île, ni le visage d'Uvaspina, seulement l'encre de seiche qui lui était entrée dans les yeux et recouvrait jusqu'à ses pensées, chape noire et poisseuse.

— Je ne sais pas de quoi on a l'air, Uvaspì. Tu es tout noir, comme la caillette que j'ai tuée, cette fois-là.

Un petit rire vint illuminer la bouche d'Uvaspina.

— On ne peut pas repartir comme ça, Uvaspì : on est couverts de sang d'animal. Les gens vont nous prendre pour des bouchers.

Ils se jetèrent dans la mer de la Corricella : Antonio frotta le dos d'Uvaspina, le lavant du bleu de l'encre, puis il plongea trois ou quatre fois, car il en avait jusque dans le nez et les sourcils.

— Je reviens dans cinq minutes.

Uvaspina se sécha au soleil et attendit Antonio, qui était parti en direction du port. À son retour, il tenait un emballage huileux.

— Je t'ai acheté une *zingara*, c'est tout ce qu'il y avait.

Uvaspina éclata d'un rire joyeux.

— C'est pas une spécialité d'Ischia, les *zingare* ? On est à Procida, ici !

— Ben quoi ? Ischia, Procida… c'est à deux pas. Bon, il faut qu'on y aille, maintenant.

Uvaspina prit le sandwich et se leva. Il détestait manger en marchant, sous le soleil qui tapait sur son crâne, les mains poisseuses. Le pain grillé, les tomates et la mozzarella coulaient sur ses doigts, dans une bouillie chaude qui, en tombant, allait se confondre avec la broussaille, les herbes desséchées et les trous de fourmis. Le pain de campagne était tant grillé qu'il lui écorchait le palais à chaque bouchée, et Uvaspina avait envie de jurer à cause d'Antonio qui lui faisait tout faire vite vite, c'était même pas possible de manger assis comme les gens normaux.

Le petit port s'ouvrit devant ses yeux et lui offrit son spectacle paisible pour les dernières bouchées : il était arrondi et bleu, une petite hirondelle aux ailes déployées.

Uvaspina regardait l'île et il était l'île ; il regardait les cheveux des pêcheurs et il était tous les pêcheurs ; il regardait les mouettes et les puces de mer et il était un oiseau survolant les flots. Mais quand Antonio l'invita à monter sur la barque, il sut qu'il n'était en réalité qu'un enfant qui devait repartir, alors que l'après-midi à Procida était à son zénith et lui promettait des jeux et des joies auxquels il ne goûterait jamais plus. Uvaspina salua Procida ; à mesure qu'ils s'éloignaient, la forme étirée de l'île se faisait lézard bariolé : il plissa les yeux et l'attrapa par la queue.

— Je devrais en être dépêtré à onze heures, minuit maximum, mais pas avant.

Antonio caressa sa cuisse duvetée. Uvaspina se laissa faire, humant l'eau brûlée par le soleil : le sel ennuageait l'air comme du talc.

Il effleura le cou d'Antonio, caressa sa pomme d'Adam et dut faire un effort pour empêcher ses mains de se transformer en tenailles quand il remarqua à ses pieds, sous les filets de pêche, un paquet jaune clair, renflé : il portait le logo d'un célèbre atelier de couture de Procida, qui confectionnait des jupes imprimées de majoliques et de citrons.

Cette jupe ira bien, ce soir, à la fille bouclée, pensa Uvaspina, mais pour une fois cette pensée glissa sur lui sans trop le blesser, comme si le bleu de la mer avait verni son cœur et l'avait rendu imperméable à toute autre couleur.

22

C'est Carlo qui me dépucellera ? Comment il est ? Est-ce qu'il a des poils sur le torse, dans le dos ? Ah non ! pas dans le dos, sinon pas moyen que je l'embrasse, même si Jésus devait débarquer sur Terre. Est-ce qu'il est boutonneux, est-ce qu'il grimace quand il est sur le trône, est-ce qu'il sauce son assiette ou alors est-ce qu'il fait des chichis à table ? Carlo, il aime le voilier, et tout s'explique : c'est lui, l'homme du chiummo, *maman a au moins fait une chose de bien dans sa vie. Carlo doit m'emmener à la plage du Schiacchetiello ou à Ischia, me tirer de cet appartement. Il est grand, Carlo ? Toute façon, c'est pas difficile de l'être plus que moi, si besoin je me mettrai sur la pointe des pieds pour l'embrasser. Est-ce qu'il voit d'autres filles ? Si c'est ça, il ne va pas arrêter de me faire cocue, mais si on se marie, il a intérêt à se tenir à carreau, sinon la nuit de noces il devra se branler, moi je garderai mes cuisses bien serrées et je lui tournerai le dos. Même si j'en peux plus tellement j'ai envie de me mettre à poil, je resterai dans mon coin juste pour qu'il devienne fou, je me gérerai toute seule enfermée dans la salle de bains, je fais ça depuis que j'ai dix ans, depuis que maman m'a grondée comme quoi certains trucs ne se font pas devant les autres, mais après j'ai continué à aller me frotter contre les oreillers du lit de papa et maman, puis je les remettais en place.*

Après une douche brûlante Minuccia s'était jetée sur son lit, peignoir ouvert. Elle observa sa respiration gonfler et abaisser son ventre, soulever ses petits seins encore perlés d'eau.

Elle n'avait jamais couché avec un garçon, Minuccia : quelques touchements, petite, avec un camarade de classe, pas plus. Elle avait senti pour la première fois la consistance d'un corps masculin quelques semaines auparavant, au Bagno Elena, quand elle s'était enroulée autour de Peppe Spalice. Mais il ne lui plaisait pas, et il était clair qu'il voulait seulement provoquer sa copine, et elle, seulement humilier Uvaspina.

Minuccia avait fauché le maquillage de la Dépareillée, vidé ses trousses noires sur le lit et pioché un flacon de liquide clair et pâteux semblable à de la mayonnaise en un peu plus foncé. Elle étala sur ses bras cette crème qui égaliserait la couleur de sa peau et dissimulerait les traits, les zébrures, les traces laissées par la foltoupie. Les hommes ne doivent pas tout savoir, répétait toujours la Dépareillée, elle-même avait eu tort de tout déballer à Pasquale Riccio, jusqu'à l'étendue de sa pilosité : il faut qu'il y ait du mystère entre un homme et une femme, insistait sa mère, « si vous faites des choses bizarres qui doivent rester secrètes, enfermez-les dans un paquet et jetez-le aux cochons, ne le mettez jamais dans les mains d'un homme ».

Minuccia se sentait légère : dans le nuage sorti du vaporisateur à parfum de la Dépareillée, dans la fine pellicule de sueur qui s'était formée sur sa peau, effaçant l'odeur de gel douche, dans le fard, le rouge, et même dans ses cicatrices, recouvertes de cette crème marron clair.

— Hé, Pasquale Rì, je connais peut-être quelqu'un, avait dit Crescibene, le médecin-chef, quelques jours auparavant au cercle. Le neveu d'un ami à moi, le notaire Di Martino. S'appelle Carlo.

Au début, Pasquale Riccio n'avait pas compris. Il pensait que Crescibene parlait seulement d'un successeur potentiel à la présidence. Puis il avait repensé à la discussion sur sa fille à marier, il s'était rappelé qu'il s'était plaint de Minuccia au téléphone pour éveiller sa compassion.

— … Merci d'avoir réfléchi à ça. L'a fait des études, ce jeune ?

— L'est toujours en train, mais lui ce qu'il aime, c'est le voilier.

— Ça fait pas vivre une famille, un voilier.

— Oh, Pasquale Rì, faut faire avec ce qu'on a. Je te donne juste un coup de pouce pour te libérer l'esprit de tes problèmes familiaux et régler la merde que t'as foutue.

— Je sais, c'est bizarre pour un Napolitain, mais je n'aime pas trop les pâtes à la viande, déclara Carlo.

Pasquale Riccio l'avait fait asseoir à sa droite.

— Ah bon ? Svetlà, prépare-lui une autre sauce, ce jeune est difficile, ça commence fort.

Carlo était blond et bouclé, comme les chérubins dans les manuels d'histoire de l'art. Sa peau mate avait cette nuance terracotta propre aux gens de Pouzzoles, de Bacoli ou de Posillipo, tannés par les sorties en mer et les baignades, rien à voir avec la carnation des travailleurs en plein air. Il avait le menton fin et les ongles un peu longs, parce qu'il jouait de la guitare pendant son temps libre : il aimait la musique et connaissait tout le répertoire de Roberto Murolo ; sa chemise blanche en lin était tendue sur ses épaules de nageur, larges et ouvertes, et sa voix adulte révélait ses presque vingt ans, dont il était fier.

— Non, ne me faites rien préparer d'autre. Je mangerai le plat suivant, ça me suffira.

Il était assis en face de Minuccia et d'Uvaspina. La Dépareillée était installée à gauche de son mari : de temps à autre, elle tentait de capter le regard de Minuccia pour savoir ce qu'elle pensait de ce garçon, mais sa fille passa le dîner à éviter soigneusement les yeux de sa mère, concentrée sur Carlo, qui lui semblait pur, une apparition blonde dans ce salon qui empestait les mercredis soir.

Carlo lorgnait également Minuccia, furtivement pour ne pas être vu : quand elle enroula ses spaghettis autour de sa fourchette puis finit par les couper pour ne pas s'étouffer, ou quand elle dit qu'elle n'avait plus faim au moment du dessert. En prononçant ces mots, Minuccia s'aperçut qu'elle avait mangé moins que d'habitude, elle voulait mincir et embellir, devenir l'obsession de cette tête blonde et bouclée.

— Je ne voudrais pas rentrer trop tard, demain je dois me lever tôt pour une excursion en mer.

Carlo était comme projeté dans ce salon depuis un monde dont Minuccia ignorait tout, fait de chemises blanches en lin, nez pointus hâlés, cafés sirotés sur les terrasses ensoleillées, poignets ornés de montres, matchs de tennis entre amis, promenades sur le belvédère de Miranapoli. Un monde azur qui brillait de mille feux, un monde débordant de promesses, loin du vico Belledonne.

Minuccia ne connaissait pas vraiment le soleil, car seuls l'odeur d'oignon de la sauce *genovese*, des fruits blets écœurants et les jurons pénétraient dans le vico Belledonne, et quand elle ouvrit la bouche pour boire de l'eau, elle pensa à toutes les saveurs nouvelles que son palais découvrirait, à toutes les bonnes choses qui laveraient sa langue, la désinfecteraient.

— D'habitude, je sors tôt le matin avec mon voilier, pour profiter de la fraîcheur.

Carlo parlait et la tablée l'écoutait : il était facile de fixer son attention sur ses lèvres, qui en bougeant dessinaient des géométries de voiles, de rames et de nœuds. C'était comme si Carlo perçait une brèche dans ces murs moisis, dans le crâne de la Dépareillée et dans l'étoffe du foulard de Pasquale Riccio.

Vagues, mer, bateaux : un petit fourmillement parcourut les mains, la langue d'Uvaspina, et ses talons, qui avaient foulé le bois de la barque d'Antonio.

— T'es en train de dire que tu te lèves en même temps que le soleil pour monter sur un bateau ? C'est pas croyable !

Pasquale Riccio éclata de rire et ébouriffa les cheveux bouclés de Carlo, qui s'écarta, gêné. Minuccia regarda les mains de son père, ses doigts colonisés par de petites touffes de poils noirs, et serra plus fort sa fourchette.

— Savez, c'est très important pour moi, les sorties en mer.

Carlo arrangea sa coiffure.

— J'imaginais que tu te levais à midi ou à une heure, après avoir bringué en boîte à l'Arenile avec tes amis.

Pasquale Riccio poursuivit sur la même lancée, mais sans plus le toucher.

Minuccia continua de serrer sa fourchette, pensant à Carlo à l'Arenile di Bagnoli, qui invitait peut-être ensuite des filles en paréo bleu clair et aux cheveux tombant jusqu'aux fesses à monter sur son voilier, ces adolescentes blondes au sourire d'adulte qui étaient encore plus belles au naturel et semblaient avoir trente ans.

— Oui, des fois, je vais faire un tour à l'Arenile, mais moi ce qui me plaît, c'est tenter de nouveaux itinéraires en voilier… Vers le cap Misène, Ischia, Vivara, par exemple…

Carlo parlait d'une voix suave, bourgeoise, et Uvaspina pensa que sa mer n'était pas celle d'Antonio : c'étaient deux mers différentes, à la saveur et à la couleur différentes.

— Tu es déjà allé à Procida en bateau ?

La voix d'Uvaspina s'était élevée, solitaire. Pasquale Riccio plissa les lèvres, la Dépareillée regarda Minuccia, qui avait sursauté sur sa chaise, comme un chat au contact de l'eau.

— Oui, une fois ou deux, répondit Carlo en fixant Uvaspina droit dans les yeux, ce garçon si différent de lui, presque imberbe, au visage délicat de porcelaine, un homme comme lui, moins homme que lui.

— Par où tu es passé pour y aller ?

Uvaspina continuait de regarder Carlo, non, la mer dans ses yeux n'était pas celle de son Antonio. La mer de son Antonio était savante, libre et sauvage.

— Ben… Comment t'expliquer ? Je peux pas le dire comme ça, c'est compliqué, il faut s'y connaître.

Carlo se servit de l'eau et la but d'un trait.

— On peut savoir ce que t'en as à foutre, toi ? Elle sort d'où, cette curiosité à la con ? fit Minuccia, et sa fourchette produisit un bruit métallique en tombant sur la table.

— Je m'intéresse aux bateaux, c'était juste une question, répondit Uvaspina sans regarder sa sœur.

— Ah, parce que tu t'intéresses à des trucs de mecs, maintenant ? relança Minuccia en le fixant, l'air blême et blessé.

Il se mit à plier sa serviette sans répondre.

— Hein, pourquoi tu t'intéresses à des trucs de mecs ? Quoi, tu veux faire du voilier avec Carlo ? T'es complètement à la masse, ces derniers temps.

Minuccia se mit à rire puis se mordit la langue. Elle ravala tous les mots qu'elle aurait voulu cracher au *femminiello* : Carlo était là, et Carlo devait se faire une bonne image d'elle, il devait tomber éperdument amoureux d'elle, perdre la tête pour elle.

Carlo commit l'erreur d'éclater de rire et de prendre cet échange pour de la chamaillerie entre un frère et une sœur qui, au fond, s'aimaient beaucoup.

Pasquale Riccio se leva pour aller aux toilettes. Quatre pas et il fut devant le miroir, quatre de plus et il fut devant les chiottes : il défit sa ceinture et ouvrit sa braguette.

Une tête blonde et bouclée, qui le dépassait, apparut derrière lui.

Pasquale sursauta.

— Tu vois pas que je suis en train de pisser ?

— Et alors, ça vous dérange ?

— Non, du moment que tu me laisses finir, je me suis sifflé deux bouteilles de Fiano di Avellino tout seul, tu m'as vraiment pas aidé, et je peux pas compter sur mon fils.

— J'espère que vos promesses sont moins tordues que votre queue.

— Je t'ai pas demandé de regarder.

Carlo se contempla dans la glace et ajusta sa chemise sur ses épaules. Pasquale Riccio tira la chasse, puis se lava les mains avec le savon à l'amande.

— Pousse-toi, Di Martì.

À l'inverse, Carlo s'approcha tant de Pasquale Riccio qu'une de ses boucles blondes chatouilla son visage mat et vieux.

— C'est vrai, tout ce que vous m'avez promis, Pascà ?

— Ben, évidemment. Tu crois que j'en rêvais, de t'avoir à côté de moi à table, en train de me regarder avec ta face de fils à papa ?

— Pasquale Rì, prendre la présidence du cercle à mon âge, ce serait un sacré coup d'éclat.

— Je tiendrai parole si tu plais à ma fille, c'est pas moi qu'ai le dernier mot.

Carlo Di Martino éclata d'un rire impatient et juvénile.

— Je suis pas inquiet là-dessus : votre fille a pas touché à son assiette pour me baiser avec les yeux toute la soirée.

Pasquale Riccio caressa la chemise blanche de Carlo.

— Tu veux qu'on s'entende ? Alors que ce soit clair : si ma fille t'a baisé avec les yeux, moi je peux te buter avec les poings.

Il le poussa hors de la salle de bains en pensant que tabasser ce trou du cul arrogant serait plus jouissif que de tirer un coup.

Dans le salon, les pistaches, cacahuètes et fruits secs étaient toujours sur la table basse.

Carlo partit une heure après. Minuccia et lui ne s'effleurèrent ni ne se touchèrent de toute la soirée, mais au moment de se dire au revoir il lui proposa un rendez-vous. Il passerait la chercher dans quelques jours.

— Je viendrai en scooter, souffla-t-il dans ses cheveux avant de quitter le vico Belledonne.

23

— Ça va, Minuccia, t'es pas trop secouée ? Dis-moi, hein.

Les mains de Minuccia se cramponnaient à la chemise en lin de Carlo. Elle était en équilibre précaire sur le scooter de Carlo, sans appui pour ses pieds.

Puis elle s'habitua à ce contact avec le tissu, à sentir le vent sur ses chevilles, et elle ferma les yeux quand Carlo accéléra sur la ligne droite du corso Umberto. Elle serra plus fort, elle transpirait tant que la pulpe de ses doigts se fit toute fripée.

— La prochaine fois, on prendra la voiture, Minuccia, t'en dis quoi ?

Et Minuccia et Carlo valsaient au rythme des creux et des nids-de-poule, se lançaient dans les montées bitumées, voyaient la ville changer de couleur, depuis le noir de seiche du centre jusqu'au turquoise frémissant de la mer : mais c'était la verdure que Carlo cherchait.

Minuccia n'avait jamais vu la ville sous cet angle : comme Uvaspina, la foltoupie avait besoin de prendre l'air, elle ne pouvait pas moisir plus longtemps dans cet appartement de Chiaia où le bois dont elle était faite pourrissait. Cette foltoupie qu'à l'instant présent,

Uvaspina aurait vue apaisée, bercée par les irrégularités de l'asphalte dans la via Marina ou dans le quartier de Capodimonte, juché sur les collines.

Minuccia humait l'odeur de Carlo, chaude et sèche, il sentait le bois. Le soir du dîner, elle avait capté ses œillades, il avait ouvert puis fermé les yeux, comme s'il dardait ses flèches, et toute la soirée, ces regards avaient électrisé Minuccia, son dos, son cou, ses seins pointus, et elle s'était sentie gênée, car elle ne s'était jamais considérée comme belle.

Ce soir-là, quand Carlo la regardait, Minuccia aurait voulu être Uvaspina.

Uvaspina a les hanches plus étroites, évidemment, c'est un garçon, mais il a aussi le nez plus droit, pas que le mien soit de traviole, mais bon, on dirait un peu que le bout me pisse dans la bouche ; dans l'ensemble, il a un visage plus charmant et plus gracieux, et il a aussi plus de cheveux que moi, bien épais et vigoureux, alors que moi j'ai trois poils sur le caillou, même cette conne de coiffeuse se fout de moi, ma mère aurait pas pu régler ça ? Tout le monde me dit : « Minuccia, t'es féminine aussi, te vexe pas, mais ton frère est plus gracieux, parce qu'il tient des Riccio qui sont tous distingués, toi par contre t'as récupéré le sang de Forcella », et ils ont même pas honte de me dire ça ; avant, quand j'étais petite, ils se retenaient un peu parce qu'ils savent que les gosses, ça les blesse. Ils pourraient s'en rendre compte, quand même, que ça me blesse toujours, maintenant que je suis grande et que j'ai des formes, parce que ça sous-entend qu'Uvaspina est gracieux et moi pas. Je pique de la crème à maman, je me brosse les cheveux avant d'aller me coucher, et dans la rue je ne regarde plus les hommes, rien que les femmes : je préfère, pour voir comment elles s'habillent, marchent, gesticulent. Je veux comprendre si elles sont gracieuses, parce que apparemment moi je le suis pas, je sais pas comment ça s'attrape, la grâce, faudrait peut-être j'aille la chercher dans les arbres, dans les bouches d'égout de la piazza Carità, ou alors dans celle d'Uvaspina pendant qu'il dort. En plus, Uvaspina il dort aussi profondément qu'un gosse, il s'en aperçoit même pas quand je le pince ou que je lui fais des trucs pendant son sommeil : gracieux, peut-être, mais il pionce aussi dur qu'un maçon. Gracieux, gracieux, enfin bon, chaque fois que je le regarde dormir, je dois la chercher, cette fameuse grâce, quand il dort des fois, pour vérifier qu'il respire, je mets mon nez à côté du sien, pour sentir s'il y a de l'air chaud, et le femminiello *et moi on échange un souffle, histoire de voir si ça peut me transmettre un peu de grâce, et je suis contente de voir qu'il respire ; d'autres fois, par contre, je voudrais pleurer justement parce qu'il respire, avec ce souffle léger qui me donne l'impression, à moi, d'avoir du plomb dans le corps.*

Voilà ce qu'elle avait pensé quand Carlo l'avait regardée, le soir du dîner.

Puis, du coin de l'œil, elle avait épié si Uvaspina et Carlo se regardaient, eux, et elle avait été envahie d'un tumulte de pensées méchantes à l'égard de son frère. Ça l'irritait qu'il soit là, autour de la même table que Carlo, elle trouvait que ça puait les choses pas nettes de les voir à proximité l'un de l'autre ; la présence du *femminiello* dans la même pièce que Carlo et elle lui provoquait un entortillement de nerfs rythmique et incontrôlable. Elle avait éprouvé un sentiment de justice sourd et glacé, qui lui avait refroidi toute la cervelle. Puis la peur avait gagné son ventre : Carlo avait-il compris qu'elle n'était pas gracieuse ?

— T'es déjà allée à la forêt de Capodimonte ?

Minuccia hocha la tête et la pointe de son menton resta posée sur l'épaule de Carlo.

— Mais on peut y aller quand même, hein.

— Non, pour quoi faire ? Je veux t'emmener à un endroit où t'as jamais été.

Et Carlo fit demi-tour sur son scooter haletant. Il s'était ravisé, il ne voulait plus de verdure, et Minuccia se sentit au centre de quelque chose parce que Carlo avait changé de couleur pour elle.

Ils passèrent devant la gare, sur la piazza Garibaldi, toujours embouteillée : de fait, ils restèrent coincés quelques minutes dans les bouchons, et les jambes de Minuccia, qui se détendaient après l'effort de garder l'équilibre, tremblèrent un peu. Puis ils redémarrèrent et passèrent par la piazza Mercato, avec ses étals de babioles, de pacotille, et ses femmes à la tête couverte d'un fichu qui vendaient des corbeilles en osier et des habits sous l'écriteau : PRIX BAS.

— T'aimes les trains, Minù ?

Minuccia ne s'était jamais posé la question : le train, elle l'avait pris une fois pour aller à Novara rendre visite à une tante en fauteuil roulant qui disait à tout le monde qu'elle voulait être enterrée assise.

— Oui, répondit-elle par politesse.

Naples s'émietta dans son dernier quartier, celui de San Giovanni a Teduccio, et Carlo cria – il y avait de la circulation, on n'entendait pas bien – que c'était un no man's land et qu'une fille ne pouvait pas s'y balader seule, sinon il n'en resterait même pas les os.

Des panneaux firent leur apparition : SAN GIORGIO A CREMANO, PORTICI, SAN SEBASTIANO AL VESUVIO, MASSA DI SOMMA, VOLLA, CERCOLA, CASALNUOVO DI NAPOLI. Minuccia fut parcourue d'un frisson étrange et moite au point le plus profond d'elle, Carlo accéléra en lui signalant qu'ils étaient presque arrivés. Le bitume commença à descendre vers la mer, le goudron se fondit dans l'eau : le golfe était comme dans un cadre en argent.

D'un côté se déployait Naples, avec le château Sant'Elmo semblable à un bastion, et de l'autre, toute la péninsule de Sorrente, avec Capri qui émergeait de la brume. Autour d'eux, il y avait quelques maisons, du chiendent, des masures abandonnées, de vieux bars aux enseignes écaillées : CORNETTERIA VESUVIANA – TOUT À MILLE LIRES.

Le soleil produisait une lumière orangée, on se serait cru plongé dans un liquide pétillant. La mer, elle aussi baignée de cette lumière, éclaboussait tout le paysage d'éclats dorés qui entouraient le scooter d'un tourbillon d'étincelles venteuses.

Carlo s'arrêta non loin du panneau STAZIONE FERROVIARIA DI PIETRARSA – SAN GIORGIO A CREMANO.

Il faisait chaud et, en descendant du scooter, Minuccia sentit que ses pieds étaient humides et glissants : elle regretta d'avoir mis des talons.

— Tu sais où on est ? Sur la première ligne de train construite en Italie, la ligne Naples-Portici.

Non, Minuccia ne le savait pas. Elle n'était pas bonne élève, ou en tout cas pas autant qu'Uvaspina, elle visait la moyenne, pas plus, et passait son temps enfermée dans les toilettes qui puaient le désinfectant ou assise à sa table à transpirer dès le mois de mai, car elle portait des tenues à manches longues pour se cacher. Elle observait les filles de sa classe, comment elles parlaient, comment elles l'ignoraient, comment elles montraient du doigt les marques sur ses bras (car elles arrivaient toujours à les repérer, elles avaient la vue aussi perçante que des aigles) ou bien faisaient semblant d'être ses amies pour aller ensuite raconter que c'était une salope, chose qu'elles répétaient plus souvent depuis que Martina leur avait dit qu'elle avait embrassé Peppe Spalice. Mais elle ne se laissait pas faire, la Dépareillée avait souvent été convoquée au lycée parce que Minuccia avait donné rendez-vous à deux, trois filles de sa classe aux toilettes, et les filles en question en étaient ressorties couvertes de bleus rouges, verts et marron, et après elles ne pouvaient plus se moquer d'elle parce qu'elles aussi avaient des marques.

— Non, je ne le savais pas, tu m'apprends quelque chose, répondit Minuccia en souriant.

Ils marchèrent côte à côte, leurs mains à un millimètre, suspendues dans les limbes de la décision : se toucher ou non.

Minuccia se demandait comment lui allait cette robe blanche et orange, si elle lui moulait le cul, si on voyait les capitons sur ses cuisses, si elle ressemblait à une saucisse, comme cette face de rat d'Antonella le lui avait affirmé une fois.

Soudain, la tête blonde et bouclée s'éloigna en courant : Carlo était reparti dans l'autre sens, et pendant un instant Minuccia imagina qu'il l'abandonnait là, seule, dans cet endroit inconnu. Mais son inquiétude fut de courte durée, Carlo voulait seulement vérifier que son scooter était bien calé sur la béquille ; d'un bond il fut de retour et la prit par la main.

Au début, le contact fut mou, puis ils serrèrent tous les deux : ils marchaient tout près de la plage, entourés par des squelettes de trains, des wagons abandonnés et de vieux convois qui ressemblaient à des bêtes éventrées, à des carcasses pourrissant au soleil. Ils avancèrent entre les fils, les câbles et des panneaux DANGER DE MORT. Il y avait un banc en face de la mer, où étaient assis deux vieux et une dame accompagnée d'un enfant qui criait des phrases dans une autre langue.

Qu'est-ce que je fais, avec sa main dans la mienne ? Qu'est-ce qu'il attend de moi ? Il est trop beau pour moi, quand il m'aura bien regardée il va s'en apercevoir...

Carlo lui demanda si elle avait soif : non loin, il y avait un petit bar sans enseigne qui ressemblait à un parking.

C'est sûr qu'il sort rien qu'avec des filles qui ressemblent à des mannequins, toutes fines, qui vont tout le temps chez la coiffeuse, des filles qui savent parler et rire comme il faut, qui n'ont pas une mère originaire de Forcella et sont belles même sur les chiottes ; ce garçon n'est pas pour moi, dans cinq minutes top chrono il va me ramener à la maison, c'est déjà bien beau qu'il m'ait fait faire une balade sur son scooter.

Minuccia attendait Carlo sur le banc, qui s'était libéré entre-temps. Elle sortit son éventail de son sac : la sueur la brûlait entre les cuisses, qui frottaient l'une contre l'autre quand elle marchait, elle respirait mal, elle s'était réveillée avec un peu d'asthme parce que, même en restant sur le balcon, la Dépareillée avait fait entrer de la fumée dans l'appartement. La rage lui monta du nombril, mais à cet instant les boucles blondes de Carlo réapparurent : il lui apportait un verre d'eau et une glace.

— Y avait que *fior di latte*, comme parfum, enfin, c'est déjà une chance qu'ils vendaient des glaces, vu que ce bar tombe en morceaux…

Minuccia but l'eau et mangea la glace. Naples était belle vue d'en face aussi.

À Naples il y avait Uvaspina, la Dépareillée et Pasquale Riccio, et à Pietrarsa il y avait Minuccia et Carlo, seuls.

Minuccia découvrit une nouvelle forme de honte : elle était impuissante face à ce visage bronzé, à cette senteur masculine âcre, à ce sentiment de précarité qu'elle éprouvait à ses côtés, car elle avait peur que Carlo s'en aille s'il la regardait mieux.

Il chercha le contact, lui caressa le visage, et Minuccia sentit une démangeaison entre les jambes, la même que quand elle avait embrassé Peppe Spalice sur la plage, mais Peppe ne lui plaisait pas ; avec Carlo, gêne et plaisir se mêlaient dans ce chatouillis.

Ils parlèrent des cours, de leurs familles, de leurs centres d'intérêt : Minuccia débita une tripotée de mensonges. Elle aimait fabuler, cela lui permettait d'être qui elle voulait. Peu à peu, à force de parler et de mentir, elle sentit surgir en elle la Minuccia fanfaronne, sûre d'elle, celle qui maintenait la tête d'Uvaspina sous l'eau, fracassait les miroirs de la coiffeuse et était plus puissante qu'une reine car tout le monde la craignait. Elle lui fit le récit d'excursions à Sorrente en compagnie de son frère adoré, ils étaient si proches qu'ils dormaient ensemble, et Carlo commenta, les yeux écarquillés :

— Hé ben, c'est une super relation ! Moi avec le mien on peut pas se blairer parce que je suis meilleur que lui en natation et au tennis, c'est toujours moi qui gagne et il est mauvais perdant.

Puis Minuccia parla de sa mère, qui lui lisait tout plein d'histoires le soir quand elle était petite, car elle voulait que ses enfants s'endorment avec un bon livre, et Carlo ouvrit de nouveau grand les yeux en disant :

— Waouh ! J'aurais pas imaginé, en voyant ta daronne. Comme quoi, c'est vrai que faut pas se fier aux impressions.

Ensuite, elle parla de toutes ses copines, de sa classe qui était une oasis de paix, elle était la meilleure, la prof de latin l'avait envoyée participer à un concours de version dont elle était sortie première, et après, une fête avait été organisée en son honneur. Carlo s'approcha un peu plus, lui caressa les cheveux et lui murmura à l'oreille :

— Ton père m'avait pas dit que sa fille était un vrai petit génie.

Enfin, Minuccia raconta que tous les garçons du lycée avaient essayé de l'embrasser au moins une fois, mais qu'elle les avait tous repoussés ; Carlo commenta : « J'ai de la chance, alors », et Minuccia s'empourpra. Il entoura ses épaules de ses bras ; lorgnant le haut de son soutien-gorge qui dépassait de sa robe blanche et orange, il conclut que Minuccia avait une belle paire de nichons, ou en tout cas on pouvait l'imaginer.

Elle continua de parler, lui raconta que l'année précédente elle avait seulement accepté de sortir avec un certain Davide Scognamiglio (elle avait failli dire Dario, puis elle avait pensé que Davide était un plus joli prénom), un étudiant en médecine plus âgé qu'elle, ils avaient même passé des vacances ensemble à Forio, à Ischia, et ils avaient dormi ensemble.

— Je te demande pas les détails, c'est ta vie, réagit Carlo en riant.

Minuccia allait poursuivre, mais un sentiment ancestral de pudeur la fit se sentir ridicule : qu'est-ce qu'elle fabriquait ? Elle inventait des histoires et des détails de plus en plus captivants, dans le seul but de titiller la curiosité de Carlo.

Ils restèrent silencieux. Puis Carlo parla à son tour, il dit qu'il avait essayé d'intégrer l'école militaire Nunziatella, mais il avait été recalé de peu ; il retenterait l'année prochaine. Il lui raconta avec davantage d'enthousiasme tous les sports qu'il pratiquait, les régates qu'il avait remportées et ses sorties en voilier. Minuccia faillit lui relater la cérémonie du *chiummo*, mais elle se mordit la langue parce qu'elle aimait l'idée qu'il l'ait choisie, que ce n'était pas le sort qui avait décidé pour eux.

Il expliqua ensuite d'une voix fière qu'il était venu la chercher en scooter, mais qu'il avait aussi une moto au garage, il devait juste finir de changer des pièces : pareil pour la voiture. Il avait eu quelques copines, et Minuccia sentit son ventre se serrer parce qu'elle avait l'impression de voir les visages de toutes les filles avec qui il avait couché. Il précisa qu'il n'était pas resté longtemps avec elles, parce qu'elles voulaient se mettre en couple, et comme il n'en avait pas envie, il les avait toutes quittées avec la même phrase : « Salut et merci, je ne cherche pas une histoire sérieuse. » En disant « pas une histoire sérieuse », il avait une expression qui, elle, l'était, et Minuccia se sentit vaciller.

Un goéland passa au-dessus de leurs têtes.

— Eh oui, j'ai jamais voulu me mettre en couple, mais avec toi je veux un truc sérieux, Minù.

La main de Minuccia trembla, l'eau tombée de son verre s'étendit sur la partie blanche du corsage et ses tétons mouillés se durcirent. Dans deux minutes, ils seraient secs, vu comme le soleil était avide, ce jour-là.

24

— Couche-toi là.

La banquette du train abandonné était constellée d'auréoles de moisi. Minuccia se demanda combien de personnes s'y étaient assises et ce qu'elles y avaient fait.

— Couche-toi, je t'ai dit, Minù. Vite, avant que quelqu'un passe.

Minuccia s'exécuta. La banquette était trop petite et elle n'était plus une gamine : quand elle posa sa tête, ses cheveux frôlèrent le sol du wagon.

— Qu'est-ce t'as, Minù ? Je vais pas te manger.

Ils étaient seuls : pas âme qui vive autour d'eux, à part deux mouches.

Une curiosité frémit dans le ventre de Minuccia et ruissela plus bas : c'était comme quand elle sortait de la mer, le maillot mouillé. Elle avait la respiration entravée, mais elle sourit en voyant la tête de Carlo se pencher sur elle. Les lèvres de Carlo se posèrent sur son sourire : elle ouvrit grand la bouche, car elle désirait sa langue depuis des heures, et elle la prit avec la fringale née des longues attentes.

Elle lui caressa les cheveux et put enfin sentir ses boucles sous ses doigts : plus la langue de Carlo bougeait dans sa bouche, plus elle sentait cette démangeaison qui partait de son palais, se mêlait à la salive et la brûlait entre les cuisses, où quelque chose de nouveau se manifestait, différent de quand elle se touchait dans son lit : une autre eau, une mer que seul Carlo pouvait faire écumer, parce qu'il connaissait le golfe, les bateaux, l'horizon.

Quand il commença à la caresser en bas, à cet endroit, ce fut elle qui releva le bas de sa robe blanche et orange, puis elle enleva sa culotte. Les doigts de Carlo remuaient en elle, c'était comme s'ils creusaient des sillons souples dans le sable.

— Laisse-moi voir un peu ce que t'as là, Minù. Montre-moi cette fleur.

Carlo s'interrompit pour reprendre son souffle. Puis il recommença, de plus en plus fort. Minuccia sentit un ongle la griffer et serra les jambes. Il sourit et se remit à l'embrasser, mais à présent elle avait la bouche fermée. D'instinct, elle posa ses mains sur son ventre, comme pour protéger quelque chose de petit et de fragile. Carlo se redressa, arrangea sa chemise en lin, puis la toisa.

— Je peux te demander un truc ?

— Oui, répondit Minuccia, les mains toujours sur le ventre.

Abandonnée sur la banquette du train, elle suivit les deux mouches des yeux. Le visage hâlé de Carlo s'éclaira.

— Tu faisais quoi, avec ce docteur plus vieux que toi, à Ischia ? Tu le regardais dans le blanc des yeux en récitant des Ave Maria ?

Il se rassit à côté d'elle et l'embrassa dans le cou, à l'endroit où elle s'était vaporisé une généreuse quantité de parfum avant de sortir : la Dépareillée lui avait appris qu'il était préférable de forcer la dose.

Minuccia sentit le souffle chaud de Carlo sur son cou et pensa à la Solfatara, le volcan de Pouzzoles, à la fumée des champs Phlégréens, à tout ce qui était chaud, qui faisait mal et qui tuait. Une larme roula sur sa joue.

— Quoi, tu chiales ? Quand t'étais au pieu avec le docteur à Ischia, tu chialais aussi ? Je ne crois pas, non…

Le visage de Carlo s'était transformé en masque fourbe et sinistre. À chacun des mots qui sortaient de sa bouche, Minuccia sentait plus fort des miasmes d'égout qui chassaient la promesse d'air salé et de mer bleue. Elle le dévisagea, à la recherche du jeune homme qui avait changé de couleur pour elle, qui lui avait apporté de l'eau et une glace et qui voulait une histoire sérieuse.

— Vu que t'as de l'expérience, c'est quoi ton problème ? C'est pas parce que je suis pas docteur que je suis plus con que l'autre, hein, fit Carlo en riant.

Puis une lueur dans les yeux de Minuccia l'arrêta, et les mots de Pasquale Riccio lui revinrent en mémoire : « si tu plais à ma fille… » Alors il se tut, alla s'asseoir sur la banquette d'en face et sortit des chewing-gums de sa poche.

— T'en veux un, Minù ?

Désorientée, elle se rassit, sa robe encore tout entortillée sur ses jambes. Elle ne répondit pas : elle pensait à son mensonge qui s'était retourné contre elle, comme un chewing-gum qui colle entre elles les dents qui le mâchent. Puis elle vit Carlo s'agenouiller devant elle avec un drôle de sourire. Elle imagina qu'il voulait lui faire une déclaration, mais il était en train de lui écarter les jambes comme si c'étaient celles d'une poupée en plastique.

— Voyons voir un peu son parfum, à cette fleur, même si le docteur l'a déjà senti avant moi…

Où était passé le garçon du dîner chez elle ? C'était lui qu'elle voulait, mais elle continuait de sentir cette odeur d'égout, elle avait l'impression d'être penchée sur des chiottes. Le fossé qui séparait les gestes et les mots de Carlo et *le garçon du dîner* lui donna le vertige. Minuccia se maudit, elle maudit ses mensonges, elle voulut crier et griffer, mais elle était comme en proie à un maléfice, elle percevait seulement l'odeur de moisi de ce vieux train et le bourdonnement aveugle des mouches.

Carlo s'approcha de son sexe et l'examina, millimètre par millimètre. Minuccia avait entre les jambes un bouton de fleur intact, qu'aucun insecte n'avait butiné, que personne n'avait jamais touché. Carlo n'en avait rien à foutre : cette porte, il la défoncerait avec ses mains, avec sa langue, dans les règles de l'art.

— Je vais te l'embrasser, cette petite bouche.

Minuccia espéra qu'en se concentrant de toutes ses forces, elle arrêterait de sentir la femme et d'avoir une fente. Mais non, elle avait une cavité qui embaumait même si elle souffrait, une algue que son ombre trahissait même dans l'obscurité des fonds marins.

Carlo se pencha un peu plus : il n'était pas habitué à sentir sous sa langue ce velours à la saveur de terre et de mer. Il lui ouvrit plus grand les cuisses, les tint immobiles : il aspira cet arôme qu'il n'avait jamais senti de si près, l'épine qu'il assouplirait avec sa salive.

— La fleur mouillée, ça sent plus fort, fit-il pour tester sa réaction.

Puis il promena sa bouche jusqu'à son nombril et redescendit, plus bas, encore plus bas, trop consumé par la faim toute-puissante du frelon en quête du pistil pour remarquer les marques sur ce ventre blanc.

Au début, elle essaya de se débattre, mais rapidement, sa température fut celle des poissons endormis au fond de la mer : basse.

Carlo la releva et l'attrapa par la nuque : il la fit se tourner, la prit par les cheveux et la poussa contre la vitre du wagon, cette vitre par laquelle des rois, des reines et des princesses avaient vu défiler les champs de blé du royaume des Deux-Siciles. Elle entendit qu'il ouvrait sa braguette, puis elle sentit sa poigne sur ses fesses.

— Les gens qui disent que t'es belle racontent des conneries, Minù.

Carlo lui lécha le cul. Il voulait la profaner tout entière.

— D'ailleurs, je t'ai pas trouvée belle quand je t'ai vue, mais t'as d'autres qualités.

Minuccia l'entendit haleter sur son dos, sur sa nuque, et ce n'était plus le souffle d'un jeune homme, mais celui d'un vieillard sorti d'une cave. Carlo suçait les lobes de ses oreilles, enfilait ses mains entre ses cuisses et les mouvait selon son bon plaisir, il se léchait les doigts puis écrasait ses seins avec. Il respirait fort, comme un âne, et sa voix s'était faite adulte.

— Le docteur à Ischia, il te faisait ça, aussi ?

Chaque fois qu'il parlait du docteur, Minuccia sentait la même odeur méphitique et souterraine d'égout.

Carlo se mit à l'embrasser, la lécher et la mordre avec une fièvre qui ne connaissait ni la mer, ni les bateaux, ni l'air salé, mais les étables, le fumier et l'obscurité.

Puis il écarta davantage les cuisses de Minuccia, écrasée contre la vitre, et baissa son pantalon.

— Allez, va, je passe derrière le docteur.

Il empoigna la tête de Minuccia et lui fit arquer le dos d'un geste sec, prêt à s'enfoncer dans son corps, avec l'envie de lui faire mal. Mais quand Minuccia se retrouva pliée en deux, elle regarda le tissu de sa robe sur ses cuisses. Cette robe froissée, cette robe choisie avec le plus grand soin, cette robe mise exprès pour sortir avec l'homme qui ferait d'elle une femme, une mariée, cette robe avec laquelle elle s'enfuirait du vico Belledonne. Dans cette robe se trouvait toute sa rage empoisonnée, sa furie désarmée, le gâchis de la beauté gaspillée. Minuccia regarda sa robe et elle lui fit l'effet d'une fleur volée dans une église et jetée à la poubelle, d'une bougie arrachée aux mains de l'Enfant Jésus et balancée dans la merde. Les mains de Carlo étaient toujours sur elle, mais à l'instant où il allait la pénétrer, Minuccia sut que la toupie ne resterait pas endormie au fond de la mer. Elle jeta un dernier regard à sa robe : la foltoupie se refléta dans le tissu, et enfin elle se reconnut, oh oui, elle se reconnut parfaitement.

Elle redressa la tête, tout son corps bouillonnait d'une force qu'elle n'avait jamais imaginé détenir : une force à la saveur de trains, de wagons abandonnés, de rails. Elle se tourna brusquement et décocha un coup de genou dans l'estomac de Carlo. À force d'être ballottée, touchée, provoquée, la foltoupie s'était réveillée, et tout ce tripotage l'avait enfiellée. Surpris, Carlo perdit l'équilibre.

— T'es vraiment qu'une connasse.

Le souffle de Carlo, effondré par terre, était semblable à ses halètements d'excitation. Mais à présent, sa voix geignarde était plutôt celle d'un âne agonisant.

Minuccia le regarda râler, puis regarda de nouveau sa robe : elle avait du mal à en détourner les yeux, et d'instinct, elle la lissa. Souriante, elle la caressa, comme pour remettre chaque millimètre de tissu en place. Puis elle ramassa son sac, tombé quand Carlo avait commencé à la toucher. Enfin, elle se remit à lisser le tissu. Carlo n'en revenait pas.

— Attends, tu crois que je vais me laisser frapper ? Par toi, en plus ? Par une salope comme toi ?

Il se releva péniblement, les mains sur l'estomac, une grimace incrédule cousue sur la bouche.

— Tu faisais la chichiteuse, mais t'es une bête, t'es aussi forte qu'un maçon, petite conne.

Il s'approcha et prit Minuccia par les cheveux.

— Au pieu à Ischia, tu faisais pareil avec l'autre, là ?

Sa voix avait encore changé, elle était à présent stridente et hystérique, une voix de gosse capricieux. Il essaya de la prendre par les poignets, mais Minuccia fut plus vive : ils se retrouvèrent par terre, dans la poussière des siècles du royaume des Deux-Siciles. Minuccia, qui avait le dessus, écarta les jambes et s'assit de tout son poids sur l'estomac de Carlo, là où elle l'avait frappé. Les genoux bien plantés dans le sol, elle le tint immobile, avec cette force surhumaine qui recelait toute la souffrance d'Uvaspina et de la Dépareillée, tous les coups qu'elle leur avait donnés : elle était tout entière concentrée là, dans ses cuisses qui bloquaient Carlo, lui interdisant de partir. Il essaya de se débattre : il lui griffa le visage dans des mouvements aveugles, en criant d'une voix de gamin de maternelle, une voix de talc puis de nouveau-né, qu'il ne se laisserait pas frapper par une gonzesse. Il n'avait pas compris que Minuccia n'était pas une gonzesse comme les autres.

Alors qu'il essayait de planter ses doigts dans ses yeux, Minuccia sortit de son sac la toupie en bois, dont la pointe était tachée du sang et des larmes d'Uvaspina. Elle releva sa chemise : à la pointe de la foltoupie, elle dessina une croix sur son ventre, qui descendait vers son entrejambe, là où naissait le mouvement par lequel Carlo avait voulu la désacraliser. Puis elle attrapa un mouchoir et épongea le sang frais et brillant, rouge et sain, de Carlo et de ses journées en mer à Posillipo.

Carlo, bouleversé, sanglotait sans bouger, les yeux fixés sur Minuccia. Il ne parvenait plus qu'à pousser de petits cris comme sortis d'un berceau, qui n'avaient plus rien de mâle, mais évoquaient une larve, un lombric né dans la terre, des cris à l'arôme cru de la peur. Elle se releva et pensa à chez elle à Chiaia, aux mercredis soir, à la promesse de bonheur embaumant le bateau à voile et la mer scintillante, les îles Phlégréennes et les maisonnettes blanches.

Elle cracha par terre, reprit son sac et demanda à Carlo de la ramener à la maison parce qu'il se faisait tard.

25

— Qu'est-ce qui t'est arrivé, Minù ? On dirait que tu reviens de la guerre ! Tu veux qu'on appelle Graziella ?

Nunzia Cul-de-Traviole se leva brusquement, faisant tomber la bassine de petits pois frais qu'elle écossait. Les billes vertes roulèrent sur le sol, un chat de la ruelle entra, les renifla et ressortit.

— Non, bouche cousue, dis rien à maman.

Minuccia s'assit sur le canapé à moitié défoncé au milieu de la cuisine, couvert de plastique imprimé de tournesols, et Nunzia Cul-de-Traviole la rejoignit ; Minuccia posa la tête sur ses genoux et se laissa caresser les cheveux et le visage.

La lumière ocre et sommeilleuse du début d'après-midi pénétrait dans les venelles et dans ce *basso*, apportant avec elle le souffle des hommes des *bassi* voisins qui se reposaient après le déjeuner.

— Qui t'a mise dans cet état, Minù ?

Minuccia se tourna et enfonça sa tête entre les seins de Nunzia Cul-de-Traviole : sa poitrine sentait la transpiration, l'ail et la peau rance. Minuccia était comme une nouvelle-née, l'air dans ses poumons lui faisait aussi mal que lors de ses premiers pleurs en sortant de la Dépareillée.

— Tu veux rien me dire, Minù ?

Minuccia resta les yeux fermés. Elle ne parlait pas, elle n'entendait pas. Nunzia attrapa un linge humide et le lui passa sur le visage et dans le cou : à chaque passage, ses véritables traits semblaient réaffleurer sous la patine grise qui les avait ternis.

— Bon Dieu, dis-moi ce qui t'est arrivé.

Minuccia émergea de sa torpeur.

— Nù, mets de l'eau à bouillir, on va faire quelque chose de bien.

Rien n'échappait à la foltoupie, jamais : les gestes, les rituels ancestraux, tout ce que Minuccia entendait depuis son enfance. Chaque fois que sa mère et Nunzia Cul-de-Traviole discutaient, elle tendait l'oreille pour ne pas en perdre une miette.

— Qu'est-ce t'as derrière la tête ? Qu'est-ce t'en sais de ces choses, toi ? Ne fais pas n'importe quoi, Minù, on va s'attirer des ennuis.

Nunzia Cul-de-Traviole aida Minuccia à se redresser, puis elle se pencha, le saladier à la main, pour ramasser les petits pois.

— Je t'ai dit : allume-moi le feu. Ou t'allumes le feu, ou je raconte à tout le monde ce que tu gardes dans la pièce fermée où tu laisses entrer personne, et ouais, tu vas avoir des ennuis, sûr.

Une nouvelle pluie de billes vertes se déversa sur le sol. Nunzia s'immobilisa, à genoux, puis elle marmonna péniblement :

— J'y ai toujours dit à Graziella que t'allais finir en taule pour mineurs.

Nunzia prit appui sur la table pour se relever, écrasant les petits pois. Puis elle remplit une casserole d'eau : l'eau de Forcella était très calcaire, il ne fallait pas en boire si on voulait éviter les calculs rénaux, mais pour ce qu'elles allaient faire, ce n'était pas important. Elle la posa sur le feu, à côté d'une poêle avec du saindoux où surnageaient des piments rouges et ronds, de ceux qu'on achetait en bocal, et d'une autre, contenant de la chicorée sautée. Dès que des bulles de la taille de jetons téléphoniques se formèrent dans l'eau bouillante, elle y ajouta un peu d'huile, de sucre et de vinaigre de pomme. Tout en remuant avec la cuillère en bois, Nunzia Cul-de-Traviole épiait Minuccia.

Cette dernière la poussa d'un coup de coude et se mit à sa place. Au bout d'un très long moment, durant lequel la vapeur douceâtre et grasse fit friser ses cheveux, créant une auréole sauvage autour de son visage, elle sortit de son sac le mouchoir en tissu avec lequel elle avait épongé la plaie de Carlo. Elle le lâcha dans la casserole et posa un couvercle dessus.

Nunzia l'enlaça par-derrière.

— Qu'est-ce qu'on t'a fait, mon petit ?

— Rien de pire que ce que je suis en train de faire.

Nunzia continua de serrer Minuccia en sanglotant avec une grimace triste. Le liquide déborda et elles durent enlever le couvercle : la pièce puait le sang cuit, comme quand on tuait le cochon pour en faire du boudin. Plus la mixture bouillait, plus Nunzia pleurait et serrait Minuccia, lui faisant presque mal. Mais Minuccia, elle, riait devant la casserole, la foltoupie bouillonnait dans la mixture.

L'odeur métallique était si forte que quelques chiens errants venus de la via dei Tribunali apparurent sur le seuil du *basso*, pensant qu'ils y trouveraient de la viande.

— Baisse un peu le feu, Minù ; ça a déjà assez bouilli, si ça brûle, ça marchera pas.

Pour la première fois, Minuccia obéit.

Ce soir-là, Minuccia s'endormit en humant le sang et en se touchant entre les jambes : elle s'enfonça deux doigts en pensant qu'elle avait bien fait de ne pas laisser Carlo la pénétrer. Ses draps sentirent l'animal cru pendant une semaine.

26

Deux soirs après, Pasquale Riccio rentra à la maison la tête entre les mains.

— S'est passé un drame, avant-hier.

Il y avait eu un accident à proximité de la bretelle d'autoroute, à Portici-Ercolano : certains disaient coup de fatigue, d'autres évoquaient une tragique malchance. Et d'autres encore, le diable qui s'en était mêlé. Toujours est-il que trois personnes étaient mortes : un monsieur qui possédait une boutique de vêtements pour enfants dans la via Duomo, sa femme, qui donnait des cours de couture aux gamines du quartier de la Sanità, et un jeune homme. Le mari et la femme étaient morts sur le coup : le choc avait été frontal et ils avaient rejoint le Créateur en cinq secondes, juste le temps de voir, comme ultime image, une tête blonde et bouclée dans le véhicule qui leur arrivait droit dessus.

Carlo Di Martino, lui, avait été éjecté et il était resté une demi-heure sur le bitume, la tête tournée vers les pins que l'on apercevait de la route : derrière, il y avait la gare de Pietrarsa, et encore derrière, la mer. Peut-être était-il passé du sommeil à la mort sans même s'en rendre compte, et c'était souhaitable, disait tout le monde. Les gens qui l'avaient vu sur l'asphalte n'avaient pas compris que c'était un être humain : certains l'avaient pris pour un chien écrabouillé par un camion. Si le couple était mort dans sa voiture, Carlo avait fait un vol plané, et tout le monde avait vu son sang.

À l'endroit où la traînée s'achevait, on placerait une grosse couronne de fleurs : un fleuriste de Portici faisait des coussins de deuil et des couronnes funéraires célèbres dans toute la région du Vésuve, si belles qu'elles auraient pu convenir pour un roi.

Pasquale Riccio annonça aux siens que pour la veillée, on avait mis Carlo, ou ce qu'il en restait, sur son lit dans sa chambre, la même depuis qu'il était petitou : au milieu de ses peluches et de ses jouets. À côté du cadavre, il y avait une photo où on le voyait déguisé en prince égyptien pour le carnaval, un bel enfant blond au grand sourire troué.

Quand ils l'avaient habillé, ses parents avaient découvert une étrange marque sur son corps : sa mère s'était évanouie, croyant à une action du démon, des esprits, ne voyant pas qui d'autre aurait pu faire ça à son Carletto chéri.

Minuccia apprit donc la nouvelle ce soir-là, par la bouche de son père. Elle mangeait d'un bon appétit : elle tenait sa toupie en bois dans une main et, dans l'autre, une tranche de pain agrémentée de tomate et d'origan.

— C'est pas une fille que j'ai, c'est un animal.

Pasquale Riccio regarda sa fille, exaspéré.

— Ben quoi ?

Minuccia continua de mâcher avec entrain.

— Ton amoureux vient de mourir, et toi tu t'empiffres ? Tu veux aussi un café ou quoi ?

Pasquale Riccio n'en revenait pas.

— Quoi ? T'as faim, p'pa ? Appelle Svetlana, elle te préparera une bruschetta à toi aussi.

Minuccia éclata de rire la bouche pleine : elle regardait sa toupie et riait, puis croquait dans la partie de la bruschetta la plus imprégnée d'huile. Ses lèvres étaient si brillantes qu'elles paraissaient enduites d'un de ces gloss vendus avec certaines revues de mode dans les kiosques.

Pasquale fixa la tomate sur le pain en réprimant son dégoût : il y voyait le sang de Carlo.

— C'était à quelle heure, l'accident ? Il a peut-être eu un coup de barre, c'est un classique, essaya de relancer la Dépareillée en se levant du canapé.

— Un bon coup de barre en plein dans la gueule, commenta Minuccia, sérieuse, en regardant ses parents.

Pasquale Riccio se tourna vers elle et, d'instinct, il recula : elle lui faisait peur.

— Comme quoi, c'est pas des conneries, les sorts de Nunzia Cul-de-Traviole, poursuivit-elle en avalant sa dernière bouchée de bruschetta.

La Dépareillée sentit un nœud glacé se tordre dans son ventre : elle repensa à tous les après-midi passés dans le *basso* de Nunzia Cul-de-Traviole au fil des ans, à comment celle-ci lui avait appris à jeter des mauvais sorts, à cette casserole bouillonnante où l'on lisait le destin des gens à qui l'on souhaitait du mal. Il suffisait de faire bouillir un objet que la personne avait touché, et le diable faisait le reste. Le mauvais œil, les mauvais sorts envahissaient la pièce à l'odeur de renfermé ; la Dépareillée pensa à Minuccia dans ce *basso* et l'imagina en train de rire devant la casserole, de décider du destin de Carlo Di Martino devant l'eau bouillante, et elle se demanda ce que Carlo avait fait à sa fille pour la piquer et la déchaîner de la sorte. Elle se sentit couler dans des pensées noires et humides.

— C'est quoi cet air choqué, m'man ? T'es pas la dernière à faire ces trucs-là, pourtant.

Un bout de tomate était tombé de la bruschetta : sans quitter ses parents des yeux, Minuccia se pencha, le ramassa et le fourra dans sa bouche. Il avait la saveur de la justice. Ses parents la fixaient, horrifiés.

— Pour une fois que je fais quelque chose de bien, vous devriez me féliciter !

Minuccia éclata encore d'un rire solitaire et se suça les doigts.

À présent, Pasquale Riccio pleurait en silence, avec une cigarette qui se consumait entre les doigts. Il n'éprouvait pas une once de honte à l'idée qu'il ne pleurait pas pour Carlo, mais parce qu'il se retrouvait à tout devoir recommencer du début. Ce jeune, il n'en avait rien à foutre, mais le cercle partait à vau-l'eau et, entre les murs de son foyer, mère et fille faisaient souffler un vent sinistre, qui ne sentait pas la mer mais puait les égouts, une peur ancestrale, la cruauté et le magma.

Le jour de l'enterrement de Carlo Di Martino, Minuccia resta au lit à se toucher. Elle enfonça ses doigts partout, là où il avait voulu entrer et n'avait pas pu : plus elle pensait au corps de Carlo enfermé dans son manteau de bois, plus le mouvement de ses mains accélérait.

La cérémonie avait lieu à l'église de Chiaia, et non de Posillipo. Quand elle entendit sonner le glas,

Minuccia éprouva une drôle de sensation entre les jambes, comme si elle avait reçu une décharge électrique. La pensée du corps froid de Carlo avait réveillé la foltoupie. Elle continua de se caresser : elle eut son premier orgasme en imaginant les croquemorts refermer le cercueil sur cette tête blonde et bouclée.

27

Ce soir-là, Uvaspina se sentit oiseau pour la première fois.

Depuis le cratère du Vésuve, on voyait tout Naples briller dans la nuit : Uvaspina voulait s'élancer dans le vide pour planer au-dessus de cette étendue lumineuse, il voulait être un goéland du port et frôler du bec toute la couronne de villages qui ceignait le volcan.

Il avait sur la langue le goût d'Antonio, son goût et c'est tout. Rien ne venait le gâcher : ni note florale ni parfum de cheveux bouclés.

— Je ne vais pas pouvoir rester longtemps, je suis désolé, en plus ce matin je me suis levé tôt pour aller pêcher…

Ils étaient sur la banquette arrière de la voiture : seuls les genoux maigres d'Uvaspina et les yeux d'Antonio, qui paraissaient capter toutes les lumières, se détachaient dans le noir.

Après l'amour, Antonio se fermait et parlait peu : il se caressait la barbe et remettait immédiatement son T-shirt ou sa chemise, alors qu'Uvaspina aurait voulu qu'il reste torse nu à ses côtés, encore moite après leurs ébats. Cependant, dernièrement, Antonio laissait passer quelques minutes avant de se rhabiller, de récupérer ses chaussures jetées sur le siège avant, et dans ce laps de temps, Uvaspina le regardait se mouvoir, avec sa chaîne en or pour seul vêtement.

Les pêcheurs, les gamins des rues, les maçons et les jeunes qui travaillaient avec leurs mains n'enlevaient jamais leur chaîne, pas même pour dormir. Antonio non plus. Et Uvaspina baisait ce bijou et le caressait, et s'il avait de la chance, ils s'enlaçaient dans le faisceau lumineux de Naples, qui arrosait l'habitacle de la voiture. Il humait l'odeur virile nichée sous la peau d'Antonio : ce n'était pas une odeur humaine, mais une sorte de récompense ou de punition qu'Uvaspina croyait mériter. La gorge serrée, il pensait que ce qui suivait l'amour était plus important que posséder et être possédé, plus fort que le désir et son assouvissement.

Alors s'ouvraient des abîmes qu'il avait seulement frôlés : le baiser que, bien des années auparavant, Pasquale déposait sur la nuque de la Dépareillée quand elle brodait ses napperons ; les caresses de Minuccia quand elle était petite et rondouillarde et qu'il la considérait comme un objet précieux à vénérer. Tous ces souvenirs qui avaient glissé dans un vide de son cœur affleuraient de nouveau pendant quelques instants.

Une fois, il avait lu un poème du mort dénommé Salvatore Di Giacomo, qui le consolait et lui tenait compagnie quand Antonio n'existait pas encore, quand personne ne s'intéressait à lui ni même se rappelait qu'il était un être humain comme les autres. Ses vers préférés, dans un petit livre tout froissé qui semblait avoir été mangé par les rats, disaient : « Yeux bleus ou noirs / Couleur de lys ou de rose / Toujours toujours la même chose / Toujours les mêmes soupirs ! / Oui, en soupirant je dis / Combien tu m'as coûté ! »

Les yeux d'Antonio n'étaient pas bleus ou noirs, ils n'avaient pas la couleur du lys ni de la rose, ils avaient une couleur unique qui semblait émaner de ces pages feuilletées par Uvaspina dans la solitude, en imaginant des choses qu'il ignorait désirer. Salvatore Di Giacomo, protégé par le voile de la mort, avait caressé l'arête de ses pensées secrètes et avait deviné des rêves qu'Uvaspina ne se sentait même pas digne d'avoir. L'amour, l'amour dont tout le monde avait la bouche pleine, n'était pas fait pour les gens comme lui, au mieux il pouvait récupérer les restes, et il avait envie de chialer quand il pensait au vers « Combien tu m'as coûté ! », car Antonio lui avait coûté, il l'avait payé cher, des années à se rouler en boule comme les chiens errants, seuls et moches dont personne ne voulait. Lui, il ne méritait pas l'amour, l'amour était fait pour les autres, pour ceux qui allaient manger ensemble via Caracciolo, puis s'enlaçaient sur le front de mer avec une immense méchanceté, car vu de l'extérieur, le bonheur est cruel, il fait l'effet d'une gifle, une claque égoïste qui vous dit seulement : « Pas toi. »

Les mains d'Antonio réveillaient tout, avec une puissance douloureuse qui lui faisait pousser des cris de génisse : les caresses d'Antonio portaient tout l'amour qu'Uvaspina avait dû avaler puis dégueuler dans les chiottes donnant sur la Marinella.

Ce soir-là cependant, Antonio renfila sa chemise sans traîner : il la mit à l'envers, mais Uvaspina ne le lui fit pas remarquer.

— Il faut vraiment que je file.

— Ben quoi, tu dois aller voir l'autre, là ?

Uvaspina se mordit la langue, se surprenant d'être devenu si crevard au contact d'Antonio. Dans le silence qui suivit, il pensa : *C'est peut-être pas mes oignons ?*, mais ensuite il conclut que s'ils étaient nus dans cette voiture remplie de leurs odeurs, la chose le concernait aussi.

— Elle ne s'appelle pas « l'autre, là ». Son prénom, c'est Anita, et non, je ne vais pas la retrouver.

Antonio jeta un regard dur à Uvaspina, de ses yeux trop beaux pour paraître méchants.

— Pardon si j'ai offensé ton Anita, mais à mon avis, elle en a rien à foutre de ce que je peux dire.

— Tu es grossier. Qu'est-ce qui te prend, Uvaspì ?

— Rien. C'est pas vrai ce que j'ai dit ?

Uvaspina sentit que la rage qui l'avait pris la fois où ils étaient à l'église Santa Luciella revenait cogner à la vitre de la voiture garée sur le Vésuve.

— … Qu'est-ce elle en a à foutre, elle ? Elle a droit qu'au meilleur. Tu vas chez elle, tu discutes avec sa mère, même si t'arrêtes pas de la critiquer, n'empêche t'y vas tout le temps et t'y apportes même une *delizia al limone*, après tu l'emmènes se balader dans Naples, tu lui achètes des fringues à Procida, tu la tiens par la main. Franchement, qu'est-ce tu veux qu'Anita en ait à foutre, d'un *femminiello* ?

En prononçant ce mot, Uvaspina sentit de l'huile couler sur son palais : c'était un mot visqueux, malodorant, qui puait comme l'haleine de ses camarades de classe. Il avait parlé avec leur souffle, il avait assimilé leur langue crasseuse et infecte et avait bu l'huile grasse et sale de leurs mots, plutôt que d'admettre qu'il n'existait pas un foutre de terme inventé par l'homme pour définir l'espèce animale à laquelle il appartenait. Une chose restait toujours, précise, exacte : le nœud coulant de honte fétide qui pesait sur son cou, la corde qui l'obligeait à toujours garder les yeux rivés au sol.

Antonio le serra contre lui, et Uvaspina perçut dans ce geste le même élan que quand il avait attrapé la caillette pour l'égorger.

— On se met en route pour Chiaia, Antò ?

— Je l'ai quittée, Anita, si tu veux savoir, mais il faut quand même que je parte.

Uvaspina se retrouva comme un crétin, déstabilisé par le recul de sa propre rage. Il pensa à la tête d'Anita, à sa chevelure soyeuse et ondulée qui pouvait être un nœud de serpents ou un buisson de mûres, à son corps de sirène, à sa petite bouche en forme de cœur. À toutes les parties du corps d'Anita, maintenant loin d'Antonio : détachées de lui, orphelines de sa main. Et il éprouva une paix qui fit resplendir tout Naples plus fort.

— Si y a plus Anita, où tu dois aller ce soir, pressé comme t'es de me laisser seul comme un con ? fit-il d'une voix faible en glissant ses doigts sous la chemise d'Antonio, pas encore boutonnée.

Il aurait voulu continuer à jouer les encolérés, mais son corps même le trahissait, il ne parvenait pas à dissimuler la joie incrédule dont il débordait.

— Où veux-tu que j'aille ? À l'église ?

Antonio se remit à rire et attrapa Uvaspina pour le coucher sur ses genoux.

— Hein, où veux-tu que j'aille ? Je dois préparer ma barque, demain je pars tôt. Puis j'ai d'autres choses à régler.

En se triturant les mains dans le noir, Uvaspina sentit une petite peau sur son auriculaire. L'euphorie et la culpabilité s'étaient entortillées dans son estomac, il essaya de les arracher à coups de dents en portant son doigt à sa bouche.

— Je peux te demander un truc ? Tu faisais quoi, avec Anita ? Ce qu'on fait toi et moi, comme ce soir dans la voiture ? trouva-t-il le courage de demander.

Maintenant qu'il avait arraché la petite peau, son doigt saignait un peu.

— Des fois, oui.

Un élancement de douleur traversa Uvaspina.

— Et vous faisiez ça comment ? Comme avec moi ?

Quand il était en proie à cette curiosité morbide, Uvaspina devenait un gosse obsessionnel.

— Qu'est-ce que ça t'apporterait de le savoir ? Viens là, plutôt, il faut vraiment que j'y aille dans pas longtemps.

— Allez, je veux savoir ce que tu faisais, si c'était mieux avec elle ou avec moi, et puis je veux aussi savoir pourquoi tu l'as quittée.

Toutes les questions qu'Uvaspina avait toujours gardées serrées dans ses poings lui montaient à la bouche.

— Ce n'est pas intéressant, Uvaspì, crois-moi.

— Si, c'est intéressant. Je veux le savoir : dis-moi au moins ce que t'as dit à Anita quand tu l'as larguée.

— Que ça ne marchait plus entre nous et que c'était mieux que nos chemins se séparent : un vers l'est, l'autre vers l'ouest.

— Ça faisait combien de temps que vous étiez ensemble ?

— Ça aurait fait six ans en janvier.

Antonio lui raconta combien elle avait été gentille avec lui, une bonne amie, la meilleure amie qu'on puisse avoir dans la vie. Mais Anita l'aimait, alors de temps en temps, pour lui faire plaisir, il couchait avec elle.

Uvaspina resta silencieux, accablé. Puis il frissonna et sa peau se hérissa de petits points, comme celle des poules quand on les plume.

— Mais alors, tu l'as trompée pendant toutes ces années ? murmura-t-il en se recroquevillant.

— Non.

La réponse d'Antonio, qui enlevait sa chemise, fut aussi dure que la lumière du phare qui poinçonnait la nuit.

— Au début, je voulais vraiment être avec elle. Puis j'ai compris que ce n'était peut-être pas ça qu'il me fallait, mais quand tu te retrouves coincé dans certaines situations, après c'est compliqué de s'en dépêtrer, alors tu y restes, et puis voilà. Et puis la famille, les gens, la mère… Qu'est-ce que tu sais de ça, Uvaspina ?

— Pourquoi tu l'as quittée, alors ?

— D'après toi ? D'après toi, pourquoi je suis ici ? Ou tu es bête ou tu ne veux pas comprendre, ouvre les yeux, Uvaspì, il se passe des choses en dehors de ta petite chambre à Chiaia.

— T'as couché qu'avec elle, pendant toutes ces années ?

— Non.

Naples brillait d'une lumière méchante et livide. Antonio parla d'un autre pêcheur, qu'il fréquentait quelques années avant, jusqu'à ce que celui-ci déménage en Toscane ; de l'employé de l'épicerie de la via Cesario Console ; d'un avocat qui l'emmenait manger des coquillages crus ; d'un vieux en fauteuil roulant qui l'invitait chez lui quand sa femme n'était pas là, ils écoutaient de la musique baroque ensemble dans le salon en faisant des mots croisés, c'est tout, puis à la fin ils se saluaient en se disant qu'ils tenaient l'un à l'autre ; d'un jeune étudiant allemand avec qui il n'avait pas parlé car ils ne connaissaient pas leurs langues respectives, mais ils étaient allés à Ischia et avaient passé dix nuits sur l'île, ne s'exprimant que par gestes, et ils avaient la même cicatrice après s'être cognés sur le même rocher.

Uvaspina écouta Antonio avec un calme qui l'effraya. Il se sentait comme anesthésié par tous ces noms, par la pensée des doigts d'Antonio fermés sur la peau de quelqu'un d'autre, par la terreur qu'Antonio ait raconté à d'autres les histoires qu'il lui racontait en le berçant. Un sentiment de dégoût l'envahit à la pensée du salon du vieux en fauteuil roulant : il imagina Antonio partager le même oxygène qu'un vieil infirme, il les imagina chercher ensemble les solutions de la grille de mots croisés et discuter de leur morceau de musique préféré, et il se sentit nauséeux.

Il eut instinctivement envie de le frapper, de cerner de noir ces yeux vairons, mais il savait qu'Antonio aurait le dessus et le convaincrait d'arrêter de lui en vouloir. Puis il éprouva un étrange sentiment de douceur, aussi poisseuse que du miel, en songeant à Antonio et l'étudiant à Ischia, en train de pêcher de petits crabes translucides et de communiquer seulement par des cris comme s'ils avaient inventé une langue nouvelle.

Combien de langues Antonio connaissait-il ? Il lui parut difficile de l'imaginer renoncer à ses histoires pour un monde de cris et de gestes où la lumière ne pénétrait pas. Et il se sentit touché par la grâce, parce qu'il avait mérité les histoires d'Antonio, ses récits faits de pauses, respirations, mots scrupuleusement choisis, tics de langage, que lui seul connaissait.

La température était remontée, dans la voiture. Uvaspina voulait sortir. Il ouvrit la portière, posa un pied par terre, tout nu, Antonio le suivit et le reprit. Quand Antonio fut en lui, Uvaspina planta ses ongles dans la terre noire et phlégréenne des pentes du volcan. Ses larmes coulèrent dans sa bouche et se mêlèrent à la salive qui sortait chaque fois qu'Antonio était en lui.

— Pourquoi tu pleures, Uvaspì ? Je te fais mal ?

Uvaspina lui dit de continuer ; la bouche écrasée contre la terre, à chaque coup de reins il sentait une saveur différente sur sa langue : argile, boue, silex, silice, sable. Il demandait à Antonio de continuer et goûtait la terre qui se concassait.

— T'es rien qu'à moi maintenant ? Rien que juste à moi ? demanda-t-il, pensant ne pas être entendu.

Antonio se détacha de lui et le retourna sur le dos : en une seconde, ses mains furent sur le visage d'Uvaspì.

— Arrête ça, Uvaspì, ou je te jure que je t'étrangle.

— Mais pourquoi ?

Uvaspina repoussa ses mains.

— Tout ça, je l'ai fait pour toi, et toi tu chiales, tu chiales, tu n'es pas foutu de faire autre chose que chialer.

Antonio parla sur la bouche d'Uvaspina, dans sa bouche. Il la remplissait de salive et de mots enflammés.

— Tu es un gosse, Uvaspì, tu n'as rien compris, tu passes ton temps à chialer et ça ne t'apporte rien, je ne voulais pas te le dire, mais qu'est-ce que tu voulais que j'en aie à foutre, d'Anita ? Évidemment que je suis à toi, je suis à toi depuis que je t'ai repêché. Tu allais crever et maintenant tu es là.

Antonio se livra comme un enfant en mangeant ses mots, et Uvaspina le voulut encore en lui, parce que Antonio était à lui, juste à lui. Il voulait de nouveau les coups de reins d'Antonio, ces coups de reins qui au début le brûlaient, le faisaient pleurer et l'empêchaient de marcher et de s'asseoir ; il voulait de nouveau ces bleus qui apparaissaient parce que Antonio et lui s'entremêlaient sur les rochers, dans les criques, sur les marches et partout où l'envie les prenait.

Il voulait tout de lui, mais surtout il voulait ses histoires, qui lui révélaient le visage de Naples. La Naples d'Antonio brillait comme certaines plantes aquatiques à travers la mer transparente, elle ne puait pas comme la Naples d'où venait la Dépareillée, avec ses effluves d'égout et de poisson avarié. Non, et elle ne sentait pas non plus le tabac comme à Chiaia, la fumée des Merit qui imprégnait les épais rideaux et avait voilé les plafonds de gris.

Quand Antonio le pénétrait, ce n'était pas seulement sa chair qui le remplissait, mais les histoires de reines, les contes de la ville antique, douce et malicieuse, les écailles d'une sirène qui lui souriait toujours, la mer, les fruits sains dont personne n'extrayait le jus. Car, quand Antonio le serrait contre sa poitrine comme un bébé, Uvaspina se sentait tout entier : il comprenait le sens de la tache sous son œil gauche, qu'il portait depuis le jour où la Dépareillée l'avait enfanté. Uvaspina acceptait d'être un fruit, un fruit pas seulement bon à être pressé, à soigner les souffrances d'autrui. Antonio avait su extraire de lui un jus différent, qui lui donnait une nouvelle écorce, une véritable peau.

— Pourquoi tu peux pas rester un peu plus longtemps avec moi, ce soir ?

— Ouh ouh, je suis là, tu me vois pas ? Tu ne vois pas que je suis avec toi ? continuait de répéter Antonio, en lui, sur lui, devant lui, derrière lui, et à chaque coup de reins Uvaspina, aveugle, souriait, un goût de sel dans la bouche.

À leurs pieds, Naples étincelait avec un éclat blême, et ils étaient deux fourmis qui se contorsionnaient sur une montagne, risquant d'être écrasées par le talon d'un soulier. La nuit était de plus en plus fraîche mais, eux, sur la terre, ils ne la sentaient plus.

28

Dans sa jeunesse, quand la Dépareillée sortait, elle ne se contentait pas de vaporiser du parfum sur ses poignets, comme elle avait vu faire ses cousines plus âgées, qui les frottaient l'un contre l'autre. Non, elle prenait une douche de parfum : elle s'en aspergeait partout, elle en arrosait ses bras, ses coudes, son cou, son décolleté et même ses cheveux, qui se mettaient à frisotter.

Elle avait conservé cette manie à l'âge adulte : quand elle sortait avec un homme, il devait se souvenir d'elle ; de retour chez lui, il devait sentir son parfum partout, sur sa chemise, dans ses narines, sur son palais, comme une marque indélébile de son passage. Elle s'était inspirée des églises : elle en avait fréquenté beaucoup et avait retenu combien l'odeur d'encens était tenace sur les vêtements et la saveur de bougie durable dans la bouche. Elle voulait être obsédante, faire planer son charme longtemps, régner pareillement sur les morts et les vivants. Même si, en fin de compte, elle préférait les morts parce qu'ils ne l'arnaquaient jamais et restaient muets, au pire ils la fixaient avec leur expression immuable.

Ce soir-là, la Dépareillée fut toute chamboulée par le contact du flacon de parfum rangé dans le placard de la salle de bains : ça faisait un bail qu'elle n'en avait pas mis pour sortir.

Ça suffit, j'en ai marre de moisir ici, pensa-t-elle. *Je sais même plus ce que c'est un resto, un bar, un être humain : je suis devenue une bête sauvage.*

— T'es prête, Graziè ?

Pasquale Riccio l'attendait sur le seuil, son foulard bleu clair noué autour du cou.

— Minute. Je me parfume et j'arrive.

— Allez, on y va.

— Quoi, y a pas le feu, non ?

La Dépareillée éclata de rire, de ce rire qui avait déserté sa gorge depuis longtemps, vestige de l'époque où elle se préparait devant le miroir, avait vingt rides de moins autour des yeux et où l'air du *basso* la rendait heureuse.

— Non, mais je pense qu'à la Figlia d' 'o Marenaro ils nous garderont pas notre table, et j'ai pas envie de poireauter debout devant l'entrée, j'aime pas le quartier.

La Dépareillée se regarda : elle s'était fait une queue-de-cheval bien serrée, qui tirait jusqu'à ses pensées, si bien qu'elle ne pensait plus rien, pas même qu'avec cette chaleur les bottes n'étaient peut-être pas le choix le plus pertinent et qu'elle transpirerait des pieds jusqu'à la via Foria. En ce mois de septembre, on crevait autant de chaud qu'en juillet.

— Allez, grouille, Graziè.

La Dépareillée glissa un bras sous celui de son mari ; il eut le réflexe de s'écarter, puis il pensa : *Allons bon, c'est ma femme, je dois la respecter, au moins par politesse.* Cette pensée lui donna envie de rire, et il prit la Dépareillée par la main : deux adultes qui montaient en voiture en jouant les gosses.

C'est ma femme, et moi je dois réparer mon honneur, c'est ma femme et faut qu'on se respecte, pensait Pasquale Riccio en conduisant dans la via Santa Maria di Costantinopoli puis en prenant la via Foria. *C'est ma femme, et on doit nous voir ensemble, en voiture et au resto.*

Pasquale Riccio pensa à tout plein de choses, pendant le trajet : il pensa qu'il devait se montrer plus souvent avec la Dépareillée pour mettre fin aux racontars qui circulaient sur l'amante de Porzio et lui ; il pensa à la situation de chiottes du cercle ; et il pensa même à ses deux enfants. L'été était mort et enterré, mais Minuccia ne voulait pas entendre parler de retourner au lycée ; Uvaspina, lui, était de plus en plus souvent en vadrouille, et les inscriptions à la fac fermeraient bientôt. Mais il n'y avait pas à discuter, l'enfant mâle des Riccio devait assurer sur un point au moins : il devait faire des études de droit. Dans les salles où son père avait étudié, dans le bâtiment du corso Umberto, celui avec des sphinx de chaque côté.

Depuis la mort de Carlo Di Martino, Pasquale Riccio était rongé de malepensées : sa vie était un ramassis de tableaux, de cadres et de croûtes fixés à un mur lisse avec un crachat, et tout se cassait la gueule. Fallait bien commencer par quelque part pour tout remettre en place.

N'empêche, sa poitrine se serra quand il repensa aux moments où il garait cette même voiture en bas de chez l'amante de Porzio et, surtout, aux cris de cette dernière et à ses escarpins jaunes retournés sur le siège ; et il coula un regard à sa femme, qui s'était allumé une cigarette.

Ils s'assirent en terrasse : une jolie table, décorée d'une bougie blanche et d'un petit chevalet en forme de coquillage portant l'inscription QUALITÉ, PROPRETÉ ET TOUT NOTRE CŒUR.

— C'est quoi la *magnosa*, Pascà ?

La Dépareillée étudiait le menu, aussi concentrée que quand elle essayait de suivre la trame et les cocufiages des *Feux de l'amour.*

— C'est la cigale de mer, répondit Pasquale Riccio en s'humectant les doigts pour tourner les pages.

— Ben, ils avaient qu'à écrire *zoccola di mare*, j'aurais compris de suite, c'est comme ça qu'on les appelle, chez moi.

— Chez toi, comme tu dis, Graziè. Dans le monde des gens normaux, ça s'appelle cigale de mer ou *magnosa*.

Pasquale Riccio se mordit la langue : il devait se montrer aimant envers sa femme, gentil, lui expliquer les plats. Ils pourraient en commander deux différents et se les partager pour goûter plus de choses, comme il y a bien longtemps lors de leurs dîners sur la côte amalfitaine.

— Je te taquinais, Graziè. T'as qu'à en prendre pour goûter, tu vas voir comme c'est bon.

— Oh, t'as cru que j'avais besoin de toi pour découvrir la *zoccola di mare* ? J'en achetais à Forcella figure-toi, et vivantes en plus, chez le poiscailler de la via dei Tribunali ! Tu me prends vraiment pour une débile.

— C'est pas ce que je voulais dire, Graziè, te mets pas en rogne, commande ce que tu veux.

— Tu sais quoi ? C'est moi qui vais t'apprendre un truc, comme ça t'arrêteras peut-être de faire monsieur je-sais-tout avec moi. Quand je prenais des *zoccole di mare*, elles remuaient la queue comme des petits piafs : au moment où on les jetait à la casserole, je les entendais pleurer. Elles pleuraient tant que je les entends encore.

Pasquale Riccio commanda des spaghettis à la cigale de mer et la Dépareillée une soupe de moules, celle de la Figlia d' 'o Marenaro était réputée dans toute la ville et contenait un ingrédient secret : de l'huile pimentée qui teignait le bouillon et donnait aux moules une couleur de sang dilué.

Ils dînèrent sans échanger un mot : la Dépareillée demanda du persil frais pour sa soupe. Quand elle l'eut finie, elle fixa toute son attention sur la cigale de mer que son mari avait laissée sur le bord de son assiette avec les derniers spaghettis : elle l'attrapa avec les doigts et y planta les dents comme si elle s'attaquait à une cuisse de poulet. C'était elle qui décidait quoi manger et quand, maître Pasquale Riccio n'allait pas lui expliquer comment se nourrir. Pasquale pria pour que personne de sa connaissance ne passe à côté de leur table, sur le bord de la via Foria : lui qui désormais mangeait même les moules avec des couverts, il regarda la Dépareillée dépiauter la cigale de mer et pensa que ce n'était pas l'amour qui foutait la vie en l'air, mais le sexe.

Le problème, c'était qu'au début, l'amour et le sexe ne faisaient aucune différence : au bout de quelque temps, on saisissait si du sexe pouvait naître l'amour, mais avant, c'était une farandole des sens et, les nerfs tout jouasses, on prenait des vessies pour des lanternes. Le sexe occupait toute la place et condamnait deux personnes à rester collées comme des aimants : on commençait à dormir ensemble après une partie de jambes en l'air, puis à manger ensemble, à faire des gosses, et on finissait par se tenir l'un l'autre la porte ouverte quand on allait aux chiottes. Le sexe brouillait tout, on n'y comprenait rien, à cause de lui on commettait des violences, parce que le cul, c'était jamais subtil ou délicat : là où il y avait du sexe, c'était le bazar, le ciel se déchirait, on bouffait des kilomètres pour recevoir un baiser à un endroit précis de son corps, on s'engueulait avec sa famille pour ne pas renoncer à des fossettes ou au galbe pur et souple d'une paire de hanches.

Combien de femmes auraient pu lui offrir les mêmes parties de baise que la Dépareillée, voire de meilleures ? Avec combien de femmes aurait-il pu faire des gosses ? Pourquoi avait-il donc arrêté sa route à son entrejambe à elle ? Il avait peut-être épousé la Dépareillée parce que c'était la première avec qui il avait baisé dans les règles de l'art. Il s'en souvenait encore, de Graziella, la première fois qu'il l'avait vue : une Madone noire, la figure peinturlurée et une petite couronne sur la tête, une perle éblouissante à l'enterrement, une sirène de Forcella dans la sinistrose et la suie de la foule. Et le coffre qu'elle avait, Graziella ! Ses cris faisaient trembler les pigeons perchés sur les corniches des immeubles, ils ouvraient les cercueils et réveillaient les morts.

Tout le monde le lui avait dit, à Pasquale Riccio, surtout les femmes de sa famille : celle-là, l'est mauvaise. Celle-là, l'est mauvaise, c'est une jeteuse de sorts, une diablesse, une sorcière. C'est une pouilleuse qui écrase les poux sous ses talons, disaient les femmes de la famille Riccio. Mais c'était trop tard, il ruisselait de désir, il était irrigué d'envie d'elle, ivre de cette taille qui lui faisait tourner la tête comme une vieille *grappa*. Celle-là, elle fait des maléfices, disaient les femmes Riccio, celle-là, elle vient de nulle part, sa famille est misérable, des gens qui seraient capables de voler le sang de San Gennaro pour le mettre dans la sauce de leurs pâtes.

Pasquale Riccio continua de regarder sa femme, qui grattait avec ses dents la chair du crustacé restée sur la carapace. Il pensa à leurs enfants, à Minuccia, qui ne voulait pas retourner au lycée. Il lui servit un peu de vin.

— Graziè, t'en penses quoi de cette histoire comme quoi Minuccia veut plus aller à l'école ?

Discuter de ça avec la Dépareillée lui faisait bizarre, sa voix sonnait faux, et pourtant c'était bien ce qu'un mari et une femme devaient faire : échanger, débattre de leurs problèmes, parler de leurs enfants et décider ensemble de la marche à suivre.

— Quoi ? L'est plus obligée d'y aller, à son âge, hein.

La Dépareillée se suça un doigt couvert de sauce grasse. Une lueur violente avait traversé ses yeux à la question de son mari.

— Bon, d'accord, mais par contre Uvaspina ira à la fac, qu'il le veuille ou non, lui au moins il a eu son bac. On va en faire quoi, d'une fille sans diplôme ?

Pasquale Riccio observa sa femme s'essuyer la figure d'un geste rageur.

— Qu'est-ce tu veux dire ? Les gens sans diplôme sont des crétins, peut-être ? Peuvent pas s'en sortir ? Pour toi, je suis la dernière des connes, en fait.

La Dépareillée roula sa serviette en boule.

— Tu vois comment t'es, Graziè ? Est-ce que quelqu'un a dit ça ? C'est pas possible de parler avec toi.

Pasquale but une gorgée de vin. La Dépareillée aussi, manquant de s'en verser dessus.

— Fais ce que tu veux. Moi je m'en mêle plus, vu que clairement tu me prends pour une imbécile.

Elle sauça son assiette avec une tranche de pain, il ne restait plus qu'un bout de cigale de mer accroché à la carapace, qui brillait au milieu de la tomate.

— T'as vu, il reste un peu de *magnosa*, Graziè, fit-il remarquer.

— Ça s'appelle *zoccola di mare* ! Arrête de faire le savant avec moi, Pasquale Rì !

La Dépareillée montra ses dents entre ses lèvres luisantes d'huile.

À cet instant, Pasquale Riccio sut que Minuccia ne retournerait pas en cours. Forcer sa fille à reprendre le lycée n'aurait signifié qu'une chose pour la Dépareillée : mépris, humiliation et déshonneur, pour ceux qui, comme elle, n'y avaient jamais mis les pieds. Il comprit qu'il ne pouvait pas remporter cette guerre, et concéda cette triste petite victoire à la Dépareillée. Toute façon, elle se comportait comme un chien de berger avec sa fille, pas moyen de la faire cogiter, y avait plus rien à faire. Que Minuccia suive donc sa voie, qu'elle lève le camp, l'avait la cervelle pourrie, comme sa mère, la cervelle des gens de Forcella.

Pasquale Riccio maudit toute chose.

Il maudit le sexe, la beauté de la Dépareillée qui l'avait attiré à lui puis s'était fanée comme une fleur sauvage. Si elle n'avait pas fané, il n'aurait pas eu besoin de chercher d'autres femmes. Il maudit également les mises en garde des femmes de sa famille, dont il n'avait rien eu à branler. Il maudit le cercle, Porzio, sa gonzesse et Crescibene aussi, il maudit Carlo Di Martino, qu'avait crevé dans cet accident et traînait au purgatoire, et pour finir il maudit ses enfants, c'était mieux quand ils n'étaient pas là, leur existence ne lui causait que des problèmes. Il aurait mieux valu ne pas les mettre au monde, ne pas les concevoir, ou bien les abandonner à la naissance. Ou alors les tuer, les fourrer dans un sac et les noyer dans une rivière, comme une portée de souriceaux. S'il n'y avait pas eu les enfants, sa femme serait peut-être restée Graziella pour toujours, elle ne se serait pas pris les pieds dans cette version désastreuse d'elle-même nommée la Dépareillée. Elle serait restée Graziella pour toujours, sa Graziella, pensa Pasquale.

Quand le sorbet au citron arriva, le mari et la femme le mangèrent dans un silence de mort. Ils n'échangèrent plus un seul mot. Après le dessert, Pasquale Riccio se leva pour aller payer, et sa femme le suivit : l'intérieur du restaurant, entièrement blanc et bleu, était supposé évoquer un bateau de pêche. Il était orné d'aquariums de la taille de buffets contenant des langoustes aux déplacements synchronisés, de filets et de photos en noir et blanc de types qui tenaient des poissons aussi gros que des ours polaires.

À la caisse, Pasquale tomba sur Franco Valenza, un ancien camarade de classe : une de ces personnes dont on oublie l'existence parce qu'elles restent strictement identiques au fil du temps.

— Pascà, Sainte Vierge ! Ce que t'es devenu moche !

Valenza prit Pasquale Riccio dans ses bras, sincèrement heureux de le voir.

— Toi, toujours beau gosse, par contre.

Pasquale Riccio subit l'étreinte rêche et envahissante de son ancien camarade, qui avait aussi conservé son odeur de soupe laissée à l'air libre.

— Je sais pas ce qui t'est arrivé, mais ça t'a pas réussi. Allez, ce soir, c'est moi qui régale, qu'on s'est pas vus depuis le règne de Ferdinand Ier !

Pasquale Riccio ne fut pas loin d'embrasser son ami sur la bouche : certes, inviter sa femme au restaurant, c'était sympa, mais c'était une dépense. Et puis, avec les soirées au clair de lune, le merdier au cercle, mieux valait se serrer la ceinture pour pas se retrouver le cul à l'air.

— Qu'est-ce tu veux que je te dise ? Non ? Merci beaucoup, fit-il en ajustant son foulard.

— Hé hé, il refuse pas, le gredin. Allez, on fait comme ça, cette soirée t'a déjà coûté cher, Pasquale Rì, commenta Valenza en faisant un clin d'œil pour indiquer la Dépareillée.

— T'es venu un peu tard manger ta soupe de moules, j'espère qu'elle te restera pas dessus le bide, Valè, l'apostropha Pasquale Riccio, tentant de plaisanter à son tour.

— Je crois bien que toi aussi t'auras quelque chose qui te restera dessus le bide, si tu vas au pieu avec cette grosse vache. Hé, t'aurais pu me dire que tu t'étais fait plaisir, j'aurais pas payé la note, ça coûte un œil, la *zoccola di mare*.

— On dit *magnosa*, Valè.

Valenza lui donna une bourrade avant de se diriger vers sa table.

— La prochaine fois, c'est toi qui craches le pognon, Pasquale Rì… et je te jure que je prendrai un crabe, le crabe bizarre, là, qui coûte autant qu'une céramique de Positano.

Les deux anciens camarades se saluèrent en se promettant des dîners à base de crabe, langouste et homard, tout en sachant très bien qu'ils ne se reverraient pas.

La Dépareillée attendait à quelques pas en regardant un aquarium qui contenait des gambas violettes aux très longues antennes : elle n'avait pas perdu une miette de l'échange entre son mari et Valenza.

Pasquale et elle ressortirent au moment même où la pluie commençait à tomber, et il leur fallut courir jusqu'à la voiture. Les orages de septembre à Naples ne durent qu'un instant mais ruissellent sur toutes les corniches et douchent les passants.

Dès qu'elle monta dans la voiture, la Dépareillée enleva ses bottes en cuir détrempées. Autrefois, elle aurait fait feu de tout bois pour démontrer à son mari et à la terre entière qu'elle n'était pas une grosse vache. Elle aurait forcé Pasquale Riccio à s'arrêter au bord d'un fossé pour lui prouver qu'elle n'avait pas perdu son talent, et elle aurait peut-être même attrapé Franco Valenza pour lui dire : « Tu vas voir ce qu'elle sait faire, la grosse vache. »

Avant de démarrer, Pasquale essaya de lui donner un baiser, pour se rappeler la texture de la peau de sa femme. Depuis combien de temps n'avait-il pas fait cela ? Depuis combien de temps n'y avait-il plus qu'une cigarette dans la bouche de la Dépareillée ? Quand il s'approcha, la Dépareillée sentit son haleine : elle avait changé, ce n'était plus celle de l'époque de leurs virées sur la côte amalfitaine, où il avait un souffle de gosse, un souffle vierge. Elle avait pris la virginité de son mari et l'avait sirotée comme une liqueur : Pasquale, le petit jeune qui ne savait pas comment la toucher quand ils s'isolaient dans le bois. Elle l'avait pris vierge et innocent, lui qui ne connaissait que les taloches de son père et jouait les fiers-à-bras avec les femmes sans jamais aller plus loin. Graziella avait fait de lui un homme, elle lui avait appris à embrasser, mordre, caresser, lécher et demander pardon, elle lui avait mis deux gosses dans les bras. Pasquale essaya de l'embrasser et elle sentit que de la bouche de son mari s'échappait désormais une haleine de vieux. Une haleine qui puait les mensonges : de sales mensonges à l'odeur de friture, de fruits de mer et de mercredis soir. Non plus l'odeur familière des baisers de son mari, mais la puanteur de toutes les soirées où il l'avait laissée mourir et ressusciter. Combien de fois l'avait-elle prié comme un seigneur, « Pascà, on se fait un resto ? Pascà, emmène-moi à tel endroit », combien de fois aurait-elle voulu se lever de son lit du vico Belledonne, devenu le linceul de sa souffrance, modelé par ses cuisses et par son cul ? Combien de fois aurait-elle voulu se coiffer et se farder pour retrouver cette lueur combative née à Forcella ? Et elle restait toujours claquemurée dans cet appartement, épiant à la fenêtre et oubliant son passé de pleureuse, magicienne, ensorceleuse, *bella 'mbriana*. Qui pouvait-elle encore ensorceler ? Chaque mercredi, il l'avait abandonnée en train de se tordre comme une larve sur leur lit, et sa seule consolation avait été les cigarettes de contrebande, ces clopes bulgares au goût d'ammoniac. Ses clopes et ses gosses.

Minuccia, sa Minuccia chérie que personne ne comprenait, sa miniature, Minuccia dans son ventre, Minuccia qui tapait, Minuccia qui ne voulait plus aller au lycée et ce n'était pas un problème : l'école n'était pas le sésame pour devenir quelqu'un de bien, Pasquale Riccio devait le comprendre, sa femme n'était pas débile, elle n'était pas idiote. Elle avait bien voulu passer pour une conne afin d'éviter la guerre, mais elle comprenait tout. Minuccia identique à elle, Minuccia qui était son souffle. Minuccia qui pleurait et passait une main sous son nez tous les mercredis soir pour voir si elle respirait encore, Minuccia qui miaulait et ronronnait sur sa poitrine et se collait à ses seins en disant : « Maman, toi tu iras pas au cimetière, hein. »

La Dépareillée esquiva le baiser de Pasquale, se tourna vers la vitre et regarda les gouttes couler et se diviser sur le verre, comme les filets de salive d'un crachat. Il resta immobile, les lèvres tendues dans le vide.

« Tu vas pas aller au cimetière, maman, tu dois rester avec nous. » La Dépareillée l'entendait encore, il lui semblait que Minuccia était assise sur la banquette arrière. Filomena, Mina, Minuccia, assise à l'arrière, ombre aussi grise que la pluie, les regardant de ses yeux qui dévoraient la nuit. Filomena, Mina, Minuccia, fœtus pétrifié qui n'avait jamais arrêté d'habiter le corps de la Dépareillée ; Minuccia mouche, moustique, moucheron et papillon, Minuccia accrochée à son sein, Minuccia sortie de son ventre. « Tu vas pas mourir, maman », et c'était peut-être pour elle que la Dépareillée ne s'était pas foutue en l'air, elle était restée vivante seulement pour l'entendre dire : « Tu vas pas mourir, maman. » Filomena, Mina, Minuccia la folle, qui riait sur la banquette arrière et applaudissait en s'écriant : « Maman, tu vas pas aller au cimetière ! » ; Filomena à quatre ans avec ses tresses, Mina qui donnait des coups de pied à sa maman. Minuccia, Minuccia, Minuccia, la Dépareillée répéta mille fois son nom dans le noir, sa bouche s'entrouvrait comme celle d'une carpe hors de l'eau, et elle sentait le contact de sa fille juste en dessous du nombril, d'où Minuccia était sortie, laissant une béance aussi grande que le centre de la Terre.

Pasquale Riccio resta les lèvres tendues vers la Dépareillée pendant trente secondes pour lui laisser la possibilité de changer d'avis. Dans une autre vie, Graziella l'aurait touché. La Dépareillée, elle, chercha une cigarette.

29

Quand ils rentrèrent chez eux, Uvaspina et Minuccia dormaient déjà. Il faisait frisquet dans l'appartement, la soirée était automnale.

La Dépareillée se déshabilla et enfila une robe de chambre initialement blanche et rouge, mais désormais grise et orangée, délavée par le temps : elle gardait toujours tout, en vertu du vieil adage familial qui affirmait : « Rien ne se jette. » Son paquet de cigarettes était vide. Elle s'étendit sur son lit et réfléchit à une stratégie pour tenir jusqu'au lendemain matin : il restait des mégots dans le cendrier, il était encore possible de tirer trois ou quatre taffes sur certains. Elle entendit, tout doux, les pas de son mari qui arrivait. Elle sentit son haleine : il ne s'était pas lavé les dents, son souffle suintait l'ail et le persil.

Pasquale Riccio se mit au lit et essaya encore d'embrasser sa femme, qui s'était couchée sur le côté : il ne voyait que sa robe de chambre, qui se gonflait un peu au rythme de sa respiration. Elle se tourna encore plus : alors, Pasquale glissa une main entre ses jambes, dans ce geste qu'elle avait toujours beaucoup aimé.

La Dépareillée prit la main de son mari : d'abord, elle la pressa un peu sur son ventre, pour au moins se rappeler sa forme. Elle toucha un à un ses doigts sur sa chair, puis elle le repoussa.

Il la toucha de nouveau entre les cuisses, dans un dernier essai, espérant que ses mains, glissées dans sa culotte, réveilleraient Graziella. La Graziella qu'il connaissait se serait déshabillée et l'aurait enfourché dans un mouvement cruel et satisfait, sans lui laisser le temps de dire ouf.

Mais plus les mains de son mari se mouvaient entre ses jambes, plus la Dépareillée se refermait. Ces mains étaient vulgaires, sales, froides, elles apportaient une consolation minable : ces mains ne donnaient pas de plaisir, elles faisaient l'aumône, tendaient un quignon de pain rassis. Elle les serra une dernière fois, puis les enleva d'elle : alors, Pasquale Riccio arrêta ses tentatives et éteignit la lumière.

La Dépareillée resta les yeux grands ouverts dans le noir, et en cet instant les cris poussés par les *zoccole di mare* dans sa ruelle de Forcella lui revinrent en mémoire.

Pasquale Riccio quitta le lit : sa femme ronflait avec son bourdonnement de bête haletante. Il chercha une cigarette et alla sur le balcon de la salle à manger : il n'y avait pas un chat dans la rue. Puis il alla débrancher le téléphone sur le petit meuble à côté du frigidaire et l'emporta dans le salon pour le brancher à côté du balcon. Au bout de trois sonneries, quelqu'un décrocha.

— Laisser les gens dormir, ça ne se fait pas chez toi, Pasquale Rì ?

Son interlocuteur avait la voix pâteuse : l'appel l'avait sans doute tiré d'un sommeil profond.

— Pardon, t'es peut-être pas habitué à avoir le téléphone qui sonne en pleine nuit, s'excusa Pasquale d'une voix craintive, sans savoir pourquoi.

— Ça fait deux semaines que je l'ai, le téléphone, je ne suis pas habitué à ce qu'il sonne tout court, cet engin, ce n'est pas comme toi.

Son interlocuteur toussota dans le combiné.

— Écoute. Je sais qu'il est tard, et je m'en excuse, mais tu viens après-demain soir, c'est sûr, hein ?

La voix de son interlocuteur devint soudain limpide.

— Comment ça, après-demain soir ? Déjà, Pascà ? On ne peut pas plutôt se dire la semaine prochaine ? C'est maintenant que tu me préviens ?

— Oui, désolé, c'est un peu à la dernière minute, ça te laisse pas trop le temps de te retourner, mais comprends-moi. T'arriveras à être là ? T'es un bon gars, je sais que t'es quelqu'un de sérieux. Me mets pas en difficulté toi aussi.

Pasquale Riccio attendit patiemment une réponse, l'air frais qui venait du balcon lui piquait le visage.

— Bon, ben d'accord, Pascà. J'apporte quoi ?

Il respirait fort, Pasquale Riccio entendait son souffle rauque.

— Quelle question ! Ce que tu veux, c'est un moment important, prends le dessert par exemple, je m'occupe du vin.

Pasquale Riccio esquissa un sourire tendu, comme si son interlocuteur pouvait le voir.

— Alors, je passerai chez Scaturchio avant de monter chez vous, d'accord ?

— Parfait. Considère-toi comme un gars casé. Allez, au lit, maintenant.

Pasquale Riccio raccrocha avec un bruit sec, en espérant ne pas avoir réveillé ses enfants. Sa femme, elle, aucun risque, rien, pas même l'éruption du tuf jaune napolitain, ne l'aurait tirée de son sommeil.

Dans la chambre d'Uvaspina et Minuccia régnait un silence candide et inusuel, seulement interrompu par un moustique qui dévorait le pied droit de Minuccia. Uvaspina sortit de son lit : depuis toujours, il lui arrivait de se lever en pleine nuit pour aller aux toilettes.

— Tu bois trop de flotte avant d'aller te coucher : après, tu passes ta nuit à faire une procession entre ton pieu et les chiottes, fit Pasquale Riccio en lançant un regard de travers à son fils à demi nu.

Ce soir-là, Uvaspina ne portait qu'un slip noir. Le regard de Pasquale atterrit précisément là, entre les jambes de son fils : il ne l'avait jamais vu aussi peu vêtu, à part à la mer, mais ils n'avaient pas passé une journée tous ensemble dans le Cilento ou au Bagno Elena depuis l'époque de Masaniello.

— Couvre-toi.

— Et pourquoi ?

Uvaspina se frotta les yeux et tira son slip vers son nombril.

— Parce que tu peux pas te balader comme ça.

Pasquale Riccio éprouvait une gêne, comme si un insecte préhistorique se promenait dans ses pensées et le poussait à regarder l'entrejambe de son fils, puis le piquait pour lui faire détourner les yeux.

— Je suis chez moi.

Uvaspina pivota vers la salle de bains, mais la voix de son père l'arrêta.

— Couvre-toi, je t'ai dit.

Inconsciemment, Pasquale voulait que son fils reste un peu avec lui et lui laisse le temps d'inspecter d'un œil chirurgical l'anguille qu'il avait entre les jambes :

il voulait étudier ses lignes, ses renflements, sa souplesse, sa ressemblance éventuelle avec la sienne, et il craignait un début d'érection. Moins il voulait regarder, plus l'insecte préhistorique dans sa tête le forçait à fixer le sexe d'Uvaspina.

— Oh, c'est quoi le problème, à la fin ? Je vais juste aux chiottes ! Il se passe quoi, là, papa ?

Cette voix n'était pas celle d'Uvaspina. Ou plutôt, il l'avait toujours eue mais personne ne l'avait jamais entendue : perpétuellement atrophiée, écrasée et opprimée, rouge-gorge menu dans un poing fermé qui n'avait jamais eu le courage de chanter.

— T'as dit quoi ? Vas-y, répète un peu.

Pasquale se surprit à trembler : frémissant, il se força à lever la tête pour le regarder en face. Mais les yeux collés de sommeil d'Uvaspina recelaient une braise plus ardente que la lune rousse qui veillait dans l'embrasure du balcon. Son fils le fixait, immobile, droit, le regard lumineux, sans dire un mot. Ils étaient face à face : un vieux chien aux cheveux poivre et sel et aux dents jaunies par le tabac, à la peau grisâtre et asphyxiée et aux poils épais sortant de son nez ; un beau jeune gars, à la peau blanche de cygne altier, aux cheveux ébouriffés et aux yeux neufs, qui commençaient à s'habituer à la lumière sur ce visage accoutumé à la pénombre.

Pasquale Riccio sentit ses mains, ses doigts, ses articulations le démanger. L'insolence inédite d'Uvaspina avait provoqué en lui un fourmillement, une agitation viscérale, un empagaillement de sentiments honteux et sanguins qui le conduisaient en fin de compte toujours à regarder là où il ne voulait pas. Leurs corps étaient proches, et le père put sentir l'odeur de transpiration, d'hormones et de guerre qui émanait de son fils.

— Couvre-toi et va te coucher. Allez, grouille, fit Pasquale pour mettre fin à sa gêne.

— Je vais pisser et tu vas me laisser passer.

Uvaspina toisa son père et celui-ci lui parut petit : après un certain âge, les hommes commencent à se tasser, à se racornir et à céder devant la vie qui veut les faire redevenir des petitous, des nourrissons pas très dégourdis.

Et Pasquale Riccio se sentit tout gosse devant ce fils qui lui avait toujours paru le dernier des crétins, la honte de sa vie. Uvaspina était en face de lui, plus grand que lui, dans une nudité blanche et effrayante qui ruisselait de sang, de santé, de jeunesse sauvage. Le père observa le fils, peut-être pour la première fois, et inspecta sa mâchoire carrée, ses joues imberbes, son menton saillant, sa pomme d'Adam, son ventre glabre, seulement moussu de poils à la lisière de son slip, et dans son slip se cachait son anguille, et Pasquale Riccio ne voulait pas la regarder, mais il la regardait, et dans cette anguille se cachait son enfant mâle.

Il revit Uvaspina à l'église pour la confirmation de Minuccia : Uvaspina qui marchait en roulant du cul, Uvaspina avec sa voix aiguë efféminée, de *femminiello*. Uvaspina qui ne sortait jamais en bande avec ses camarades, Uvaspina qui écrivait des trucs bizarres et lisait les morts. Uvaspina qui était sa honte, l'enfant mâle qu'il avait toujours caché à tout le monde. Uvaspina qui avait tué Carmine Riccio en naissant fruit, un fruit qui n'avait pas sa place à Naples, car l'*uvaspina*, la groseille à maquereau, naissait au frais, sur les sentiers couverts d'herbes et de feuilles, mais ce fils était si étrange qu'il brouillait les saisons, les températures, le climat, tout. Qui était ce grand jeune homme, qui donc l'avait mis au monde, que lui voulait-il ?

— Va te coucher, l'est tard, répéta-t-il sans conviction.

Il éprouvait un sentiment chaud, proche de la peur, car il percevait la fumée et la puissance qui émanaient de cette peau élastique aussi tendue qu'une fronde.

— Je dormais, tu sais. C'est tes blablas au téléphone qui m'ont réveillé.

Uvaspina s'ébouriffa les cheveux, puis les remit en place.

Pasquale sentit toute la gouaperie de ce fils qui lui semblait être devenu autre, une autre chair plus forte que la sienne. Quand Uvaspina avait prononcé le mot *téléphone*, un postillon avait atterri sur sa joue. Il frissonna de plaisir et de gêne à ce contact avec les humeurs de son fils, comme si elles ne lui appartenaient pas, comme si cette salive ne contenait pas son patrimoine génétique, mais un autre amas de cellules.

Uvaspina se tenait la tête haute, la bouche mi-close et le cou tendu, traversé de veines solides, lesquelles lui avaient toujours fait l'effet de filaments mous, de nervures sur le corps fragile d'une feuille, et qui pourtant cette nuit étaient des tiges d'acier.

Et sur son cou tendu, une tache. Pasquale Riccio la scruta : elle était violacée, couleur de moût, de prune, de mûre, mais aussi des bleus que bien des années avant il faisait à la Dépareillée, quand il se penchait sur son cou et sur ses seins et suçait, suçait, laissant la trace de son passage, sillage d'un Éros repu. Ce bleu sur le cou de son fils était ouvert comme une pensée sauvage : de toute évidence, l'empreinte de deux lèvres. Lèvres animales, lèvres d'un être qui avait embrassé, goûté et aimé Uvaspina, au point de lui laisser sa marque et Dieu sait quoi d'autre.

Pasquale Riccio fut pris de tournis, il ne parvenait pas à soutenir le poids de ces lèvres qui avaient sucé la peau de son fils, qui lui crachaient la vérité en pleine tronche : Uvaspina existait. Il existait en dehors de cet appartement, en dehors de Chiaia, en dehors de Minuccia, en dehors de lui. Il existait en tant qu'homme et il existait dans la bouche de la personne qui l'avait embrassé.

Il chercha instinctivement une cigarette dans sa poche, et ce geste signifiait capitulation, prétexte pour s'éloigner du corps de ce fils qui criait violence et jouissance, vie et liberté.

— Je parlais au téléphone avec le prochain gars qui va se récupérer ta sœur, fit-il en s'allumant une cigarette, et ces mots étaient supposés lui conférer un dernier semblant, désespéré, d'autorité.

Mais c'était une autorité en carton-pâte, crédible ni pour lui, ni pour Uvaspina, ni même pour le dernier clochard dans la rue.

— Un autre ?

Uvaspina éclata de rire, une cascade dans le silence de l'appartement.

— Et Minuccia va le faire crever, celui-là aussi ?

Pasquale sentit la saveur du goudron et de la nicotine, plus âcre que d'habitude. Il regardait Uvaspina avec effroi : où allait donc son fils ? Il sortait souvent, avec qui couchait-il ? Il avala la fumée de travers en pensant à ces lèvres sur sa peau, qui descendaient sur son cou et le suçaient, il eut une quinte de toux en imaginant Uvaspina nu et enroulé à un autre corps.

Le corps blanc et luisant du fils poussait un cri victorieux, un cri vital, ce jeune homme en slip qui allait pisser avait tué le père. Le fils avait tué le vioque, tout ce qui lui restait, c'était geindre et faire pitié comme tous les vieux qui considèrent la vie comme une fête finie, car c'est au tour des suivants d'enfiler leur meilleur costume et d'allumer les lumières.

— Hein, papa ? Minuccia va le faire crever, celui-là aussi ?

Uvaspina ricanait, son rire était un coup de poing que Pasquale reçut en pleine gueule.

— Non, celui-là, il va pas mourir. Le seul qui va crever, c'est moi si je reste dans ce merdier.

Il s'écarta de son fils et tira une dernière fois sur sa cigarette.

Dehors, la lune brillait avec une puissance sanguine, les yeux fixés sur la ville qui reprenait vie après la pluie : Naples était une gosse venant de pleurer, au visage embelli et lavé par les larmes.

Uvaspina souhaita une bonne nuit à son père et alla enfin pisser.

30

Ce jour-là, il se sentit ému dès l'aube. Il ne pouvait rien y faire, Antonio c'était du sérieux : quand il était question de ce dernier, l'euphorie s'emparait de lui et tout en lui se mettait à osciller entre la fête et le deuil.

Ce soir, ils se verraient au palais Donn'Anna, et Antonio ne sortirait pas de chez une fille aux cheveux bouclés, son cou ne sentirait pas les fleurs. Il se languissait de son corps, même si leur dernier rendez-vous remontait à quelques jours auparavant seulement : quand il passait plus de vingt-quatre heures sans sentir les mains d'Antonio sur lui, Uvaspina était comme un amputé qui a mal à son membre fantôme. Au bout de seulement un jour sans lui, sa peau commençait à flétrir ; à l'inverse, en présence d'Antonio, ses pépins se remettaient à étinceler l'un après l'autre et il avait l'impression que rien ni personne ne pourrait plus jamais extraire son jus.

Il commença à se préparer dès l'après-midi, profitant du fait que l'appartement était vide. Pasquale Riccio était au cercle, comme toujours. La Dépareillée avait tenté de convaincre Minuccia de la suivre chez Annalisa, l'esthéticienne aux doigts de fée qui transformait vos pieds en petits bijoux : qu'est-ce que ça lui coûtait de se faire bichonner les ongles et enlever les cals ?

Minuccia avait refusé. Elle avait passé toute la matinée au lit, puis s'était levée tard et n'avait rien voulu manger, pas même un peu de pâtes. Après, elle était sortie sans rien dire. À la vérité, depuis la mort de Carlo, son comportement était vraiment étrange, et la Dépareillée avait essayé d'enquêter. Qu'est-ce t'as, Minù ? T'as l'air ailleurs, Minù, à quoi tu penses ? Elle avait posé ces questions avec douceur, cherchant à comprendre ce qui pourrait lui faire plaisir. Mais Minuccia était restée mutique.

Le changement de comportement de sa sœur n'avait pas échappé à Uvaspina, mais il s'était pris une petite liberté : celle de s'en foutre. Il avait passé sa vie à serrer les dents et à servir de défouloir aux caprices de la foltoupie, à présent tout ce qui comptait pour lui, c'était Antonio et leurs rendez-vous. Une fois de temps en temps, il avait le droit d'être égoïste : depuis qu'Antonio était entré dans sa vie, il n'arrivait plus à réfléchir et à se concentrer sur autre chose.

Il fit d'innombrables passages devant le miroir du salon en argent laqué, puis dans la salle de bains, où il se rinça le visage, se coupa les ongles des pieds, qui commençaient à ressembler à des griffes. Par moments, il lui fallait s'interrompre parce que son cœur battait trop fort, alors il allait se jeter sur le lit de ses parents pour comprimer ce charivari dans sa cage thoracique.

Pour faire passer le temps plus vite, il rangea des petits soldats de son enfance, fit la poussière dans sa chambre et réaligna les bibelots décoratifs, coupelles émaillées et petits poissons en verre. Il sortit acheter une glace chez Mennella : il se mit à la manger sans même en sentir le parfum et, ayant compris qu'il n'en voulait pas, il la jeta à un chien boiteux qui la renifla et se mit à aboyer.

Peu avant dix-huit heures, il apporta les touches finales à ses préparatifs : il s'enleva les petits poils qu'il avait sur les joues et le menton avec une pince à épiler de la Dépareillée, puis il se mit un peu de talc sur le visage sans savoir pourquoi, peut-être pour faire comme à la télé. La poudre le fit éternuer : il dut boire deux verres d'eau pour calmer l'irritation, angoissé à l'idée d'avoir avalé du poison. Il enduisit de gel les cheveux qui retombaient toujours sur son visage, mais il força la main et quelques mèches devinrent dures et huileuses : il passa sous la douche pour se refaire un shampoing. Enfin, il se tartina le visage d'une crème de la Dépareillée, à l'odeur de pommade et de rose mûre.

En se préparant, il se sentit comme les bêtes qu'il avait parfois vues aux marchés aux bestiaux pour la Saint-Antoine : ces chevreaux et ces veaux aux yeux brillants d'espoir que l'on lustrait pour attirer le chaland. On les engraissait ou, à l'inverse, on veillait à leur maigreur, on les préparait et les enduisait d'onguents pour attendrir leur chair et la rendre plus juteuse. Uvaspina se regarda dans la glace et cligna des yeux.

Chaque petite ride qui froissait sa peau badigeonnée de crème, chacun de ses cheveux façonné par le gel, chaque empreinte digitale qui se posait sur les flacons et les savons, tout devait contribuer à le transformer en victime sacrificielle parfaite : un *criaturiello* zélé et docile, qui se faisait beau pour son amour.

Dans un placard de la salle de bains, il trouva des cigarettes toutes fripées datant de la Préhistoire, qui devaient donner une haleine de fennec. Uvaspina n'avait jamais fumé, il en prit une et s'étouffa dès la première bouffée : il voulait empuantir l'appartement pour chasser la sensation aiguë de se préparer pour aller à l'abattoir. Une, deux, trois taffes, huit, dix, pour jouir de cette sensation très douce, obscène et terrible. Une floraison douloureuse et souterraine advenait dans son corps, comme si une série de cellules closes et secrètes bourgeonnaient simultanément.

En arrivant à proximité du palais Donn'Anna, Uvaspina s'aperçut qu'il avait marché dans une crotte de chien. Il frotta son pied dans l'herbe du jardin public de Mergellina et réussit plus ou moins à nettoyer sa semelle, espérant qu'Antonio ne se rendrait compte de rien. Il alla s'asseoir sur la petite plage à côté du palais. À cette époque de l'année, il n'y avait presque personne, juste les derniers touristes, qui photographiaient tout, même les pierres, pour s'en retourner dans le Nord et raconter que les pierres de Naples étaient différentes, exotiques.

Il attendit. D'habitude, Uvaspina n'avait pas à patienter longtemps avant qu'Antonio apparaisse sur les marches du petit escalier qui descendait sur le rivage, et même, en général, c'était lui qui arrivait en retard parce qu'il faisait de plus petits pas qu'Antonio, lequel semblait dévorer la ville avec ses grandes enjambées précises.

La nuit tombait et toutes les lumières des restaurants s'allumèrent en même temps. Les balcons des appartements donnant sur la mer, seulement habités par des vieux qui sortaient en pantoufles, commencèrent à s'éclairer aussi.

Pour tuer le temps, Uvaspina fit quelques pas en direction de la plage des Monache, mais juste quelques pas, car Antonio devait le trouver à leur point de rendez-vous habituel. Tout en se déplaçant, il gardait à l'œil les marches qui partaient du bitume, d'où Antonio apparaîtrait comme le *monaciello* qui surgit de sous le lit.

Après moins de trois minutes de promenade, il fit demi-tour et revint à l'endroit où Antonio se matérialiserait. Il pensa si fort à lui que les traits de son visage se déformèrent, tendus vers son évocation : il l'invoquait en regardant les plantes assoiffées sur les vérandas des restaurants et le rougeoiement opaque des lanternes sur les terrasses.

Aucun des jeunes hommes qui passaient n'était lui : leur démarche, leur chevelure, leur expression, si différentes de celles d'Antonio, faisaient à Uvaspina l'effet d'un coup de poing dans le front, comme si tous ces étrangers avaient plaisir à lui balancer à la figure qu'ils n'étaient pas la personne qu'il attendait.

La nuit finit de tomber, légère et lumineuse. Une nuit où il commençait déjà à faire frisquet, une nuit à prendre une veste si l'on voulait rester devant le palais Donn'Anna. Uvaspina enleva machinalement ses chaussures et les posa sur une marche. Il se dirigea vers la mer, les bras ballants et le dos voûté, dans une lourdeur sans grâce.

Quand l'eau tiède effleura ses gros orteils, il pensa que s'il essayait de se noyer une nouvelle fois, Antonio arriverait pour l'attraper par un pied. *Sauve-moi, sauve-moi, Antò*, se répétait-il en regardant la surface sombre de la mer. Mais il se sentit pathétique et s'en revint à l'escalier ; son projet avait été de si courte durée qu'il n'était mouillé que jusqu'aux chevilles. Il s'assit et inclina la tête, concentré, peinant à rassembler ses pensées : le rire d'Antonio trottinait dans son esprit comme une souris.

Il était neuf heures passées et déjà quelques clients commençaient à quitter les restaurants, le ventre plein : Uvaspina pensa aux vies tristes des personnes qui mangeaient avant neuf heures, mais jamais aussi tristes que la sienne en cet instant.

Soudain, il eut une illumination et se sentit imbécile de ne pas y avoir pensé plus tôt : le cabanon de pêche. Il était peut-être là ? Il s'élança avec une souffrance innocente dans la bouche, la souffrance presque joyeuse de qui se prépare à voir son cauchemar s'achever. Mais celle-ci redevint poisseuse et ardente quand il constata que le cabanon était fermé, que même lui l'avait trahi. Et du haut de son architecture humble, à taille réduite, le cabanon le fixait comme pour se moquer de lui : sa souffrance se transforma en désespoir asphyxiant qui palpitait, par flashs. Comment même cet endroit pouvait-il l'avoir pris pour un imbécile ? Comment cet endroit pouvait-il exister sans Antonio ? N'était-ce pas lui qui avait créé ce lieu et cette crique ? Antonio n'arrivait pas, il ne viendrait peut-être pas, il était tard, et, une douleur déserte dans le ventre, Uvaspina commença à se toquer les tempes les poings fermés, comme pour écraser l'endroit de son cerveau où se nichait la pensée lancinante d'Antonio. *Il va arriver, il va arriver, il va arriver*, se répétait-il, mais Antonio n'était pas là.

Il se remit à marcher et gagna l'endroit le plus fréquenté : de l'escalier descendaient seulement des messieurs en polo blanc et des dames à la nuque découverte et aux longues boucles d'oreilles.

Il va arriver, il a du retard, ou alors il y a des embouteillages dans la via Marina ou, je sais pas, il a un truc à faire sur sa barque, ou alors il a eu un accident, il s'est noyé, et il n'y avait personne pour l'attraper par un pied et le sortir de l'eau, et, sans s'en rendre compte, il était assis le menton sur les genoux, et ses genoux étaient trempés parce qu'il pleurait à chaudes larmes.

Antonio n'était pas là, non, il n'était pas là, c'était la seule vérité, aussi palpable et dramatique que le passage des siècles sur les murs du palais Donn'Anna. Il se sentit terriblement pathétique, pédé, comme tout le monde disait, et si bête de rester sur une marche à pleurer, le nez écrasé sur les genoux, les autres pouvaient recommencer à se moquer de lui comme ils l'avaient toujours fait, à se foutre de lui, parce que si Antonio n'était pas là, plus rien n'existait pour lui : n'importe qui pourrait l'écrabouiller sous son talon.

Il n'arrivait pas à arrêter de pleurer, ces sanglots étaient peut-être stockés dans son ventre depuis le soir dans la voiture sur le Vésuve, il n'en savait rien, mais il le devinait.

Antonio va arriver, je vais le voir, se disait-il. *C'est pas possible qu'il vienne pas, calme-toi*, se répétait-il, mais les gens qui descendaient sur la plage lui souriaient à la gueule pour lui montrer qu'ils n'étaient pas Antonio, ils n'avaient rien en commun avec Antonio. Et ils le lui faisaient bien comprendre, ces enfoirés.

Uvaspina sentit qu'on lui tapotait la tête.

— Hé, qu'est-ce t'as à chialer comme ça ? On dirait que tu pleures un mort ! cria un grand gars à la tête rasée qui portait une chemise en soie blanche.

— Quoi ? réagit Uvaspina, et il eut peur en entendant sa voix, nette, claire.

— Ça fait une heure que tu chiales, t'as l'air complètement à la masse ! fit le gars en s'allumant une cigarette sans filtre qui puait atrocement.

— Attends, mais qui est mort ? Antonio ? demanda Uvaspina, le souffle court.

Le gars éclata de rire et révéla ses dents : l'une d'elles était marronasse. Il sentait le brandy.

— C'est qui, Antonio ? Tu délires, mec. Allez, salut, et arrête de chialer.

Le gars disparut dans un nuage de fumée, soulevant un peu de sable dans la pénombre éclairée par les restaurants. Uvaspina fixa l'obscurité et cette chemise blanche qui s'éloignait.

Il parcourut la plage une dernière fois, comme un chien cherchant les empreintes de son maître dans la neige. Puis il revint à l'escalier et se remit à pleurer comme s'il pleurait un mort. D'habitude, on pleurait les morts pendant trois jours, pensa Uvaspina, mais trois jours sur cette marche, c'était pas possible, ça faisait trop mal au cul. Alors, il se leva et décida de continuer à pleurer chez lui.

31

Uvaspina parcourut tout le chemin du retour, de Posillipo à Chiaia, en pensant aux morts et aux cimetières ; un couvercle funèbre s'était abattu sur sa tête et ses pensées étaient scellées dans des cercueils en bois. Il sentait l'odeur des bougies, celles que la Dépareillée rapportait à la maison dans leur enfance, quand elle travaillait encore aux enterrements.

À mesure qu'il approchait de chez lui, cette odeur de cire se nuançait et évoluait, et elle se mua pour finir en puanteur animale. Une odeur de graisse et de poils.

— Qu'est-ce tu fais dehors avec cette casserole, Svetlà ?

Uvaspina se boucha le nez : Svetlana était pliée en deux, la ride verticale sur son front indiquait son effort. La casserole en cuivre dans une main, une bouteille en verre au long col dans l'autre, elle essayait de transvaser le saindoux brûlant dans la bouteille.

— Si je balance le gras dans les chiottes, après elles se bouchent.

La fumée qui s'élevait de la casserole pleine de saindoux grésillant lui piquait le nez.

— J'ai fait de la friture en pagaille : pizzas frites et *panzerotti*.

L'odeur, nauséabonde, envahissait tout : le saindoux commença à couler de la casserole, mais plutôt que dans la bouteille, l'essentiel atterrissait sur les pavés, se figeait dans la ruelle ; les chiens viendraient le lécher, puis il durcirait et ferait pour toujours partie du vico Belledonne.

Uvaspina salua Svetlana et entra dans la cage d'escalier. La même odeur y régnait, agrémentée de touches de sauce tomate. Plus il approchait de l'appartement, plus elle s'enrichissait : persil, tomate, morue.

Papa a sans doute invité une des grandes gueules du cercle, fait chier, pensa-t-il. Il n'avait aucune envie de voir du monde et de répondre à des questions, pas ce soir, tout ce qu'il voulait, c'était aller dans sa chambre et continuer de pleurer. Il voulait s'isoler et souffrir comme un chien sans avoir à se justifier : personne ne tenait compte de lui, pourquoi devrait-il, lui, se préoccuper des autres ?

Il traversa le couloir et passa la tête dans la salle à manger tout allumée pour signaler sa présence, puis se faufila dans sa chambre et se jeta sur son lit : un bazar de pensées saignait dans son crâne, provoquant une douleur précise, chirurgicale, que les effluves lourdes de nourriture ne faisaient qu'accroître. Il resta dans le noir, écrasé par un mal-être physique puant le poisson frit malgré la porte fermée, et se remit à pleurer. Il écrasa sa bouche contre un tigre en peluche pour ne pas être entendu des autres, qui se bâfraient sans se soucier de lui : il avait même tiré le verrou.

— Viens manger, Uvaspì, y a des beignets de morue et des *zeppole* d'algues ! l'invita la Dépareillée à travers la porte.

— J'ai pas faim.

— On a un invité ce soir, tu vas nous faire passer pour quoi si tu viens même pas te présenter ?

— Qu'est-ce j'en ai à faire ?

— T'avais dit que tu serais pas là, que tu savais pas à quelle heure tu rentrerais.

— Quoi, m'man, ça te pose problème que je sois à la maison ? Je peux me casser, si tu veux.

La Dépareillée toussota.

— C'est quoi ton idée ? Prendre le relais de ta sœur pour me rendre chèvre ? Moi, tout ce que je veux, c'est qu'avec celui-là ça se passe bien et qu'il y laisse pas la peau.

La voix de la Dépareillée trahissait la colère et les dents grinçantes, une crue intérieure qui s'acheva aussitôt.

— Bon, quand ça t'ira, rejoins-nous.

Uvaspina entendit les pas résignés de sa mère s'éloigner vers la salle à manger. Il entendit les verres s'entrechoquer, la voix de Pasquale Riccio qui s'efforçait de parler un italien correct devant l'invité.

Mais Uvaspina percevait tous les sons comme à travers les parois d'un aquarium, enfermé dans sa souffrance qui ne s'intéressait à personne. La souffrance est ce qu'il y a de plus égoïste : elle doit être vécue dans la solitude, dans son coin, la souffrance n'est pas comme le pain, et Uvaspina pensa que même à vouloir la partager, en fin de compte on se retrouvait toujours à ruminer et à pleurer seul.

Il fut traversé d'un élan de rejet : il souffrait comme un chien depuis des heures, qu'est-ce qu'il en avait à foutre d'un autre type comme Carlo Di Martino, paix à son âme ? Il se foutait de tout, même de faire semblant. Ah non ! il n'allait pas les rejoindre pour faire tapisserie, il n'était vraiment pas d'humeur à faire le guignol devant eux. Il retrouva dans son pantalon une cigarette toute tordue qu'il avait fauchée l'après-midi dans le placard de la salle de bains : il y avait des allumettes dans la table de chevet de Minuccia. Uvaspina sortit par l'arrière, par la porte qui donnait sur la cave où les saucissons pendaient aux poutres.

Svetlana était encore dans la ruelle en train de transvaser le saindoux dans la bouteille, pliée en deux, avec la même ride d'effort au milieu du front. Pour ne pas se faire voir avec une cigarette, Uvaspina tourna à l'angle, dans la transversale de la via Giuseppe Ferrigni. Il l'alluma : il ne savait pas fumer, il s'étouffait, il se sentit vraiment comme un gosse, même pas fichu de s'en griller une.

Il aspira la fumée mêlée à l'odeur de gras que Svetlana avait certainement mal fait chauffer, car la Dépareillée disait toujours : « Le saindoux vient du porc mais il ne sent pas. »

L'humidité mouillait ses cheveux, son cou. Entre deux bouffées, il continuait de pleurer, mais à sec, pour rester discret et éviter les histoires : il avait appris de sa mère à pleurer sans larmes. Puis il sentit un fourmillement sur sa nuque, il crut que c'était sa sueur qui gouttait.

— Tu fumes, maintenant, Uvaspì ?

Il se retourna d'un bond et faillit se brûler avec sa cigarette quand il reconnut les yeux vairons qui brillaient dans le vico Belledonne.

— J'ai vu comment c'était, chez toi. Je croyais que t'étais pas là.

— Ben non, parce que j'étais au palais Donn'Anna !

Et, pour la seconde fois, Uvaspina prit peur en entendant sa voix si claire, si nette. Et aussi parce que, à force de pleurer comme s'il pleurait un mort, le mort en question était apparu devant lui. Il ne savait pas si Antonio était vivant ou non, si c'était lui en chair et en os ou si ses larmes s'étaient transformées en matière, s'ils étaient vraiment à Chiaia ou s'il était resté sur la plage du palais Donn'Anna.

— Tu viens, Antò ? On va manger le gâteau que tu as apporté, voyons si tu as deviné quel est le préféré de ton amoureuse !

— J'arrive ! cria Antonio d'une voix étrange.

Uvaspina écrasa la cigarette : il monta l'escalier de l'immeuble, et Antonio le suivit. Il ne pensait plus rien, sinon que ce soir-là Antonio lui semblait si différent qu'il le trouvait moche.

Il entra dans la salle à manger. Au milieu de la table trônait, blanche et dorée, une splendide *delizia al limone* : il en goûta une part, puis redescendit dans la ruelle.

Pendant que les autres mangeaient le gâteau, il s'accroupit sur une marche. Au début, ses larmes furent timides, il essaya de les ravaler, mais elles grossirent et se firent funèbres, atroces, pleur de chiot étranglé. Uvaspina ne pleurait pas : il jappait. Il chialait en pensant au jour où Antonio l'avait attrapé par la cheville et tiré du ventre de la mer qui était en train de le tuer : il palpa cet endroit de son corps, ce bout de chair par lequel Antonio l'avait sauvé. Il commença à se frapper avec les poings, à pincer la peau fine sur l'os, puis il se mit à donner des coups de pied dans le mur de la ruelle, ces murs qui ne servaient que de support à la pisse des chiens ou aux attouchements des couples planqués. Il avait un cimetière dans la tête, les pierres tombales s'ouvraient et lui révélaient les cadavres putréfiés d'Antonio et de leur amour, de cet amour dont le crâne était maintenant à nu. Ces coups débordaient de désarroi enfantin, et plus il tapait, plus il sentait quelque chose monter dans sa gorge, quelque chose de chaud qui avait la saveur acide de l'injustice et de l'amour jeté aux chiottes. Il aurait continué à s'acharner contre le mur s'il n'avait pas dû se plier en deux : la *delizia al limone* s'étala à ses pieds. Elle lui était remontée au bord des lèvres, tout droit depuis son estomac : elle lui fit ouvrir la bouche dans une grimace sucrée et amère. Il rendit sa part tout entière au pavé de la ruelle.

Le gâteau d'Antonio et de sa fiancée se transforma en flaque jaunâtre. Celle-ci resta deux nuits dans le vico Belledonne, et pas un chien galeux n'osa s'en approcher pour la renifler.

32

Y a une infinité de relations superficielles, mais rare est l'amitié réelle.

Cette phrase, Pasquale Riccio se la répétait depuis quelque temps. Il se la répétait tous les matins, au cercle nautique, à son étude notariale, en buvant son premier café de la journée et en sortant sur la terrasse respirer l'air de Posillipo, chargé du parfum des genêts : sa seule bouffée d'air sain de la matinée.

Dans les histoires de cul, l'amitié te fait cocu.

Tous les jours, Pasquale Riccio remplissait la paperasse, donnait des consignes à qui de droit, puis regardait les plaques commémorant d'anciens membres et les coupes décernées au cercle, pensif : tout le monde l'ignorait, on le traitait comme s'il avait la gale. Parfois, il en venait à désirer que les tableaux se mettent à parler, juste pour entendre la voix de quelqu'un, vu que les membres se taisaient dès qu'il approchait, ils perdaient tous leur langue quand il s'agissait d'échanger deux mots avec Pasquale Riccio.

Tous ces gens, je les ai invités à bouffer chez moi, on a partagé le pain que j'avais coupé pour eux et mis dans leur assiette. Je leur ai même servi le piment dans leurs pâtes, à tous ces gens. On a discuté, joué aux cartes et bu du limoncello ensemble.

Ces derniers temps, il fumait tellement que sa voix était devenue rauque, semblable à celle d'un pot d'échappement encrassé.

Plus personne n'en a rien à foutre, de Pasquale Riccio, se répétait-il en apposant ses dernières signatures en tant que président. Son heure de gloire était passée, et puis voilà. Il allait et venait dans son bureau comme s'il avait été piqué de la tarentule, et concluait qu'un homme avait fait son temps quand plus personne ne lui demandait de service, et qu'il devait en demander aux autres.

Le seul qui ne l'ignorait pas encore complètement était Crescibene, quand il passait au cercle : il lui arrivait de lui payer un café, uniquement si Porzio n'était pas dans les parages. Et ces fois-là, il se contentait de lâcher des commentaires creux d'un air inexpressif, avec des sourires de circonstance : « T'as vu, fait meilleur aujourd'hui », « Quel cagnard », « J'ai acheté une voiture neuve, mais je suis pas sûr de mon coup ». Et Pasquale Riccio acquiesçait avec la sensation d'avoir du poison dans les veines, car même ses conversations avec le charcutier en bas de chez lui étaient plus intéressantes.

Crescibene lui demandait parfois s'il avait réglé son histoire. Dès qu'il entendait le verbe *régler*, Pasquale Riccio avait une montée de fièvre et son front se mettait à brûler.

— T'es encore là, toi ? lui avait un jour dit Crescibene, alors qu'ils buvaient un café. T'as vraiment pas envie de lever le camp, hein !

— T'inquiète, ça va pas tarder, le temps de finir de gérer certains dossiers et puis je me casse, tout ira bien.

Crescibene avait posé le petit verre à café, vide, sur le rebord de la fenêtre. Pasquale Riccio aurait voulu le regarder en face, mais il en était incapable : il ne se sentait même plus en droit de réclamer un verre d'eau.

— Bon, le jour où tu présenteras les comptes à la réunion, on verra comment on règle ça.

Sur cette phrase, Crescibene prenait congé.

Et Pasquale Riccio était complètement obsédé par cette histoire de *régler* : ce verbe, il en rêvait la nuit, hanté par la volonté de tout arranger. Quand, chez lui, un objet ou un meuble lui paraissait de travers, il le prenait et l'arrangeait, même quand sa femme lui assurait que l'ordre était irréprochable, il trafiquait jusqu'à ce que lui aussi voie tout bien droit, à sa juste place. Il alignait obsessionnellement les bonbonnières et les bibelots, et trouvait de nouveaux emplacements pour tout ; après quoi, il se lançait dans le nettoyage du frigo, mettait les œufs à la place des tranches de veau encore emballées, les courgettes à la place de la purée de tomates. Pasquale Riccio, qui, refusant de se salir les mains avec les tâches ménagères, n'avait jamais ouvert le frigo ou le buffet jusqu'alors, s'était mis à tout ranger, espérant se réveiller le lendemain et trouver le cercle bien en ordre, comme les lignes précises de certains napperons aux motifs géométriques. Mais, de matin en matin, le cercle était de plus en plus empagaillé, et Pasquale Riccio comprit que cet endroit n'était pas une aquarelle du golfe de Sorrente qu'un passage sur l'escabeau suffisait à redresser.

— J'aime comme tu parles, ça me rappelle quand j'étais gosse et que je croyais aux fantômes du château Sant'Elmo et aux âmes du purgatoire : je gobais tout !

— Il n'est jamais trop tard pour recommencer à y croire, hein.

— Tu dis ça parce que t'es jeune, t'as pas encore bouffé assez de pain dur.

Antonio lui avait souri et avait repoussé ses cheveux qui retombaient sur ses yeux : le gauche avait la même couleur que la plaque métallique vert émeraude où il était écrit : CERCLE NAUTIQUE NAPLES PRIX CULTURE DE LA MER.

La première fois que Pasquale Riccio avait vu ce nouvel employé, au printemps, ses yeux vairons lui avaient évoqué un petit animal, ils lui avaient rappelé ce chaton perdu qu'il avait récupéré, gosse, dans un coin de campagne paumé du côté de Sant'Anastasia. Il avait neuf ans et voulait le garder à tout prix, parce qu'il avait entendu que les bêtes aux yeux vairons avaient parfois reçu un baiser du petit Jésus, ou bien du diable. Mais sa mère s'y était opposée, cette bestiole était sale, elle puait et n'avait rien à voir avec Jésus, elle était aussi répugnante que le diable, il était hors de question de l'embarquer à Chiaia : Mme Riccio préférait crever que de retrouver des poils de ce chat sur son carrelage en grès cérame. Et Pasquale avait dû le laisser là, il était monté dans la voiture et avait vu le chaton devenir un point blanc dans la campagne, puis disparaître.

Quand il avait parlé pour la première fois avec ce nouvel employé, une sensation ancienne était revenue à Pasquale Riccio, issue de certains endroits morts de son corps, qui se réanimaient parfois sans crier gare : il s'était immédiatement pris de sympathie pour lui, car en sa présence il avait l'impression de revenir dans cette campagne et de rattraper le chaton par la queue.

Ils avaient pris l'habitude de bavarder chaque fois qu'Antonio entrait dans son bureau pour vider son cendrier.

— Vous fumez drôlement.

— C'est le tracas, ça, répondait Pasquale Riccio, écœuré par ses cendriers débordant de mégots desséchés, toujours plus nombreux que ceux qu'il avait comptés dans sa tête. Le tracas, c'est relié aux poumons.

— Moi, je n'ai pas ce problème : pour fumer, faut avoir de l'argent.

Pasquale Riccio avait commencé à s'attacher à ce jeune défavorisé, qui était autant capable de réaliser quelques travaux que de vider son cendrier avec la délicatesse d'un oiseau, cigarette par cigarette.

Et ce qu'il était instruit, Antonio ! Vu qu'au cercle, même la dernière coupe en bronze refusait de lui parler, seul Antonio le faisait se sentir de nouveau important. Pasquale, qui jouait encore les nobles, avait l'impression d'être le dernier des cordonniers face à Antonio et à sa faconde. Ce garçon avait dans les cordes vocales un savoir qui semblait né des fonds marins, qui resplendissait dans ses yeux et dans son sourire façonné par le soleil, comme s'il était âgé de milliers d'années. Il était le seul à faire souffler dans la vie de Pasquale Riccio maculée de goudron, de honte et d'histoires à régler, un vent marin propre, qui nourrit, soigne, engloutit, et transforme la mort en légende.

Antonio lui racontait l'histoire de Donnalbina, Donnaromita et Donnaregina, filles d'un baron et orphelines de mère, ces trois sœurs qui cheminaient dans la montée crasseuse de la via Mezzocannone et dans la via Nilo, un filet sur leurs cheveux, le visage hâlé et échauffé ; puis il lui parlait de Dame Isabella, vêtue de brocart rouge, qui avait le visage de Lucifer, car le diable de Mergellina était une femme ; parfois, il lui parlait aussi de la mer de Chiatamone, qui allait se briser contre un îlot fleuri au nom grec de Megaride : sur cet îlot protégé par les nymphes marines s'était établi Lucullus, chassant les sirènes et emmenant ses ravissantes esclaves avec lui.

Antonio narrait, et c'était comme si une bouffée d'air entrait dans la poitrine encrassée de Pasquale Riccio : Antonio avait un parler correct de jeune conscient de sa pauvreté qui a sué sang et eau pour apprendre à raconter de la sorte. Sa langue était tissée à la fois des mots savoureux des commères et du savoir raffiné de certains jeunes professeurs qui quittaient leur campagne à l'aube pour aller donner des cours : toute la beauté des histoires d'Antonio se fixait au fond de ses yeux, deux coupelles qui captaient la couleur du soleil et celle de l'eau dans la nuit.

Pasquale Riccio se sentait bien auprès de ce pêcheur qui savait nouer et renouer les fils par sa voix et ses récits. *Ce gosse, l'a même pas fini le collège, et il parle comme ça. Je me demande ce que j'ai foutu à la fac à Monte Sant'Angelo, moi*, pensait-il en l'écoutant. Et il se rappelait tous les partiels réussis de justesse, son père qui connaissait les professeurs, combien il s'était senti minable, plus méprisable qu'un pou quand, à l'examen pour devenir notaire, il n'avait même pas été capable de dire en quoi consistait la donation entre vifs.

Avait-il déjà connu une passion qui lui fouettait le sang, comme celle qui naissait de la langue d'Antonio ? Jamais, ni pour une histoire, ni pour une ligne écrite, ni pour un de ses enfants ; peut-être seulement pour sa Graziella au tout début, avant qu'elle devienne la Dépareillée.

Quand Antonio parlait, le monde s'arrêtait : *À quoi sert l'argent quand on cause comme ça ?* pensait Pasquale. Celui-là, avec son bagout, il peut obtenir tout ce qu'il veut et coucher avec toutes les femmes de son choix. Antonio lui parlait de princesses, de reines et de gamins des rues, il tissait des histoires qui illuminaient jusqu'à la cendre qui tombait de sa cigarette.

Pasquale repensait avec honte à toutes les fois où il était sorti avec une femme et avait été incapable de faire la conversation, sinon pour demander : tu fais quoi dans la vie ? Tu habites où ? Et toujours une main dans la poche, celle de gauche, où se trouvait son portefeuille : un dîner dans un restaurant de poisson, un collier, un sac à main comme à la télé. C'était sa manière de parler aux femmes, à travers le seul langage qu'il connaissait, celui qui tintait dans une bourse.

Il aurait aimé naître avec le don d'envoûter et de rouler les gens par ses mots : si Antonio avait été son fils, il lui aurait fait faire des études d'avocat. Antonio aurait pu défendre les plus grands filous. Mais Antonio n'était pas son fils, seulement un employé qui vidait son cendrier et lui racontait des histoires qui caressaient son cœur racorni et lui faisaient oublier qu'il était plus seul que le rocher de Rovigliano au milieu de la mer.

Et puis il était beau, Antonio : en le regardant, Pasquale repensait à lui-même dans sa jeunesse. Oh, il n'avait pas été moche, mais il lui avait manqué ce pétillement dans le regard, cet éclat d'intelligence et de mélancolie qui rappelait les veinures de certains coquillages sur la plage : cette brillance où se bousculaient une gouaperie de jeune effronté et le sourire paisible d'une vieillarde contant ses histoires devant l'âtre.

Tout s'achevait dans ce regard bicolore, que le Père éternel lui avait peut-être donné pour que Pasquale Riccio se sente moins seul à cet endroit où il fallait avoir des yeux partout, même derrière la tête, et savoir où l'on posait les pieds pour ne pas se retrouver cul par-dessus tête.

La Dépareillée s'était réveillée le visage couvert de traînées de maquillage.

Le soir, elle ne prenait plus la peine de l'enlever avant d'aller se coucher : il adhérait à sa peau et formait une toile d'araignée sur sa figure. Elle avait retrouvé une mauvaise habitude de sa vie à Forcella, celle de changer de culotte un jour sur deux : elle la retournait et la renfilait, car tout lui était douloureux, même se lever, se mettre un peu d'eau sur le visage et voir le soleil dans la salle de bains éclairer son teint cendreux, opaque, les dépressions formées par les imperfections de sa peau.

— On va faire un tour, ce matin, Minù ?

— Qu'est-ce tu veux que je foute avec toi ?

Minuccia avait la cervelle de traviole dès l'heure du petit déjeuner : elle buvait son orge, les yeux rivés sur la fenêtre.

— Allez viens, on va se balader, on passera voir papa, répondit la Dépareillée, le souffle court, comme si elle avait oublié jusqu'à la manière de respirer.

Elle prononça ces mots en regardant ses ongles vernis de rouge ; seul l'annulaire gauche, doigt de l'alliance, était écaillé.

— Bon, d'accord, toute façon j'ai rien à faire à la maison et j'ai pas envie de rester avec celui-là, consentit Minuccia en jetant un regard à Uvaspina, qui venait de se lever et avait déjà la tête plongée dans un livre.

Dix minutes après, la Dépareillée et sa fille étaient non loin du front de mer : à proximité de la via Caracciolo, l'air sentait le sucre et les fleurs fraîches, des mains apparaissaient, une cigarette entre les doigts, aux fenêtres grandes ouvertes. Minuccia marchait devant, fixant le bord de mer qui se réveillait et les petits voiliers, peut-être semblables à celui du défunt Carlo.

La Dépareillée se traînait, elle n'avait pas fermé l'œil de la nuit. Elle avait rêvé que son mari lui disait qu'il devait lui parler, il l'emmenait dans le salon et lui annonçait très poliment qu'il partait vivre avec une certaine Mme D'Ecclesiis. Puis, à un moment donné, cette Mme D'Ecclesiis surgissait de nulle part, couverte d'un beau manteau léger, ses longs cheveux blonds et soyeux noués en une queue-de-cheval toute droite, à la pointe recourbée. Alors, la Dépareillée se jetait sur son mari et sur Mme D'Ecclesiis, dont le nom suffisait à l'énerver parce qu'il lui évoquait des pommettes saillantes et du gel douche à l'abricot. Mais son mari lui tournait le dos et Mme D'Ecclesiis l'esquivait d'un mouvement gracieux, digne d'une ballerine dans une boîte à musique.

Toute la nuit, la Dépareillée avait eu du mal à respirer en pensant à ce mouvement élégant, et elle s'était levée avec l'intention de vérifier si cette salope existait vraiment, car si elle lui était apparue en rêve, ça devait bien vouloir dire quelque chose : le Père éternel lui avait envoyé un signal.

La Dépareillée avait mis les pieds au cercle en tout et pour tout trois fois dans sa vie.

— Hé, Graziè, qu'est-ce qui t'amène ?

Pasquale Riccio se leva brusquement : sa femme et sa fille avaient interrompu un récit d'Antonio.

— Je voulais voir ce que tu faisais.

La Dépareillée scruta son mari de ses yeux cerclés de maquillage de la veille, qu'elle s'était contentée de couvrir d'une couche supplémentaire en suivant les contours de crayon noir.

— Qu'est-ce tu veux que je fasse ? Dis-lui, Antò, ce qu'on faisait.

Antonio s'approcha de la Dépareillée et lui tendit la main : cette poigne si ferme la fit vaciller. Elle examina tour à tour tous les objets de la pièce : aucune trace du parfum d'abricot de Mme D'Ecclesiis dans les plaques commémoratives, la paperasse entassée et les dossiers. Désormais assurée de l'absence de queue-de-cheval dans ce bureau, elle fut troublée que ces cheveux blonds soient restés confinés dans son rêve.

— On parlait de l'œuf de Virgile. C'est ta fille ?

Avec un rire gouape et audacieux, Antonio pinça le nez de Minuccia comme à un enfant pour faire mine de le lui voler.

— Elle a l'air ronchon, la demoiselle.

— Elle est née ronchon, celle-là, confirma Pasquale Riccio, puis il regarda sa fille, perdu, peu habitué à sa présence. Et c'est un vrai moulin à paroles, pas possible d'en placer une, avec elle.

Toutefois, ce jour-là, Minuccia ne prononça pas un mot. Elle se sentit fourmi, moucheron, nouvelle-née face à ces yeux vairons, pleine d'une irritation proche du plaisir : elle devait conserver ce ressenti sur la pointe du nez. Elle ne répondit pas à Antonio, ce garçon chez qui tout lui semblait à la fois beau et vénéneux, les mots modelés dans sa bouche la frappaient en plein ventre, ainsi que les rires qui se brisaient sur ses lèvres puis coulaient sur son menton comme de l'eau, et cette odeur masculine qui lui rappelait peut-être celle de Carlo mais tout en étant familière, et qui embaumait aussi le grand air.

— Elle a perdu sa langue !

Pasquale éclata de rire et s'en étonna, car il n'avait jamais plaisanté avec Minuccia : la complicité ne faisait pas partie de leur relation. La Dépareillée regarda son mari de travers : *ça se voit qu'il n'est jamais à la maison*, pensa-t-elle, il ne comprenait pas qu'avec Minuccia il fallait peser ses mots.

Cependant, celle-ci ne releva pas les propos de son père : en face d'elle, il y avait Antonio, et cette présence lui brûlait le nez, à l'endroit précis où il l'avait pincée, comme une gamine capricieuse agenouillée sur des pois chiches. Avec une expression de gosse effarée, Minuccia pivota sur ses talons et partit. Sa mère la suivit comme un chien : maintenant qu'elle avait vérifié que Mme D'Ecclesiis n'était pas dans ce bureau, sa fille passait de nouveau avant tout.

Minuccia parcourut presque toute la promenade Caracciolo au pas de course, et la Dépareillée ne parvint pas à la faire ralentir. La ficelle de la foltoupie s'était coincée face à Antonio, et Minuccia, craignant qu'elle soit cassée, s'efforçait de la débloquer en marchant plus vite. L'air sur la promenade s'était fait moite et brûlant. De temps en temps, Minuccia se touchait le nez et appuyait, puis elle inspirait l'odeur de la mer qui aurait dû lui laver les narines, comme le souffle d'une magicienne.

De retour à la maison, la Dépareillée se jeta sur le canapé : ses pieds étaient sales et douloureux, et

Mme D'Ecclesiis se dissolvait dans ses pensées, il ne restait d'elle que sa queue-de-cheval.

Minuccia avait soif : elle attrapa un verre dans le buffet, se versa de l'eau, regarda dans le frigo s'il restait une orange pour se faire un jus ou un peu de lait pour y tremper du pain, se sentant idiote. C'était comme si deux yeux vairons la suivaient partout et la faisaient régresser à l'état de bébé : quand elle coupa l'orange, la douleur que lui procura l'acidité de l'agrume la reconduisit à Antonio.

Elle passa son doigt poisseux de jus sur son nez, là où était restée l'empreinte d'Antonio, et s'imagina ce que c'était de manger, boire du jus et courir avec lui, s'asseoir sur ses genoux et faire mine d'être sa petitoune. Elle éprouva le besoin de redevenir enfant, de faire la tête et des caprices, pour qu'Antonio lui pince encore le nez, la punisse et répète : « Elle a l'air ronchon, la demoiselle. »

Elle but le jus, s'assit à côté du canapé et posa la tête sur les genoux de sa mère, qui s'assoupissait dans la pénombre du salon : dans son demi-sommeil, la Dépareillée sentit les cheveux de sa fille sur sa peau, une sensation étrange et merveilleuse. Elle s'endormit en imaginant qu'à son réveil, Minuccia ne serait plus la foltoupie, mais cette fillette qui avait peur la nuit et venait se glisser dans le lit conjugal, entre ses deux parents.

La douleur au nez de Minuccia persista toute la soirée. Les jours suivants, quand son père rentrait du cercle, elle s'efforçait de bavarder un peu avec lui, pour entendre parler d'Antonio.

La Dépareillée était contente : Minuccia était redevenue toute douce, au fond sa fille n'était pas méchante, il suffisait de serrer les dents, elle savait se tenir ; par contre, Pasquale Riccio ne voyait en elle qu'un problème à résoudre, l'énième ennui à régler. Minuccia lui parlait tout le temps, et elle lui demanda si des fois elle pouvait l'accompagner au cercle : au début, Pasquale refusa, puis il céda devant son insistance.

Minuccia devenait tout enlunée en présence d'Antonio : son visage se transformait en livre ouvert, écrit en filigrane, où chaque mot était lisible. Elle brûlait d'une flamme vénéneuse, ignorant que jusque dans cette flambée, Uvaspina et elle se retrouvaient.

Un soir, avant d'aller au lit, Pasquale Riccio chuchota à l'oreille de sa femme :

— Tu crois qu'on fait une connerie, avec Antonio ?

La Dépareillée se redressa sur ses coudes et s'appuya contre la tête de lit en fer forgé.

— Minuccia le veut ? Ben qu'elle le prenne, alors. T'as vu comme elle a mûri… ajouta-t-elle, convaincue que sa fille retrouvait la raison.

Pasquale se souvint de la fois où Antonio lui avait demandé quel goût avaient les *linguine* au homard, car il n'en avait jamais mangé. Pasquale Riccio lui avait demandé ce qu'ils mangeaient chez lui pour les grandes occasions, et Antonio lui avait répondu qu'il allait à la plage ramasser de petits cailloux sur le rivage : sa mère les jetait dans la poêle et les faisait revenir avec de l'huile, de l'ail et un bouquet de persil, puis elle y versait les pâtes, qui s'imprégnaient de la saveur de la mer, et le résultat était le même que des pâtes aux palourdes. L'idée d'Antonio mangeant des pâtes aux cailloux provoquait chez Pasquale Riccio un grand chambard intérieur. Au cercle, tout le monde appréciait Antonio, même s'il venait de nulle part : il apprenait vite, il était humble et avait un tempérament de bosseur, sans doute plus utile que l'argent dans la vie.

L'argent, quand on sait pas le garder, y en a plus, mais ce qu'on a dans le ciboulot, c'est pour la vie, pensa Pasquale Riccio. Il éteignit la lumière et se coucha, tourné vers la Dépareillée : dans le noir, il imagina Crescibene qui lui demandait s'il avait réussi à régler ses histoires.

Il réfléchit aux mots à utiliser pour inviter Antonio à la maison le plus rapidement possible, puis il pensa qu'il était peut-être vrai que les chatons aux yeux vairons avaient reçu un baiser de l'Enfant Jésus, et Antonio était peut-être le chat le plus chanceux de la portée.

Il allait s'endormir quand il entendit Minuccia trottiner vers la salle de bains à pas feutrés, comme une voleuse. Avant de retourner se coucher, elle passa une tête rayonnante dans la chambre de ses parents et sourit, heureuse comme un enfant qui vient de recevoir un cadeau.

33

« Petite brebis, comment feras-tu / Quand dans la gueule du loup tu te trouveras ? / Petite brebis comment as-tu fait / Quand dans la gueule du loup tu t'es vue ? / Petite brebis comment as-tu survécu / Quand dans la gueule du loup tu t'es trouvée ? »

La Dépareillée ouvrait toujours grand la bouche lorsqu'elle chantait cette comptine, révélant ses gencives et ses dents du fond. Elle la chantait à ses enfants pour les endormir quand ils avaient trente-neuf de fièvre : petit, Uvaspina ignorait ce qu'étaient les brebis, mais il les imaginait pareilles à sa mère qui grimaçait en fredonnant.

C'était encore cette chanson que la Dépareillée chantait ce jour-là, dans la voiture, vitre ouverte. Ça faisait une sacrée paye qu'elle n'avait pas fait une sortie en voiture avec son mari et ses enfants. Ils rendaient visite à une tante de Pasquale, *donna* Giuseppina, surnommée Puppina : elle était partie habiter du côté du Cilento avec son mari, un type de Cuccaro Vetere, qui s'était cassé la tête comme une noix en tombant d'une échelle.

Selon Puppina, Naples puait le chien crevé, et puis dans le Cilento, on finissait centenaire : elle considérait comme une victoire d'être arrivée à quatre-vingt-neuf ans avec seulement un pied boiteux et un œil bigleux. Puppina vivait confortablement, elle avait les poches pleines, mais c'était un vrai grippe-sou.

Quand elle habitait à Chiaia déjà, elle ne se nourrissait que de riz et rêvait d'avoir son propre potager, elle en avait ras le bol de gaspiller de l'argent chez les primeurs, qui l'arnaquaient avec leurs produits véreux et leurs tomates pourries : elle voulait cultiver ses courges et ses aubergines toute seule. Elle était toujours habillée pareil, le même chemisier blanc et la même jupe longue jusqu'aux pieds, comme un uniforme cousu sur mesure : de son point de vue, verser dans l'aguicherie était un péché plus grave que d'avoir des oursins dans les poches. Pas de couleurs pour les cheveux, de peinturlurage, de bagues ou autre quincaillerie décorative sur elle : tout ce qui comptait, c'était être propre, mais en y allant mollo sur le savon. Une bonne douche par semaine, le dimanche de préférence, suffisait.

Son mari, paix à son âme, était comme elle : d'ailleurs, c'était en cueillant lui-même des citrons qu'il avait passé l'arme à gauche. S'il était allé les acheter chez le primeur, il n'y aurait peut-être pas laissé sa peau, avait-on fait remarquer à l'enterrement, mais Puppina contestait : c'était la volonté du Seigneur, et de toute façon, il fallait toujours tâcher d'économiser, c'était une manière de faire le bien en ce bas monde.

— Ah là là, Minù, ce qu'elle va être contente, la vieille, quand on va lui dire que t'épouses un brave et beau garçon !

Pasquale fumait, un bras sur la portière, et faisait tomber la cendre sur la route de Salerne, qui se rétrécissait au niveau de Battipaglia, d'Eboli, de Ponte

Barizzo. Cette vieille femme était en adoration devant lui depuis qu'il était petitou : elle traitait comme un jeune roi l'unique petit gars de cette famille de femmes capricieuses. C'était le seul à qui elle achetait des angelots en pâte feuilletée aux étals de la piazza del Plebiscito les jours de fête, et une fois elle lui avait même offert des chaussures pour son anniversaire. « T'as vu un peu comme je me ruine pour toi, Pascalì ? » lui disait-elle toujours, et Pasqualino Riccio le savait bien, que pour lui tata Puppina avait le cœur tout en sucre. Avec l'âge, la vieille s'était enlunée, et il fallait en profiter : elle pouvait lui être utile, maintenant qu'il était dans la mouise. Puppina n'avait pas d'enfants et gardait sans doute tout son argent sous son matelas, qu'est-ce qu'elle pourrait bien en faire ?

Minuccia restait silencieuse : elle se sentait très importante, personne n'était digne d'interagir avec elle. Depuis qu'elle avait décidé de se marier, elle regardait tout le monde de haut : elle avait pris une expression de matrone, la lèvre inférieure toujours pendante, signe ballottant de sa satisfaction. Le dégoût dont Carlo Di Martino l'avait remplie avait un peu diminué quand elle avait rencontré Antonio : maintenant qu'elle avait appris à distinguer les gentils et les méchants, elle devait se pardonner de n'avoir pas su juger Carlo. La foltoupie avait aiguisé son regard.

— T'as raison, papa, Puppina sera contente. Antonio me plaît drôlement, ce coup-ci y aura pas de mauvaise surprise.

Les yeux de Minuccia brillaient d'une lumière livide : elle aspira l'air qui passait par la fenêtre, lourd de fumier de bufflonne.

— Eurk, ce que ça pue chaque fois, au niveau de Battipaglia, fit la Dépareillée en remontant sa vitre.

Uvaspina, la tempe appuyée contre sa fenêtre, regardait le paysage changer de vêtements, devenir moins orgueilleux, moins vésuvien : une femme qui se débarrassait de son fard de mer et de volcan, de sa vanité, de sa gouaperie, ses formes étaient plus anguleuses, ses hanches se faisaient montagneuses et ses cheveux se mêlaient aux bois de chênes verts. La femme du Cilento sentait le pain et le myrte et, les yeux fixés sur elle, Uvaspina n'arrivait pas à arrêter le cours de ses pensées.

— C'est un sacré beau jeunot, Antonio, relança Pasquale Riccio. Ces yeux qu'il a… Quand j'étais petit, j'avais un chaton qu'avait les yeux comme ceux d'Antonio.

— C'est qui, son père ? s'informa la Dépareillée.

— Le pauvre, il habitait à côté de Santa Lucia, et Antonio a appris le métier en sortant en mer avec lui à trois heures du matin. Puis l'a attrapé une saloperie, et l'est mort qu'il avait pas cinquante ans.

— Il fait quoi, son fils ? continua d'enquêter la Dépareillée.

— Qu'est-ce tu veux qu'il fasse, Graziè ? L'a toujours bossé, l'est toujours allé en mer, il sait ce que c'est d'en baver, mais il se débrouille aussi sur un voilier : l'est compétent, ce petit gars, maintenant c'est lui qui s'occupe de tout au cercle, et puis l'a du bagout, c'est une bonne chose quand tu veux pas te faire bouffer.

Pasquale Riccio jeta sa cigarette par la fenêtre.

Uvaspina ne bougeait pas.

— Allez, cette fois, c'est la bonne. Le *chiummo* a tapé juste, pas vrai, Minù ?

La Dépareillée se tourna vers sa fille avec un regard triste.

— Ouais, y avait une voile, mais moi je crois pas à ces conneries, m'man, et je suis bien contente de me casser de Chiaia et de tes clopes qui schlinguent.

Minuccia fit claquer sa langue.

— Minuccia va s'installer au Rione Sirignano avec Antonio, cet appartement, l'est pour elle, on a toujours dit qu'il reviendrait au premier qui se marierait, confirma Pasquale Riccio, content d'avoir réussi à garder quelques propriétés qui le différenciaient encore des crève-la-dalle.

— Alors qu'Uvaspina, il va rester à Chiaia, conclut Minuccia avec un sourire insolent, tout excitée.

Elle allait s'installer dans un appartement loin du vico Belledonne avec son mari, et son frère resterait entre ces quatre murs qui puaient les mercredis soir et les cigarettes de contrebande.

— Oui, tu vas bientôt partir, et je suis sûre que ça va te faire du bien, approuva la Dépareillée en jetant à sa fille un regard tendre et déchirant.

Ils passaient à présent dans le coin de Paestum. Uvaspina ne s'en souvenait pas bien, seulement que quand il était petit il s'y était baigné et qu'un drôle de poisson lui avait piqué le pied : c'était une vive, dont une épine s'était fichée dans son talon. Mais le souvenir de cette douleur n'était rien à côté de ce qu'il ressentait à cet instant : il regardait la mer, et mille épingles se plantaient dans sa gorge. Dans la mer de Paestum, il voyait la mer de Procida, du palais Donn'Anna, toutes les mers où la barque d'Antonio avait vogué. Dans le pétillement doré des temples au loin, il voyait l'or de l'église Santa Luciella, et dans les colonnes grecques, l'ombre du crâne à oreilles, lesquelles ne seraient jamais assez grandes pour entendre tous les mensonges débités par Antonio.

Depuis le soir où Antonio était venu dîner chez eux, Uvaspina n'arrivait plus à regarder Minuccia. Il ne voulait pas non plus dormir avec elle, car il était assailli d'envies cruelles : lui arracher les cheveux, les yeux, effacer d'un coup de rasoir ce sourire satisfait de jeune fiancée. Il avait feint des douleurs lancinantes dans le dos, des crampes qui l'empêchaient de dormir sans pousser des cris et des plaintes, pour pouvoir demander à ses parents de coucher dans le débarras poussiéreux de Svetlana, meublé par un lit et un placard, dont la fenêtre donnait sur l'arrière de l'église dell'Ascensione. La Dépareillée le lui avait accordé et avait chassé Svetlana, qui maintenant rentrait le soir chez elle à Montesanto après sa journée de travail. La Dépareillée avait remarqué que son fils paraissait perturbé et toujours à bout de forces, comme s'il venait constamment de gravir la montée de San Pasquale, mais Minuccia phagocytait toute chose : elle mâchait et avalait chaque pensée tournée vers d'autres personnes, elle parvenait à attirer tout à elle, avec sa formidable force centripète.

Le silence avait envahi l'habitacle quand la voiture s'était engagée sur la route de Vallo della Lucania, pleine de grottes et de ponts en fer mal en point, à un moment donné on traversait une zone très étrange, que tout le monde appelait « la Retara », où les bergers faisaient paître leurs moutons en regardant la mer d'Ascea et de Casal Velino.

La Dépareillée se remit à chanter.

Ils arrivèrent devant la bicoque délabrée de la vieille.

Puppina avait un visage de plante parasite, à la survie assurée par peu de terre et de sève. Chez elle, le mobilier était ordinaire et sans grâce, acheté d'occasion, les murs hauts et nus, aux fissures sans doute occupées par des nids de blattes. À côté de la maison, il y avait un torrent gonflé par les pluies, couleur de glaise.

Uvaspina fit deux bises à sa tante, et Minuccia seulement une, car sa peau la dégoûtait, elle sentait la vieillesse et le fromage.

— Je peux aller aux toilettes ? demanda Uvaspina tandis que la Dépareillée et Pasquale prenaient place autour de la table vermoulue du salon et que Minuccia tripotait un napperon jadis blanc.

Pour s'y rendre, Uvaspina traversa trois pièces à l'abandon, le bruit métallique de ses pas résonna sur le sol.

— Ça leur fait quel âge à tes filles, Pascalì ? s'enquit Puppina.

— Tu perds la vue, tata Puppì, c'est un garçon et une fille.

Pasquale ouvrit la fenêtre pour fumer.

Minuccia éclata d'un rire vulgaire en regardant Uvaspina qui, de retour des toilettes, s'était assis sur une chaise branlante.

— Elle va se casser la gueule, ta petite-nièce ! fit-elle, rayonnante.

Uvaspina se sentit comme lors de la nuit du *chiummo*, quand Minuccia l'avait travesti en femme et l'avait placé au centre du salon, accoutré de ce déshabillé jaune taillé sur mesure pour sa honte. Il éprouva des sensations confuses, perfides et violentes, à l'égard de la vieille, qui l'avait blessé sans le vouloir, et de la foltoupie, qui, elle, savait parfaitement quelles étaient ses plaies les plus sensibles.

La Dépareillée s'effarait en observant sa fille, dont émanait une aura d'assurance troublante : Minuccia semblait avoir vieilli de dix ans.

— Attends, Pasqualì, c'est lequel, le garçon ? Franchement, on dirait deux filles. Regarde-moi ce cul qu'elle a, celle-là, et ce joli grain de beauté sous son œil, elle ressemble à une princesse.

— Hé, tata, tu sais que Minuccia va se marier ? Tu verrais un peu le beau gars que c'est, son futur mari !

Pasquale s'approcha de la vieille, qui examinait Uvaspina avec la même attention que les pis de ses vaches, désireuse de comprendre sa nature.

— Ah oui ? Mettons le couvert, j'ai préparé des aubergines farcies, tu vas me raconter tout ça.

La vieille se concentra sur Minuccia et éprouva une dévotion instinctive quand elle saisit que c'était elle la future mariée. Ses yeux brillaient d'admiration et de timidité devant cette jeune fille en fleur qui avait un homme et la vie devant elle.

Minuccia était au comble de la joie. Désormais, elle était femme, elle allait partir et tous les laisser dans leur merde, son menton relevé semblait dire : « Débrouillez-vous maintenant, j'en ai plus rien à foutre de vous. »

Uvaspina fixa son menton et lui souhaita de s'endormir avec un torticolis terrible, ou mieux, de ne jamais se réveiller, ça lui apprendrait à crâner, voilà, il fallait qu'elle ne se réveille jamais. Il la haïssait, il haïssait la foltoupie d'une haine chaotique et indéchiffrable qui lui serrait la gorge à en pleurer, il voulait s'échapper de là et aller sangloter dans l'enclos, avec les moutons de Puppina.

Minuccia tira une immense satisfaction de la vision du visage cadavérique de son frère. Comment avait-il pu se permettre, pendant presque tout l'été, de passer son temps dehors à faire allez savoir quoi et de rentrer tout excité ? Bien fait pour sa gueule, il avait mérité cette tête d'outre-tombe, de bête à l'abattoir.

Uvaspina se toucha discrètement la cuisse : il l'effleura de la pulpe de ses doigts et sentit la voile gravée dans sa peau. De ses ongles, il en suivit le contour : d'abord doucement, tirant jouissance de la démangeaison provoquée par le contact sur la plaie à travers son pantalon en coton, sensation minérale sur le sang séché, puis il gratta plus fort, avec une fureur croissante, comme s'il voulait découdre la cicatrice, l'ouvrir et en faire couler le sang à flots, pour effacer le passage de Minuccia sur son corps, montrer à la face du monde de quoi sa sœur était capable, Minuccia, la bête et la mariée, l'animal qui savait dépecer, blesser, poignarder. Il gratta en pensant à la voile ; la haute mer, colonisée par sa sœur, ne lui appartenait plus. Dans cette baraque qui sentait l'étable et l'huile rance, la mer n'avait pas sa place.

— À table, à table, fit la Dépareillée d'une voix atone.

Tout le monde se traîna vers la planche carrée qui faisait office de table. Puppina se mit aux fourneaux armée de sa cuillère en bois : elle la plongea dans la marmite qui dégageait une odeur épaisse de sauce tomate et d'aubergine frite.

— Nous, ici, dans le Cilento, on coupe les aubergines en rondelles petitounes, on les fait frire, on les farcit à l'œuf et puis on les met dans la sauce. Elles te plaisent, jolie demoiselle ? Je t'apprendrai à toi aussi, si tu es sage et que tu te maries comme ta sœur : je suis prête à vivre jusqu'à cent ans pour vous voir mariées toutes les deux.

Après ce discours, Puppina demanda à Uvaspina d'attraper les assiettes creuses dans le buffet, pour les remplir d'une grosse louchée d'aubergines.

Ils s'assirent, firent une prière à la Vierge du mont Gelbison, puis se mirent à manger.

— Sont bonnes, ces aubergines.

La Dépareillée avait gardé cette voix sans ressort de quand elle chantait la chanson des brebis.

Pasquale Riccio apprécia lui aussi le plat, et sauça son assiette.

Tout le monde parlait du mariage de Minuccia, seul Uvaspina restait muet.

— Alors, demoiselle, t'es contente que ta sœur se marie ? lui demanda Puppina.

Pasquale avait renoncé à faire comprendre à sa tante qu'Uvaspina était un garçon. Uvaspina fit mine de ne pas avoir entendu.

— Tu as perdu ta langue parce que tu es triste qu'elle s'en va, conclut Puppina en fixant sa tache de naissance.

— Pas du tout, j'y gagne de la place dans la chambre, finit-il par lâcher.

Comme toujours, il se rendit compte trop tard qu'il n'aurait pas dû parler.

Minuccia se leva d'un bond, manquant de faire tomber sa chaise.

— C'est bon, on le sait que t'es envieux, essaie au moins de le cacher, que t'es bouffé par la jalousie.

La veine sur son front s'était mise à palpiter.

Puppina voulut intervenir, mais Pasquale Riccio lui mit une main devant la bouche.

— Tais-toi, tu comprends rien.

La Dépareillée recommença à chanter la chanson de la brebis, qui résonna d'abord comme une complainte métallique, puis devint une couverture sonore impersonnelle l'isolant de tout ce qui se passait autour d'elle.

Minuccia s'approcha de son frère. Personne ne l'arrêta : il devait en aller ainsi, la foltoupie devait se défouler. Elle le prit par le bras et l'emmena dehors.

— Quel frère t'es, quelle personne ? T'es même pas foutu de dire un mot gentil à ta frangine qui se marie, et pire, tu te fous de moi devant tout le monde.

Il y avait un citronnier, avec à son pied des fruits cabossés et un chien gris aux yeux tristes. Et, à côté, l'enclos des moutons.

— Vu que tu sais pas te comporter en humain, t'as qu'à rester avec tes semblables.

Minuccia le poussa dans l'enclos.

Dans cette pénombre qui daubait les bêtes, la merde et l'herbe pourrie, Uvaspina se souvint que la foltoupie faisait payer la moindre erreur au prix fort.

Il retrouva dans les yeux rouges des moutons des yeux hors du temps, chacun de couleur différente. Il huma la puanteur âcre de la bergerie et le souffle pur et terrifiant des animaux.

Encerclé de laine et de museaux, il vit le visage d'Antonio, ses longs bras, il le sentit lui mordre les lèvres en l'embrassant. Il pria le Père éternel, ou quiconque siégeant là-haut, de le faire mourir parmi les moutons, il ne voulait plus rien savoir, et ici personne ne l'attraperait par les chevilles pour le sauver : Antonio ne lui appartenait plus.

Dans cette bergerie qui sentait la présure, il redevint ce qu'il avait été toute sa vie : un fruit avarié.

Mais, désormais vidé de tout son jus, il se sentait libre. Sans cette pulpe, son esprit était vide, et la cruauté de Minuccia n'avait plus de prise sur lui. À l'instant, elle avait cru l'humilier, alors qu'en réalité elle lui avait donné ce qu'il désirait : le silence, la communion avec des êtres humbles, incapables de faire du mal et de séduire. Une seconde durant, dans cette pénombre malodorante, Uvaspina se sentit en paix, comme au fond d'une mer très noire.

Puis un mouton passa à côté de lui, et sa toison caressa sa jambe. Ce contact suffit à lui rappeler la dernière fois qu'Antonio et lui avaient fait l'amour, sans plus savoir où finissait l'un et où commençait l'autre. Alors, un flot de colère immémoriale se mit à couler en lui, dans cette partie secrète du corps où se nichent les chagrins et les plaies mal refermées.

Petite brebis comment as-tu survécu, / Quand dans la gueule du loup tu t'es trouvée ? Désormais, Uvaspina savait que le loup pouvait avoir des yeux vairons, luisant dans n'importe quelle forêt.

Il distingua la silhouette de Minuccia, qui n'avait pas encore fermé le portillon : d'un bond, il l'attrapa par le coude, la seule partie d'elle qu'il identifiait dans le noir, et l'entraîna dehors avec lui.

Devant cet enclos, il fut traversé d'excitation en se remémorant un fait essentiel : il était l'aîné, il pouvait lui faire mal et cela ne lui faisait plus peur. Il la coinça contre la porte d'un débarras et en tira un plaisir infini, il était l'aîné et il s'en rendait enfin compte. Il aima entendre le dos de sa sœur taper contre la porte, les os de Minuccia émirent un bruit sourd, un bruit de coquille de noix. Il la serrait par les épaules, la tenait immobile, ses doigts qui faisaient pression sur la peau de sa sœur étaient traversés d'électricité.

— T'es sérieux ? murmura Minuccia, mais malgré le bêlement des moutons, Uvaspina l'entendit, car il captait tout ce qui sortait de sa bouche, même quand elle chuchotait dans ses rêves.

— Très sérieux, répondit-il en lui prenant les poignets et en les serrant de toutes ses forces : c'était à lui de toucher cette chair, pas à Antonio. Très très sérieux.

— Ben alors serre plus fort, et prie pour que je me dégage jamais ! le défia Minuccia avec un regard bouillonnant de rage.

Uvaspina bloqua les bras de sa sœur sur la porte, Minuccia ressemblait à une hirondelle crucifiée. Ils restèrent dans cette position pendant une bonne minute.

Les poignets de Minuccia se mirent à trembler dans les mains d'Uvaspina. De plus en plus, puis ils se libérèrent dans un mouvement gracieux. Minuccia était libre et faisait face à son frère : Uvaspina sentit la peur goutter dans cette partie de lui d'où le courage était sorti. Elle se contenta de le regarder, et Uvaspina sut qu'elle tiendrait sa promesse de violence.

Pourtant, elle pivota sur ses talons et se dirigea vers la maison de Puppina. Un rayon lumineux la caressa et coupa son dos en deux, alors elle se tourna vers Uvaspina : elle se toucha le cou, et à sa main quelque chose brillait aussi violemment que le soleil.

Uvaspina regarda sa sœur, sa bague de fiançailles. Minuccia n'avait pas eu besoin de le gifler pour lui rendre la monnaie de sa pièce.

Pendant ce temps, dans la masure de Puppina, Pasquale Riccio était redevenu Pascalì, le seul petit gars de la famille Riccio. L'acidité de la tomate encore sur la pointe de la langue, les trois adultes profitaient du début d'après-midi dans la campagne du Cilento. Seuls les cris des bécasses et des corneilles brisaient le silence, et la température était douce : l'ombre brune du mois d'octobre gagnait du terrain, bientôt elle couvrirait la forêt de sa patine incendiaire.

Le regard dans le vide, la Dépareillée émettait parfois un petit rot, elle n'avait pas mangé d'aubergines farcies depuis longtemps, et la digestion était difficile. Pour Pasquale et Puppina, c'était comme si elle n'existait pas, la Dépareillée était un sanglier empaillé, trophée d'une vieille partie de chasse.

— Alors Pascalì, on se boit un coup de liqueur d'ortie, pour la digestion ? Celle que j'ai préparée moi, avec mes mains à moi ?

Puppina fit un clin d'œil à son Pasqualino chéri, puis se leva, ouvrit le placard et en sortit une bouteille et deux verres.

La vieille ramassait des orties, des chardons, des plantes médicinales et toutes sortes de végétaux étranges, car fallait rien gâcher, c'était péché : un de ces jours, elle allait finir par cueillir quelque chose de toxique qui l'expédierait au cimetière la bedaine à l'air, pensa son neveu.

— Merci beaucoup, ta', ça va pour moi comme ça, répondit-il.

— T'es sûr, Pascalì ? Ça fait du bon à la santé, essaya de le tenter Puppina en agitant son verre à l'odeur pénétrante sous son nez.

— Hé, ta', le problème c'est pas la santé, c'est les pensées que j'ai dedans la caboche, répondit-il, sautant sur l'occasion. Le corps, ça va, on se porte tous bien, mais c'est pas ça le problème, c'est pas ça l'embêtement.

— Bah c'est quoi alors, Pascalì ?

Puppina était anxieuse, une touche de préoccupation trembla dans les rides qui reliaient son nez à sa bouche. Pasquale Riccio observa cette géographie vallonnée et conclut que le visage de la vieille offrait une carte favorable. Fallait qu'il lui parle, sinon à quoi bon s'être bouffé la route jusque dans le Cilento, fallait qu'il se sorte de la mouise pour pas se noyer dedans, et elle pouvait l'aider. Elle n'avait pas d'enfants, plus de mari, elle avait que dalle, donc c'était logique, naturel, sinon la vioque était vraiment inutile.

— Qu'est-ce t'as, Pascalì ? Qu'est-ce qui s'est passé ? Raconte-moi, insista Puppina à voix basse.

Elle posa son verre puant sur la table et se leva pour prendre son neveu par le bras et l'emmener dans le couloir. C'est à peine si la Dépareillée remarqua qu'ils avaient quitté la pièce.

Dans ce couloir devant les chiottes, Pasquale Riccio redevint Pascalì. Il s'arma de courage et, chuchotant lui aussi, il s'adressa à tata Puppina de la même manière que quand il lui demandait de lui acheter des angelots en pâte feuilletée aux étals de la piazza del Plebiscito.

Dix minutes après, Pasquale, de retour dans la cuisine, demandait à la Dépareillée où étaient leurs enfants.

— Faut qu'on y aille, Uvaspina et Minuccia doivent dire au revoir à tata : allez, on a de la route.

Le frère et la sœur les attendaient dehors, chacun d'un côté de la voiture.

— Sois prudent, Pascalì, et gare à qui s'en prend à toi ! fit Puppina en lui caressant l'épaule.

Pasquale monta dans la voiture : son portefeuille pesait plus lourd et sentait le matelas en laine de mouton.

— Salut, ta', porte-toi bien et ramasse pas trop de trucs bizarres, tu sais pas sur quoi tu peux tomber.

Tout le monde salua Puppina d'un geste de la main. La vieille rentra chez elle et mit les restes d'aubergines farcies dans une assiette en céramique qu'elle couvrit d'une autre assiette retournée. Ses repas étaient assurés pour deux jours, peut-être plus.

34

— Je n'imaginais pas que tu viendrais, ce soir.

— C'est que j'aurais pas dû.

— Pourquoi tu l'as fait, alors, Uvaspì ?

— Franchement, je sais pas.

— Si tu réfléchis un peu, peut-être que tu sauras.

Uvaspina serra les poings dans ses poches : Nisida et Posillipo brillaient par intermittence à l'horizon ; la lumière humide et malfaisante d'octobre pleuvait sur eux.

— Parce que je voulais te cracher à la gueule !

Il avait passé les trois derniers jours chez Teresa l'Éclopée pour éviter Minuccia.

— Tu ne me cracheras pas à la gueule, Uvaspì, tu n'en es pas capable. Arrête ton cinéma.

— Oh que si, j'en suis capable, de ça et de plein d'autres trucs. Qu'est-ce t'en sais, toi ?

Uvaspina se rendit compte qu'il avait crié en entendant le petit écho de sa voix dans le parc Virgiliano plongé dans la nuit.

— Tu es moche quand tu cries comme ça et que tu fais cette tête.

— Hier soir, j'ai dormi chez Teresa.

— L'Éclopée ?

Uvaspina déglutit.

— Tous mes vœux de bonheur.

Antonio eut un rire triste.

— On a fait l'amour.

— Ce n'est pas vrai. Tu dis ça pour me faire rager.

— Quoi ? Toi tu pourrais et moi pas ? Toi tu peux coucher avec ma sœur, mais pas moi avec Teresa ?

Uvaspina se tourna vers Nisida et Posillipo : Nisida ressemblait à un animal à la tête plate attaché par la queue à Posillipo, une bande de terre cousue à la surface de l'eau. Il repensa à la veille, quand il s'était glissé sous les draps avec Teresa l'Éclopée.

Elle l'avait invité à l'appartement que son père possédait juste à côté du Cavone, où logeaient ses oncles et ses petits-cousins de Milan pendant leurs vacances estivales à Naples. Le reste de l'année, l'appartement était inhabité et orphelin dans la jungle de portails en pierre volcanique et de carrières de tuf formée par ce quartier caché derrière la piazza Dante. L'Éclopée et lui s'étaient installés dans la seule pièce qui n'était pas fermée à clé, le salon, occupé par un canapé-lit, un coffre rempli de journaux et des étagères couvertes de bonbonnières émaillées et de plantes en plastique qui ne mouraient jamais.

Sur le canapé-lit, elle avait pris les mains d'Uvaspina et se les était passées sur les seins, puis entre les jambes ; Uvaspina n'avait jamais touché une fente, il avait eu l'impression de palper un de ces mollusques qui s'agitaient sur les étals des pêcheurs, dont il avait peur dans son enfance parce qu'ils sortaient leur langue. L'Éclopée avait tenu ses doigts immobiles, puis elle lui avait expliqué comment les mouvoir dans cette limace de mer, et Uvaspina s'était laissé faire. Après quoi ils s'étaient endormis, plus ou moins enlacés, mais à un moment donné Uvaspina s'était levé pour aller se laver les mains, parce qu'il ne supportait plus cette odeur de poisson et de femme sur ses doigts.

À peine s'était-il recouché que Teresa était montée sur lui et avait haleté avec un souffle mâle, et ces sons gutturaux avaient donné envie de pleurer à Uvaspina, car ils ne provenaient pas de la gorge d'un vrai homme, ce n'était pas Antonio qui serrait les dents pour étouffer ses gémissements. Alors, il s'était levé, incapable de faire quoi que ce soit, et, en colère, Teresa lui avait dit :

— C'est ça, casse-toi, toute façon t'es pas foutu de bander.

Sous les draps de Teresa, Uvaspina avait laissé le souvenir de la voix d'Antonio.

Uvaspina fixa tour à tour Antonio, Nisida et Posillipo : Posillipo n'avait rien d'une « trêve de la douleur », cette histoire était une sacrée connerie, comme tout ce qu'Antonio lui racontait.

— « Trêve de la douleur », tu parles, moi, la douleur, elle me bouffe tout entier ! Cette histoire m'obsède, j'arrive pas à y croire, plus j'y pense et plus je me dis que je rêve. Tu me berçais, tu me protégeais, tu me disais que j'étais ton *criaturiello*. Sérieux, Antonio ! Comment t'as pu ? T'as pas envie de te cracher toi-même à la gueule ? Avec ma sœur ! Avec ma sœur, avec Minuccia ! Pourquoi tu m'as pas laissé me noyer ? Tu m'aurais rendu un sacré service ! Pourquoi tu m'as pas laissé couler à pic dedans la flotte ?

— Arrête, Uvaspì, et écoute-moi.

Antonio avait peur d'Uvaspina, il ne l'avait jamais vu dans cet état.

— Mais après tout, qu'est-ce t'en as à foutre ? T'es casé maintenant, celui qui se retrouve tout seul comme un con, c'est pas toi.

Uvaspina fixa les premières étoiles qui frémissaient au loin, juste au-dessus de l'eau : le golfe de Naples n'était pas assez grand pour contenir sa jalousie. Il maudit chaque centimètre de la peau de Minuccia, qui tôt ou tard reviendrait tout entière à Antonio. Ils seraient mari et femme, et un mari et une femme font forcément certaines choses, avec le temps ils finiraient même par s'aimer. À tous les coups, Antonio la mettrait enceinte, ils fonderaient une famille. Et lui, il épierait leur vie par le trou de la serrure, ou alors il resterait enseveli sous ses couvertures, comme quand, petit, il se bouchait les oreilles en attendant la fin des crises de fureur de sa sœur.

— Tu m'as pris par la main et tu m'as raconté tes histoires… Mais tout était faux, t'es vraiment qu'un salaud.

Uvaspina savait pourtant que ce n'était pas vrai, et c'était justement cela qui rendait la décision d'Antonio si douloureuse. Uvaspina était redevenu insignifiant, un moucheron, un gosse, mais un gosse qui n'était plus le *criaturiello* tendre et émouvant qu'Antonio serrait dans ses bras. Un gosse qui chialait la morve au nez parce que Antonio était méchant et s'était amusé avec lui. Il l'avait fait jouer nu dans un lit, dans sa voiture, derrière le cabanon, puis à la fin du jeu, il l'avait abandonné, transi, dans le froid de la honte, privé de tout.

— Tu comprends rien, Uvaspì. Mûris un peu, après on parlera.

— Tu connaissais mon père et t'as continué à me raconter des craques.

— Oui, Uvaspì.

Uvaspina eut l'impulsion de se jeter sur lui. Les larmes lui montaient, non aux yeux, mais à la baie qu'il avait sous l'œil gauche, des larmes souterraines, risibles.

— Et après ça, je suis pas censé te cracher à la gueule.

— Tu aurais préféré qu'on arrête de se voir ? Que je te mette au courant ?

— Oui, ça m'aurait évité de continuer à être un bouffon. T'as voulu que je sois ton petitou, puis t'as tout pris, t'as tout raflé.

En voyant Uvaspina pleurer, Antonio se sentit comme écorché par un ressort rouillé. Il repensa au jour où il avait compris que Pasquale Riccio était le père d'Uvaspina. À toutes les fois où Minuccia était venue au cercle et où il avait cru qu'elle était fille unique, vu combien elle était despotique, capricieuse, égocentrée, mais un jour le père et la fille avaient évoqué Uvaspina en riant, et il était trop tard, Antonio était déjà vendu, comme une mozzarella d'Agerola sur l'étal du marché. Vendu, perdu, et il avait entraîné son *criaturiello* avec lui. Cette découverte avait provoqué chez Antonio les mêmes sensations que la mort de son père. Il avait eu dans les narines la même puanteur sinistre que quand on avait cloué le cercueil et qu'on l'avait emporté dans un petit cimetière. Des vagues malfaisantes s'étaient fracassées contre les parois de son estomac, un tangage mauvais, fait d'impuissance et de gros sel. Il avait eu l'impression de tout voir depuis les abysses, dans une bouillasse couleur de poix, et il avait questionné par deux fois Pasquale sur le prénom de son fils, son surnom et son apparence, faisant semblant de l'avoir confondu avec un ami à lui. Et ce nom, Uvaspina, suintait en lui comme un liquide douloureux.

Antonio regarda encore Uvaspina puis il se tourna vers la voiture et se mit à sangloter à son tour, un sanglot de vieux chien couvert de tiques, attendant le coup de pied de son maître qui l'achèvera.

— J'ai été un bouffon pour toi, répétait Uvaspina en boucle, agaçant. Je veux juste comprendre pourquoi, poursuivit-il en secouant Antonio par les épaules. Je veux juste comprendre d'où cette méchanceté t'est venue, où tu l'as attrapée, ce qui t'a pris, si un matin tu t'es réveillé en te disant que t'allais me cuire les os.

Antonio resta silencieux. Uvaspina le bousculait et il ne disait rien, il se laissait secouer comme une poupée de chiffon grandeur nature. Il n'opposa pas de résistance à Uvaspina jusqu'à l'épuisement de ses forces d'alouette affolée. Il regardait les pins, silhouettes brunes et touffues dans la nuit, et pensait à la frange qui encadrait le visage de sa mère. Sa mère n'avait pas de prénom, elle s'appelait l'Acquajola, « la vendeuse d'eau », tout ce qu'elle possédait, c'était sa frange volumineuse et vaporeuse. Antonio avait grandi dans l'eau : l'eau de la mer et des pêcheurs, à laquelle son père l'avait initié, et l'eau douce de sa mère, celle avec laquelle elle se lavait soigneusement les cheveux avant de les enduire d'huile d'olive et de les laisser sécher au soleil pour chasser la douleur provoquée par sa maladie.

Tout, dans la vie d'Antonio, avait été eau : l'eau autour de Santa Lucia, d'où son père et lui partaient à bord de leur barque à l'heure où les dernières étoiles s'éteignaient dans le ciel ; l'eau qui avait ruisselé sur son visage pendant un mois entier quand il avait compris qu'il n'y avait plus rien à faire pour son père, sinon choisir la niche funéraire la plus belle et la moins chère ; l'eau où il avait pêché, seul, les poissons les plus tendres pour le nourrir sur son lit de mort, bouillis et sans arêtes, afin qu'il parte au paradis avec un goût de sirène dans la bouche. Et l'eau de l'Acquajola qui, devenue veuve, avait fait ce que les femmes pieds nus à la peau tannée et au cœur détruit faisaient : s'inventer un métier.

Tous les matins, elle traînait sa charrette à bras en répétant les mêmes mots : « Eau fraîche chez l'Acquajò ! », et la charrette faisait *cric crac* sur les cailloux du Borgo Marinari et de la Riva Fiorita, pareils à des osselets se brisant au soleil dans un fracas de cristal. « Eau fraîche chez l'Acquajò ! », et cette frange vaporeuse donnait à boire à ceux qui avaient soif, à ceux qui avaient le palais brûlant, à ceux qui haletaient comme des bêtes déshydratées. Tout, dans la vie d'Antonio, avait été eau : l'eau de mer qui l'enveloppait, chaque jour, comme une patine salée, quand il partait seul à la pêche, sans son père pour le regarder ; l'eau qui manquait toujours chez lui et qui faisait que sa mère et lui devaient se laver ensemble pour ne pas gaspiller les maigres ruisselets, l'eau dont tous deux se couvraient les yeux pour ne pas voir leurs corps respectifs, avant de se tourner, dos à dos, dans une nudité moite et cristalline ; l'eau de la charrette grinçante.

L'Acquajola rentrait tous les soirs avec les chevilles gonflées, grosses, douloureuses, violettes comme des prunes, et Antonio s'agenouillait pour les masser.

— Combien as-tu gagné, aujourd'hui ? lui demandait-il.

Et l'Acquajola s'étendait sur le lit, aussi menue qu'un oisillon minuscule, un pinson triste.

— Combien j'ai gagné ? Comme d'habitude.

L'habitude était quelques pièces dans une timbale en fer-blanc, deux billets les jours fastes.

Elle laissait sa charrette appuyée devant chez eux comme un animal boiteux, renversée contre le mur. Et sur sa charrette tous les jours elle rapportait des papiers, des documents et des livres.

— C'est un vrai dépotoir. Les gens n'ont rien et ils me donnent les vieux livres de leurs enfants en échange d'un verre d'eau. Et quoi, tu les prends pas ? Et quoi, tu prives des gens qui ont soif d'un verre d'eau ? Et quoi, tu refuses de leur donner de l'eau et tu refuses leurs vieilleries ?

L'Acquajola n'avait plus que ses yeux pour pleurer, mais ne rentrait jamais sans une petite pensée pour Antonio.

— Je me suis dit qu'au moins ces livres, ils te plairaient, qu'est-ce t'en penses, Antò ?

Au début, ce furent de vieux livres illustrés avec des images de dinosaures, d'animaux et d'insectes, puis des manuels en tous genres, des livres d'histoire napolitaine, ceux de Benedetto Croce, des livres d'économie et de droit, des poèmes en dialecte dans des éditions usagées. Et dans ces livres, il y avait des histoires de rois et de princesses, de vassaux et de reines, de commères et de paysannes, mais aussi de la géographie, de l'histoire d'Italie, des poètes italiens, de la grammaire, de la syntaxe, et même de l'algèbre et de la géométrie.

— J'ai trouvé une dame qui m'offre tous ces livres parce que ses enfants pensent seulement à jouer au ballon ; elle les aurait jetés, c'est mieux qu'elle les donne, non ? Et puis c'est péché de jeter des livres, autant que je te les rapporte, qu'est-ce t'en penses, Antò ?

Qu'en pensait Antonio ? Le soir, quand il rentrait de la mer et que l'Acquajola laissait sa charrette devant chez eux, il avait hâte de retrouver cette frange lasse et ébouriffée, mais toujours vaporeuse. Et cette frange lui rapportait chaque jour des cadeaux, des histoires toutes fraîches à cueillir et à déguster dans ce domicile dépourvu de tout. Et le soir, l'Acquajola et Antonio se lavaient, puis elle s'étendait sur le lit en disant :

— Laisse-moi me reposer les yeux – car elle n'osait pas dire : « Je veux dormir. »

Elle était un martyr du travail, qui demandait pardon de s'endormir. Et son fils restait au pied du lit, écoutant le tout doux bourdonnement de colibri de sa mère qui se reposait, écoutant ses minuscules vertèbres qui dormaient enfin, après une journée passée à désaltérer la ville de Naples. Et, à sa manière, l'Acquajola désaltérait aussi son fils en lui offrant de grandes gorgées de livres, ces volumes transportés sur sa charrette qu'elle tirait comme un brave petit âne, pour instruire un peu son Antonio. Toute la culture d'Antonio avait une source unique : le dos maigre de sa mère, exposé au risque de se réduire en poussière et en bris d'osselets, toute la science d'Antonio naissait de cette frange embataillée qui trônait sur ce visage de chardonneret.

Sur son dos, l'Acquajola portait à la fois le poids des bouches asséchées du centre-ville et celui du savoir de son fils. À mesure que, jour après jour, elle vieillissait, de nouveaux ventricules d'intelligence se développaient dans le cœur de son fils, et ce savoir était divin et sacré, car né des quatre veines saignées de l'Acquajola.

Dernièrement, elle s'était rapetitounée : comme si ses centimètres avaient filé, si bien que, de dos, on l'aurait prise pour une fillette en âge d'être au primaire. « Eau fraîche chez l'Acquajò ! » répétait-elle d'une voix de plus en plus ténue, un filet de voix et de salive qui s'échappait du coin de sa petite bouche. Le soir, quand elle rentrait, ses jambes étaient comme deux brindilles sombres traversées d'un réseau de petites veines bleuâtres, violettes et vert bouteille, une pelote de sang coagulé et de souffrance, aussi indémêlable que le dédale de venelles du centre-ville. Et la culture de son fils lui valait de nouvelles veines de douleur dans les jambes : l'Acquajola était faite d'eau et de sang frais, comme celui qui se liquéfiait au Duomo, car elle portait sur ses jambes toutes les plaies de Naples, ville irriguée de sang menstruel.

Les derniers temps, elle avait presque arrêté de parler : les yeux toujours cachés derrière sa frange vaporeuse, l'unique partie d'elle épargnée par les maux. Antonio devait la porter dans ses bras pour l'étendre sur le lit, et elle lui paraissait un enfant aux os creux, léger comme une plume.

En regardant Uvaspina, Antonio éprouva une souffrance déserte que, peut-être, personne ne pouvait comprendre, pas même le dernier poisson muet dans les profondeurs du golfe. Il pensa à sa mère, à comment son visage s'était éclairé quand il lui avait dit qu'il fréquentait le président du cercle nautique : la possibilité, peut-être, de la faire vivre dignement, et de lui ménager une mort meilleure que celle de son mari. Il pensa à cette épave ridée, à ce tas d'osselets et de vertèbres miniatures qu'était devenue sa mère, il pensa à l'eau de l'Acquajola, source de tout ce qu'il savait. Quand elles meurent, les mères disparaissent pour toujours et, sous terre, seuls les vers sont nourris par leur amour. L'Acquajola, non, elle lui laisserait quelque chose de plus fort que le cercueil, les clous et les mains du croquemort, l'Acquajola resterait dans un coin de ses histoires et de ses légendes, l'Acquajola ne mourrait jamais, ne se décomposerait jamais, ne serait jamais mangée par les vers.

Comment Antonio pouvait-il expliquer tout cela à son *criaturiello* ? Comment pouvait-il lui expliquer sa mère aux vertèbres miniatures ? Il se sentit félon, envers lui-même et envers l'amour de sa vie, mais comment les gens nés dans le coton peuvent-ils comprendre les autres ? Alors, il détesta son *criaturiello*, et éprouva presque du plaisir à l'avoir grugé, puis il se sentit le dernier des misérables. Il pensa encore à l'Acquajola, et son cœur s'attiédit, puis il regarda Uvaspina et son cœur se glaça, Uvaspina le fixait avec une expression méchante et inflexible de vieux juge. Sans s'en rendre compte, il se remit à pleurer. Des larmes confuses, irrationnelles, qui faisaient de lui un être plus laid, plus pathétique, plus félon. Des larmes peut-être même ridicules.

— Qu'est-ce que tu veux que je te dise, Uvaspì ? Tue-moi. Vas-y, fais-le, mais de tes mains. Je ne t'arrêterai pas.

Ces larmes agacèrent Uvaspina, parce que sa haine pour Antonio était aussi violente que son envie de se jeter à son cou et de l'entendre dire : « C'était une plaisanterie, Uvaspì, tout ça tu l'as rêvé. » Il voulait le rouer de coups de pied, le gifler, le mordre, mais la peine qu'il éprouvait pour lui fit passer son humeur belliqueuse. Il resta de glace alors qu'Antonio bouillait, pleurait, agenouillé devant lui, les bras autour de sa taille, les lèvres sur son nombril, entrouvertes par ses sanglots.

Enlacé à Uvaspina, Antonio pensa à l'Acquajola, qui était à la maison, peut-être endormie, souffrant et agonisant comme un merle crucifié, à la charrette contre le mur de leur domicile, devenue inutile. Il pria seulement pour qu'Uvaspina lui pardonne, qu'il lui fasse cette grâce, mais les grâces sont du seul ressort de la Vierge, alors il arrêta de penser.

L'odeur de la mer, apportée par le vent, était lourde de putréfaction : peut-être un goéland écrabouillé sur le bitume, pensa Uvaspina, voilà ce qui arrive, quand on vole trop près de la route. Tout doucement, Antonio se défit de son expression de vieillard éploré, et Uvaspina espéra seulement qu'il accélère. Lui, les vieux, il ne pouvait pas les supporter, car ils étaient menteurs.

— Tu vois Nisida et Posillipo, Uvaspì ?

— Ouais, vas-y, sors-moi une autre de tes histoires à la con.

Antonio fut envahi d'une peur chagrine : quand il avait connu Uvaspina, c'était un petitou, il le voyait encore, pleurant sur la grève, quand il l'avait tiré de la mer. Était-ce la même personne qui lui faisait peur, à présent ?

— Ce n'est pas une histoire à la con.

La voix d'Antonio avait changé.

— Tu m'as raconté que ça, depuis que t'as débarqué dans ma vie. Une de plus, une de moins, ça fera pas une grosse différence, commenta Uvaspina, les yeux rivés sur les lumières de Naples, qui n'étaient plus que des points jaunes, des lucioles mourantes.

— Tu vois Nisida et Posillipo, Uvaspì ?

Antonio s'efforça de retrouver sa voix de conteur pour Uvaspina. Et Uvaspina s'efforça de retrouver dans sa mémoire les moments où seuls Antonio et ses histoires existaient pour lui.

— Oui, répondit-il en regardant l'horizon.

— Autrefois, Nisida et Posillipo faisaient l'amour. Puis, pour toute une série de raisons, ils n'ont pas pu continuer.

— Y en a un des deux qu'était pédé et qui voulait pas le dire ? demanda Uvaspina d'un ton méchant, qui lui rappelait celui de Minuccia quand elle se foutait de lui.

Antonio resta silencieux pendant quelques secondes.

— Ça, je ne sais pas. Toujours est-il qu'ils ne pouvaient pas poursuivre leur relation. Alors, ils ont inventé une solution pour rester unis : cette bande de terre qui les relie.

— Et donc ? L'est à chier, ton histoire, c'est une connerie, comme tout ce qui sort de ta bouche. S'ils y avaient vraiment tenu, ils se seraient battus pour rester ensemble.

Uvaspina regarda Nisida et Posillipo, et ils lui parurent atroces.

— Que voulais-tu que Nisida et Posillipo fassent contre la mer ? Contre le vent ? Contre tout ce qui les séparait ? Parfois, on n'a pas d'autre choix que de s'inventer un peu de gaieté pour survivre et trouver quelque chose de beau dans la laideur.

Uvaspina pensa à la mer, au golfe de Naples, qui ressemblait à Minuccia, à ses cheveux d'écume et à ses mains de vagues, il pensa au vent, qui était le souffle de Pasquale Riccio, le maître qui battait les cartes. Et dans tout ça, il y avait cette bande de terre, bout de queue animale.

Ils entrèrent dans le palais Donn'Anna, en prenant garde à ne pas être suivis. Il leur fallait être plus prudents, Antonio allait se marier et devenir le président du cercle nautique, il sauverait la face de Pasquale Riccio. Et Antonio repensa à quelques jours auparavant, quand, à la réunion où Pasquale Riccio avait présenté les comptes, il avait été son ombre. Deux jours avant la réunion, Antonio et Pasquale s'étaient enfermés dans une pièce et Antonio avait tout pris en main. Avec la patience d'une fourmi, il lui avait expliqué chaque chose, et son aisance dans les opérations, chiffres et données avait fait que Pasquale s'était senti encore plus crétin, mais un crétin reconnaissant et plein de dévotion. À la réunion, Pasquale Riccio avait parlé et un peu colmaté, Antonio était intervenu ponctuellement, et tous les membres du cercle avaient pensé que cet Antonio pissait à la gueule de Pasquale Riccio. C'était l'opinion de Crescibene, de Porzio, des autres, et ils avaient aussi pensé que ce chien crevé de fils de Lello Riccio avait peut-être au moins réussi quelque chose dans sa vie : se flanquer d'une personne si différente de lui, aussi intelligente que lui était une tronche de bois. L'intelligence d'Antonio, à la fois démoniaque et angélique, les effrayait, mais ces gens ne pouvaient pas savoir d'où elle lui venait. Ils ne pouvaient pas savoir pour l'Acquajola, ils ne pouvaient pas imaginer ce qu'une personne qui a faim est capable d'inventer.

L'intérieur du palais Donn'Anna regorgeait de pièces fermées à clé, de salons délabrés, de domiciles privés et d'escaliers mystérieux. L'un d'eux s'enroulait comme un serpent et donnait sur une fenêtre d'où l'on pouvait épier Naples, ce qui permettait d'anticiper toute arrivée.

Ils baisèrent avec une brutalité extrême, sans l'amour qu'ils connaissaient, du moins c'est ainsi qu'Uvaspina baisa. Il esquiva tous les gestes tendres d'Antonio : il tourna la tête quand celui-ci voulut l'embrasser, lui offrant son cou plutôt que ses lèvres. Plus les caresses d'Antonio étaient refusées, plus celui-ci aspirait à en donner et en recevoir, et plus Uvaspina laissait libre cours à sa crevardise.

Tout le temps que durèrent leurs ébats, Uvaspina garda un œil sur la fenêtre, évitant de regarder Antonio dans les yeux pour ne pas qu'il comprenne combien l'amour qu'il lui portait encore était pathétique, imbécile et honteux. Il ne prêta pas attention aux arêtes de l'escalier qui laisseraient ses genoux couverts de bleus, il ignora la salive d'Antonio, plus sucrée que jamais, car irriguée du jus d'Uvaspina, dont il voulait continuer de prendre soin.

La nervosité d'Uvaspina se fit plaisir violent : le visage écrasé contre cet escalier que des princes et des princesses avaient emprunté, que des capes dorées et des souliers en cuir fin avaient caressé. Nu, humant la pierre du palais Donn'Anna, il pensa à sa sœur, et à la queue de terre reliant Nisida et Posillipo, et il se rendit compte que c'était la partie du corps la plus difficile à écorcher.

Enfin, il regarda Antonio dans les yeux et lui offrit sa bouche, dans un geste de miséricorde pareil à celui d'une mère envers son enfant. Dans ce geste d'Uvaspina, Antonio vit l'amour de l'Acquajola. Alors, il posa ses lèvres reconnaissantes sur son ventre, car il avait reconnu son *criaturiello*, pépin par pépin. Il murmura un « merci », comme le premier qu'Uvaspina lui avait adressé, et celui-ci s'en émut mais feignit de ne pas l'avoir entendu : il ne voulait plus lui faire plaisir.

35

Des bleus apparaissaient autour des mamelons d'Uvaspina chaque fois qu'il couchait avec Antonio. Son corps était zébré de traits de pinceau violet : comme si quelqu'un avait pressé sur sa peau des mouchoirs imprégnés de couleur.

Quand Antonio venait chez eux à Chiaia, avec une *delizia al limone* pour sa future femme, les bleus d'Uvaspina se cachaient sous sa chemise blanche des grandes occasions : chaque fois qu'Antonio venait, c'était fête.

Antonio jouait au *tressette* avec Pasquale Riccio : il abattait ses cavaliers et ses valets sur la table en bois massif du salon où il posait les coudes, un geste réservé aux habitants des lieux. Il parlait de voiles, de bateaux et des affaires du cercle, et grimaçait quand la conversation s'attardait sur la thématique financière.

Non, il n'a pas perdu son art du récit, pensait Uvaspina en entendant Antonio converser avec son beau-père et sa future femme, accompagnant chaque modulation de ton par un regard pétillant. À présent, les histoires d'Antonio étaient devenues une banalité, comme la tapisserie du salon ou le papier peint ocre, un intermède entre le dessert et le digestif, un petit rituel pour digérer et roter la *genovese* de Svetlana. Alors, il se tenait dans un coin, veillant à ne jamais regarder Antonio dans les yeux, par crainte que tout ce qu'il muselait en lui monte à ses lèvres.

Uvaspina se hasardait à regarder Antonio en face uniquement lorsque ce dernier se levait pour aller aux toilettes, et cet échange de regards apparemment neutres entre beaux-frères le privait ensuite de sommeil, d'appétit et même d'un transit normal.

Il désirait être la mariée d'Antonio, la mariée qui aurait pour toujours ce gisement d'histoires à sa disposition, du matin au soir : il avait envie de pleurer en pensant que Minuccia avait droit à la lumière du jour, alors qu'à lui revenaient les chiottes et les égouts.

Les semaines qui suivirent furent périlleuses et inconfortables, Uvaspina avait l'impression de passer ses journées les jambes immergées dans une gélatine étrange, et le soir il s'endormait les pieds fatigués par l'effort : à Chiaia, la fraîcheur de la fin octobre commençait à entrer par la fenêtre, accompagnée de l'odeur des châtaignes napolitaines vendues dans la rue, celles qui coûtaient aussi cher qu'une crèche.

Il passait le plus de temps possible en compagnie de l'Éclopée et se débrouillait pour sortir avec elle chaque fois qu'Antonio était chez lui, en train de festoyer avec une *delizia al limone*.

— Je rejoins Teresa, lançait-il d'une petite voix stridente, et il voyait avec satisfaction Antonio changer de couleur, ses traits s'affaisser.

Uvaspina vivait pour cette fraction de seconde où la déception frémissait dans les yeux d'Antonio, et sa satisfaction croissait devant son effort pour tout réprimer, pour s'efforcer de garder un air dégagé et de continuer à parler de voile et du cercle avec Pasquale Riccio.

Alors, il partait en claquant la porte et dévalait l'escalier avec un cuisant sentiment de victoire et de défaite mêlées : c'était peut-être là la mesure de tout son amour.

L'Éclopée et Uvaspina ne se touchaient plus.

Elle avait compris qu'Uvaspina était défectueux : certes, quand elle prenait son pénis, il réagissait parfois, mais combien cela durait-il ? C'était si triste, de le sentir tout mou dans sa main. Alors, ils avaient pris l'habitude de se coucher et de se parler.

Parfois, l'Éclopée lui apportait des assiettes garnies de pain, d'huile et de sucre, ils buvaient les liqueurs que son père stockait dans le buffet ou jouaient à se maquiller avec le mascara de sa mère.

Ils évoquaient la fois où, en primaire, ils avaient appris à dessiner des hirondelles, l'odeur des petites pizzas que le concierge apportait toujours à l'école, la fac, où aucun des deux n'avait vraiment envie d'aller, si bien qu'ils ne s'y étaient pas encore inscrits.

Allongés, tous les deux se sentaient normaux : l'Éclopée n'était plus boiteuse, Uvaspina réussissait à ne pas réfléchir pendant quelques heures, et quand il sortait de cette pièce et rentrait à Chiaia, il regrettait les cuisses de Teresa, et ses mains inutiles.

Un samedi matin, au réveil, Minuccia fixa le mur bleu ciel de leur chambre.

Elle avait rêvé de la mer : à présent, elle voulait y aller avec Antonio. Elle se rendit compte qu'ils n'étaient jamais partis pour de longues excursions ensemble : certes, ils avaient fait quelques sorties en bateau, mais courtes, alors que Minuccia voulait voir les îles Phlégréennes, marcher main dans la main sur la plage avec un fiancé qui veuille vraiment d'elle.

Elle se voyait, vêtue d'une petite robe colorée, sur le bateau de l'homme qui allait l'épouser ; elle se voyait, les joues roses et un sac à main en paille sur les genoux, alors que le sillage derrière l'embarcation s'étirait. Elle s'imaginait plongée dans un air électrique et enchanté, où plus rien ne pouvait l'atteindre ni la blesser, pas même Uvaspina, qui était devenu fuyant. Oui, elle le rendrait fou, Uvaspina, il finirait par l'implorer : « Tu me laisses faire un tour sur le bateau de ton mari ? Juste un… », et alors elle lui donnerait de petits coups de sac à main, le chasserait en riant. Tous les dimanches, elle reviendrait déjeuner avec ses parents et son frère à Chiaia en compagnie de son mari, et elle leur ferait le récit de leurs voyages, de leurs sorties en mer, de sa vie de dame, puis elle se délecterait de l'expression abattue, de la tête de chien crevé de son frère. Elle porterait une robe chaque fois plus chic, elle s'assiérait en bout de table et narrerait des voyages si mirobolants que même les tomates bien mûres dans leurs assiettes en verdiraient de jalousie. Oui, car à bord de leur bateau, Antonio et elle pousseraient jusqu'à Trapani, Pantelleria, Lipari. Mais ils iraient aussi en Afrique, elle se promènerait dans le désert et caresserait des chameaux. Où était le problème ? Ce n'était pas si compliqué, non ? Il lui suffirait de prendre un atlas, de poser son doigt au hasard, puis de dire à son mari : « Emmène-moi là. » Et Antonio le ferait, parce que avec son petit bateau il pouvait aller n'importe où, et elle, elle était sa femme et elle pouvait lui demander n'importe quoi. Avec ses bras musclés, Antonio la protégerait de tous les dangers du monde ! Une excitation enivrante, parsemée d'images confuses d'îles, embarcations, petits plats, robes en tissu de qualité et rouge à lèvres cerise, s'emparait de Minuccia. Maintenant, elle pouvait avoir tout ce qu'elle voulait, et une fois elle inviterait Uvaspina à venir avec eux, pour pouvoir ensuite lui dire : « Non, j'ai changé d'avis, je n'étais pas sérieuse, rentre chez toi, toi, tu n'as pas le droit de monter à bord avec nous. »

Minuccia se mit à rire et se leva, presque étourdie par toutes ces pensées heureuses. Le monde pouvait bien s'écrouler, ce jour-là elle passerait du temps avec Antonio et ils feraient quelque chose ensemble. Ce qu'il était beau, son Antonio ; ses yeux si particuliers, qui pétillaient chaque fois qu'il gagnait une partie de *tressette* contre Pasquale Riccio, la faisaient craquer : puis il lui adressait un clin d'œil, et seul son œil vert restait ouvert, un petit diamant complice que Minuccia conservait précieusement toute la nuit.

Quand ils sortaient, Antonio lui achetait tout ce qu'elle voulait : une glace à la Scimmia, parfum noisette et *cassata* sicilienne, des ballerines via Toledo, des rubans, des barrettes et même des poupées au plus beau magasin de jouets de Naples, le paradis des gosses de la via dei Mille. Ensuite, Minuccia prenait Antonio par la main, et ils ressemblaient à deux vrais amoureux ; elle était plus jeune que lui, une authentique femme en train d'éclore, mais après tout la Dépareillée et Pasquale Riccio aussi avaient quelques années d'écart. Et puis elle aimait l'idée qu'il l'élève, elle voulait se donner à lui tout entière, pour entrer dans le mystère de ces yeux qui ne la regardaient jamais en face.

Tout en marchant, Minuccia fixait Antonio et ne croisait son regard que de biais, par éclats distraits, et plus le phénomène se répétait, plus elle s'obstinait.

— À quoi tu penses, Antò ? lui avait-elle demandé, une fois qu'ils étaient sortis pour changer ses chaussures, trop serrées.

— À rien, avait répondu Antonio, puis il lui avait raconté le jour où il était allé dans ce magasin acheter des souliers vernis pour le mariage de son oncle.

— Tu les achèteras ici pour notre mariage aussi ? l'avait-elle défié en serrant sa main, qu'il avait un peu relâchée.

— On verra ça plus tard, Minù.

Puis il avait plaisanté, comme toujours, elle avait bien compris qu'Antonio adorait ça. Et, dans ces moments, Minuccia se rembrunissait, parce que quand il s'agissait de parler avec son père, Antonio était tout sérieux et rigoureux, alors que quand ils n'étaient qu'entre eux, il tournait tout en plaisanterie.

Ce matin-là, Minuccia voulait faire une sortie en bateau, puis elle se rappela que l'été était fini et qu'ils ne s'étaient pas vraiment promenés à la mer. Ça servait à quoi d'avoir un fiancé, s'il ne l'emmenait même pas à Posillipo ?

Elle passa encore un peu de temps à fixer les murs bleu ciel de sa chambre, puis se rendit à la cuisine pour annoncer qu'elle irait au palais Donn'Anna avec Antonio.

— Va pleuvoir aujourd'hui, fit remarquer la Dépareillée, plantée à côté de la fenêtre depuis sept heures et demie.

— Qu'est-ce t'en sais, toi ? Mêle-toi de ce qui te regarde.

Elle s'enferma dans la salle de bains pour se préparer.

Même si la Dépareillée était apparemment devenue imperméable aux petites attaques de la foltoupie, elles continuaient à la blesser de manière souterraine, elles rongeaient ses poumons et l'air lui manquait.

En entendant sa sœur, Uvaspina fut pris d'une colère sourde : il eut envie de balancer Antonio une fois pour toutes, juste pour voir la tête de Minuccia, lui faire perdre cette expression de femme fière et casée, elle en rabattrait et pleurerait, elle aussi, comme lui, depuis si longtemps qu'il ne savait plus quand.

— Je descends, il est là, annonça Minuccia en sortant précipitamment de la salle de bains – dotée d'antennes très sensibles, elle reconnaissait toujours le bruit de la voiture d'Antonio.

Uvaspina rêvait de prendre sa sœur par le col de sa jolie robe et de lui dire que cette bagnole était encore tachée de son foutre. Il rêvait de la taper contre la porte de sa chambre, comme il l'avait fait à côté de l'enclos des moutons, le bruit sourd de son dos contre le bois aurait été source de bonheur.

— Et toi, t'as prévu quoi, ce matin, Uvaspì ? Une petite branlette à domicile ? lança Minuccia juste avant de sortir.

La Dépareillée se rembrunit, mais que pouvait-elle dire ? Uvaspina ne la regarda même pas : *Mais oui, c'est ça, vis ton conte de fées*, pensa-t-il. *On verra qui se retrouve sans pulpe à force d'avoir été pressé, au bout du compte.*

Minuccia le toisa d'un air de défi, puis ferma la porte derrière elle.

36

Ce matin-là, Antonio avait enfilé un veston rouge foncé, il s'était taillé la barbe et les pattes.

Effectivement, le ciel était nuageux et le temps sentait la pluie.

Minuccia prit son fiancé par la main, satisfaite. Elle adressait des regards complices et solidaires aux autres filles qui tenaient leur amoureux par la main : elles avaient toutes la même expression sereine et détendue, et portaient des vestes légères en ce début d'automne. À la première éclaircie, elles les enlèveraient. Minuccia était sortie sans rien sur sa robe.

— Réchauffe-moi.

Et elle se serra contre Antonio tandis qu'ils avançaient sur le front de mer, laquelle avait ce jour-là la couleur argentée des feuilles d'olivier.

Un étal était différent des autres : Minuccia s'arrêta pour le contempler du même air captivé que lorsque, petitoune, elle contemplait les barbes à papa dont son frère et elle raffolaient et qu'ils se partageaient. Il était couvert de vêtements et d'accessoires présentés comme des bijoux sortis d'un coffret : jupes à volants, robes ocre, marron et bordeaux avec des motifs en forme d'huître, robes légères imprimées de fleurs. Minuccia caressa l'étoffe d'un chemisier vert émeraude en pensant qu'il serait agréable d'essayer une série de styles différents, d'avoir un dressing rempli de tenues étincelantes, adaptées à son désir et à son humeur du jour.

— C'est la *nueva moda*, lui dit la vendeuse, une Espagnole aux cheveux rassemblés en chignon.

Minuccia sourit et se tourna vers Antonio, qui avait les yeux fixés sur la mer palpitante d'écailles d'argent.

— Il t'achète *nada*, ton petit ami ? la provoqua la fille.

— On va se marier, précisa Minuccia, sérieuse.

Antonio, tiré de sa contemplation par la voix de Minuccia qui requérait son attention, lui demanda ce qu'elle voulait. Alors qu'elle hésitait encore entre une petite robe fantaisie et une jupe plissée, le déluge se mit à tomber. Ils se précipitèrent dans le premier café pour prendre le petit déjeuner. Minuccia repensa à quand elle courait sous les orages estivaux avec son frère, pour échapper aux gifles de la pluie.

Minuccia voulut s'installer sous l'auvent en plastique de la terrasse pour profiter de la belle vue sur le golfe. Croissant à la confiture pour elle, à la crème pour lui.

Antonio tournait le dos au littoral : derrière lui, le ciel couleur de cendre et la mer qui feulait. Il souriait et plaisantait sur les barques, que la tempête allait emporter ; ces plaisanteries ne faisaient pas rire Minuccia, elle n'y connaissait rien en vents et en vagues : elle savait seulement qu'Antonio était la voile et l'homme de la cérémonie du *chiummo*, c'était tout ce qui l'intéressait concernant la mer.

Antonio avait les coins de la bouche barbouillés de crème, et Minuccia eut le réflexe de l'essuyer, d'abord avec un mouchoir, puis avec son doigt.

— Tu t'es prise pour ma mère ou quoi ? fit Antonio en riant.

Rigole, rigole, pauvre débile, pensa Minuccia, irritée, car seuls les crétins riaient autant.

Antonio prétexta un besoin de passer aux toilettes pour aller payer.

— Je te dois combien ? demanda-t-il à la fille aux lunettes rondes derrière le comptoir.

— C'est pour moi.

Deux petites mains laissèrent tomber des pièces devant la caisse. La serveuse les compta, puis elle demanda :

— C'est quoi que tu as sous l'œil ? Un grain de beauté ? Mon père a le même.

— Non, une tache, répondit Uvaspina en rangeant la monnaie.

Réflexion faite, il la ressortit et la donna à Antonio.

— Tiens, achète un truc à ta future femme. Prends-lui des *graffe*, ma sœur adore ces beignets.

Puis Uvaspina revint à la table où Teresa l'Éclopée l'attendait en sirotant un café, son rouge à lèvres avait bavé.

Antonio alla retrouver Minuccia : le ciel avait pris une couleur de flaque. Elle avait remarqué la présence d'Uvaspina.

— Mon frère nous suit comme un caniche, excuse-le.

— Je ne l'avais pas remarqué, je lui ai juste dit bonjour par politesse.

Antonio jeta un coup d'œil en direction du bar : Uvaspina et Teresa riaient, penchés sur un illustré ; ça faisait longtemps qu'Antonio n'avait pas vu Uvaspina rire de si bon cœur.

— T'as bien raison, faut pas que tu commences à te lier à lui, il porte la poisse. Il a la haine contre nous parce qu'on va se marier et lui, il va rester solo comme un haricot.

À cette dernière expression, Minuccia se mit à rire toute seule en regardant le ciel tremblant de grisaille, elle rit en pensant aux assiettes de haricots sur les genoux de Nunzia Cul-de-Traviole les soirs de novembre, à côté du poêle. Elle rit pour le plaisir de rire sans raison apparente, exactement de la manière qui l'avait énervée peu avant. Un goéland avec une seule patte se traîna près des pieds d'Antonio : le rire de Minuccia avait quelque chose de vulgaire, un arrière-goût boisé et sénile.

Du bar sortait le rire limpide d'Uvaspina, mêlé à celui de Teresa l'Éclopée, et Antonio pensa qu'Uvaspina était un vrai enfoiré, parce qu'il avait compris comment le rendre malade. Il pouvait tout supporter, à part entendre Uvaspina rire à cause d'une fille boiteuse au rouge à lèvres baveux et non de ses histoires à lui.

Le golfe de Naples en entier tenait dans le rire d'Uvaspina ; en dehors de ce rire, tout n'était que sable porcasse, goélands à une seule patte et décharges sauvages.

Minuccia et Antonio repartirent vers la voiture. Chaque pas éloignait Antonio du rire d'Uvaspina, qui ne riait pas grâce à lui et ne le ferait peut-être plus jamais.

Minuccia baissa sa vitre : elle avait besoin d'air parce qu'ils avaient dû monter une côte un peu costaude pour rejoindre la voiture. L'habitacle sentait l'humidité et le chien mouillé, les odeurs de Naples par mauvais temps : c'était comme si la pluie remontait des égouts.

— On va où, maintenant ? demanda Minuccia, un bras sur la portière.

— Je te ramène à la maison, j'ai des choses à préparer pour ton père au cercle.

— Ah, on rentre déjà ? Tu m'emmènes juste manger un croissant tout mou puis tu me ramènes ?

— Oui, j'ai du travail, Minù, répondit Antonio sans la regarder.

Ses paupières clignaient au rythme du rire d'Uvaspina qui résonnait dans sa mémoire.

Minuccia aurait voulu rétorquer, mais la déception l'avait rendue muette, comme pétrifiée. Elle n'aimait pas n'avoir rien à répliquer. Elle était faite pour les gestes forts et la défense, mais comment se défendre de quelqu'un qui la ramenait à la maison comme si c'était la chose la plus naturelle du monde ?

Antonio était présent et absent à la fois, comme certaines îles qui disparaissent de l'horizon les jours de pluie.

Minuccia espéra qu'ils auraient un accident ; au moins, de la sorte, elle verrait Antonio réagir sous une impulsion. Apparemment, elle était la seule crétine qu'il traitait comme une gamine attardée : avec Pasquale Riccio, il parlait, riait et jouait aux cartes, avec Uvaspina il se comportait en jeune homme bien éduqué et lui demandait toujours comment il allait, avec la Dépareillée il se montrait galant. Antonio était sournois, pensa Minuccia, il était comme ses yeux, il changeait de couleur au moment où l'on s'y attendait le moins. Il était quand même mieux que Carlo Di Martino : bien que leur mariage soit fixé, Antonio ne l'avait jamais touchée, parce qu'il la respectait, lui disait-il. Les hommes sont ainsi faits : certains ont toujours les mains sur toi, d'autres ne te regardent même pas.

— Bon, ben rentrons alors, lui répondit-elle. Mais je dois aller aux toilettes, avant.

— On est presque arrivés, tu ne peux pas te retenir ?

Minuccia se contenta de lui jeter un regard noir.

— D'accord, Minù.

Antonio stationna dans une rue adjacente à un hôtel du front de mer. Il n'eut pas le temps de couper le moteur qu'elle imprima ses lèvres sur les siennes. Ils avaient déjà échangé quelques baisers, mais ils s'en étaient tenus là. Antonio garda la bouche fermée, l'haleine de Minuccia sentait encore la confiture poisseuse et des miettes étaient restées coincées dans les plis de ses lèvres. D'un geste doux, Antonio la repoussa vers son siège et fit mine de rallumer le contact. Il n'avait encore jamais expérimenté la foltoupie.

— Je te dégoûte tant que ça ?

— Qu'est-ce que tu racontes ? C'est qu'on va être en retard.

— T'as toujours un prétexte. Faut que tu rentres à la maison, t'as du travail, mon père, le cercle, tes morts au paradis. Écoute-moi bien, une vie comme ça avec toi, j'en veux pas. Dis-le-moi tout de suite, si tu veux me traiter comme un bibelot, dans ce cas, je vais directement m'enfermer dans un placard et on n'en parle plus.

— Mais non, Minù, c'est juste qu'il y a des manières à respecter…

Antonio la regarda en feignant une immense maîtrise de soi. La grimace de Minuccia lui rappela certaines expressions boudeuses d'Uvaspina : il eut un pincement langoureux au cœur.

— Hé ben, heureusement que tu connais les manières, toi.

Minuccia revint sur lui et, cette fois, l'embrassa pour de bon, les yeux fermés. Antonio l'embrassa en retour, les yeux ouverts. Alors que la langue de Minuccia tournait dans sa joue, il observa la trajectoire d'une goutte sur le pare-brise, jusqu'à ce qu'elle atteigne l'essuie-glace.

Au fond, ce n'était qu'un baiser, quelque chose qui ne se refuse pas, et puis Minuccia était issue de la même chair que son *criaturiello*, et en se forçant un peu, il pouvait faire semblant et imaginer Uvaspina à sa place, mais Minuccia avait un goût de bois et de ficelle. Et sa bouche n'avait pas cette vitalité que seul Uvaspina détenait, ce pétillement de quand il ouvrait les yeux, quand il avait peur, quand il marchait pieds nus sur les cailloux de Procida…

La pensée des pieds fragiles d'Uvaspina se blessant sur les rochers pointus fit larmoyer quelque chose en lui et, délicatement, il repoussa de nouveau Minuccia.

Ce geste calme lança la foltoupie. Minuccia voulait sentir les mains d'Antonio là où seuls Carlo et ses mains à elle s'étaient aventurés, elle voulait les mains de son mari, parce qu'il lui appartenait et qu'elles lui revenaient. Sa patience avait atteint ses limites.

Ce matin-là, dans la voiture, Antonio comprit comment Uvaspina devait se sentir au lit avec Teresa l'Éclopée. Et il pardonna ses rires au bar, parce qu'ils ne pouvaient pas être sincères.

Les doigts dans Minuccia, Antonio continuait de regarder les gouttes sur le pare-brise : il les bougeait en suivant le mouvement des gouttes, mais soudain ils le brûlèrent comme s'ils étaient enfoncés dans la braise. Alors, il les retira délicatement et remit le contact, avec naturel.

La foltoupie ne lui pardonna pas cela non plus ; il lui fallut quelques instants pour resserrer les jambes et se rasseoir comme il faut, car la rancœur tétanisait ses membres : chacun de ses muscles était moulu d'échec.

Elle ne tourna pas une seule fois la tête vers Antonio de tout le trajet. Quand il se gara en bas de chez elle, elle salua son futur mari en lui faisant la bise. Puis elle claqua la portière et entra dans son immeuble.

Dans la voiture d'Antonio, sur le siège passager, une tache s'étendait : une puanteur viciée de lit mouillé envahissait l'habitacle.

37

Une fois tous les sept ans, tout le village de Guardia Sanframondi sentait le sang.

Cette odeur irritait le nez et faisait éternuer : c'était comme si un animal avait été égorgé là, sous les yeux de tous ; une boucherie en plein air.

Le sang se ramifiait sur le sol en toile d'araignée rouge vif qui conduisait au sanctuaire de l'Assomption. C'était de cette église que les pénitents sortaient au crépuscule pour la procession où ils expieraient leurs péchés. À leur vue, les vieilles se donnaient des coups de coude : « Hé, les cagoulés arrivent », murmuraient-elles.

Les pénitents se frappaient la poitrine, suivis par la fanfare avec les tambours. Des coups rapprochés, cadencés, issus du centre de la Terre. Ils se frappaient avec une éponge en liège hérissée d'aiguilles acérées : leur sang jaillissait de leur poitrine, se mêlant à leurs poils, barbouillant la statue de la Vierge.

Poum. Plus les pénitents se faisaient mal, plus leur exaltation était grande : ils expiaient toutes leurs fautes.

Quand ils étaient enfants, Uvaspina et Minuccia n'avaient pas le droit de regarder la procession : on leur disait de se couvrir les yeux et de plonger leur nez dans un mouchoir imprégné de parfum pour ne pas sentir l'odeur de sang et de vinaigre. Mais à présent qu'elle allait se marier, Minuccia ne pouvait plus être traitée comme une gosse : rien, mais alors rien n'empêchait son futur mari et elle d'aller voir les flagellants.

Elle avait insisté pour emmener son frère, elle voulait qu'il assiste à un spectacle marquant : l'idée qu'Uvaspina passerait pour un péteux devant Antonio l'excitait.

Antonio vint chercher le frère et la sœur dans l'après-midi. Les yeux de Minuccia étaient soulignés d'un halo violacé : elle avait passé la nuit enfermée dans la salle de bains, en proie à l'envie de promener sa toupie en bois sur ses bras, mais elle n'avait pas enfoncé la pointe dans sa chair. Ce geste retenu contenait toute sa souffrance aride, sa douleur de future mariée qui ne parvenait pas à se faire désirer par son futur mari. Elle était restée plantée devant la glace jusqu'au lever du soleil, pensant à sa chair lacérée contre celle d'Antonio.

Elle avait mis une robe bouffante fuchsia : la coupe de sa jupe formait un contraste bizarre avec ses jambes et lui donnait des airs de fleur géante.

Uvaspina s'était rasé : quelques poils fragiles et isolés s'étaient enfin décidés à pointer sur son visage. Les multiples entailles dessinaient comme des traits de peinture rouge sur sa peau. Quelque chose saigna en Antonio à la vue du visage de son *criaturiello* constellé de plaies, et il l'imagina, tout menu, seul devant le miroir, ses mains blanches armées d'un pinceau.

Ils firent en silence le trajet jusqu'au village des flagellants.

À l'avant de la voiture, Antonio et Minuccia avaient tous deux baissé les vitres car le siège sentait encore l'urine.

— L'air ne te gêne pas ? S'il y en a trop, on peut remonter la vitre, dit Antonio à l'intention d'Uvaspina, assis sur la banquette arrière, la tête appuyée contre la fenêtre.

— Il fait chaud, Antò. Mon frère va pas mourir à cause d'un peu de vent, on est pas en janvier.

La foltoupie commençait à s'agiter.

Ils arrivèrent devant le sanctuaire de l'Assomption aux alentours de sept heures et demie : la foule était immense. Minuccia et Antonio marchaient devant, main dans la main, Uvaspina derrière, les mains dans les poches de son pantalon kaki moulant.

Collée à Antonio, Minuccia scrutait les gens, se concentrant uniquement sur les femmes : comment elles étaient habillées, comment elles se comportaient, combien elles se serraient contre leur homme et faisaient semblant d'avoir peur du sang, comme si elles n'en avaient jamais vu et n'en avaient pas qui coulait tous les mois entre leurs jambes. Elle marchait un pas devant Antonio, et Uvaspina pensa qu'elle donnait l'impression de le traîner.

— Grouille, Antò, t'avances comme une tortue, on voit pas bien les flagellants d'ici, je veux être au premier rang. Tu sais quoi ? T'es comme mon frère.

Minuccia grimaça pour réprimer son dégoût, sans savoir s'il était provoqué par l'odeur de vinaigre ou par la pensée que son frère et Antonio avaient quelque chose en commun.

Elle avançait à grandes enjambées, tirant Antonio par la main : elle le tenait en laisse, par le lasso et la ficelle, et paraissait plus âgée, pareille à ces mères de famille marchant au côté de leur mari, se tournant sans cesse vers leurs enfants par crainte qu'ils se cassent le cou.

C'est peut-être un truc des gens qui vont se marier, pensa Uvaspina.

Il se demandait si Antonio et elle avaient fait quelque chose, si Antonio l'avait vue nue, comme Uvaspina l'avait vue quand ils étaient petits et qu'il devait lui essuyer la zézette après le pot, à l'époque où elle ne savait pas le faire toute seule ; est-ce que, quand il la touchait, Antonio pensait parfois à lui, ne serait-ce que par erreur ? Est-ce qu'il préférait coucher avec les garçons ou avec les filles ? L'odeur de pisse dans la voiture évoquait à Uvaspina celle du sexe féminin, l'odeur incompréhensible de cette grotte qui chez lui éveillait seulement la peur.

Sur le parvis de l'église, noir de monde, des étals vendaient des cacahuètes : certains proposaient également de l'*'o pere e 'o muss'*, du museau de vache bouilli, servi avec deux rondelles de citron.

Le son du tambour pénétrait l'estomac des gens, qui se touchaient le ventre à chaque coup. Les flagellants défilaient, cagoulés, en chantant des chansons sinistres qui effrayaient Uvaspina : leurs grosses voix semblaient proférer des menaces.

— Antò, regarde un peu comme il pisse le sang, le troisième de la file, on dirait un chevreau.

Minuccia secouait Antonio comme un pantin, qui hochait la tête aux mots de sa future épouse.

— Oh, Antò, tu m'écoutes ? cria Minuccia, la voix couverte par les coups de tambour et par la foule qui tapait des mains en rythme.

Uvaspina s'efforçait de ne pas croiser le regard d'Antonio : la veille au soir, ils s'étaient retrouvés au palais Donn'Anna et il lui était douloureux d'assister à la procession avec lui, c'était comme un mauvais rêve, où il était invisible pour Antonio, comme si entre eux rien ne s'était passé, tout avait été effacé.

Poum. Poum. Poum. Les flagellants avançaient, et leur peau se couvrait de plaies et de bleus. Uvaspina finit par trouver le courage de lever les yeux et, soudain, il sentit palpiter sous sa chemise les hématomes qu'Antonio lui avait laissés. Alors, le cauchemar se fit joie épaisse, qui ruissela comme le sang des pénitents. Une joie mêlée au sentiment de culpabilité à l'égard de sa sœur, qui se tortilla dans son ventre comme un ver, finit par s'élever vers le ciel et alla étinceler avec les feux d'artifice de la fête : la culpabilité d'Uvaspina retomba sur la foule et explosa dans le plaisir croissant d'avoir porté tort à Minuccia.

Les feux gagnèrent en intensité et en densité, ils paraissaient très proches : la nuit était parée d'orange, les pénitents s'étaient arrêtés sous la lumière pyrotechnique du ciel, semblables à des torches humaines.

Une explosion plus bruyante que les autres fit pousser un cri de terreur à un enfant, qui trébucha et atterrit sur Uvaspina, planté à côté d'un étal. Uvaspina et l'enfant se retrouvèrent tous les deux par terre.

En une seconde, Antonio était là pour relever son *criaturiello*, il portait en lui le réflexe de l'aider, de l'attraper par le pied, le bras ou la cheville, pas plus dissimulable qu'une quinte de toux. N'importe où la vie le conduirait, Antonio aurait toujours le réflexe d'attraper Uvaspina et de le sortir de la mer.

— Ça va ?

Antonio le redressa dans un geste maladroit.

— Oui, j'aurais pu me relever tout seul, murmura Uvaspina, remerciant le spectacle dans le ciel, qui faisait un raffut de tous les diables.

Minuccia ne détourna pas le regard des feux d'artifice, qui se reflétaient dans ses yeux et dessinaient des spirales sur ses pupilles : tout crépitait et brûlait dans le tapage pyrotechnique, qui criait pour elle.

Le spectacle s'acheva, laissant dans l'air une odeur de brûlé et de viande grillée, qui ne suffisait pas à couvrir l'odeur métallique du sang.

Les flagellants s'assirent sur les chaises en plastique sous le porche de l'église, une esplanade qui donnait sur des collines ondulées : ils se reposèrent en buvant un peu de vin local.

Quelques gorgées après, ils étaient de nouveau prêts à démontrer au monde que laver tous les péchés requérait beaucoup de temps et que, pour ce faire, il fallait se remettre en marche. Ils se levèrent et reformèrent leurs files en entonnant une nouvelle complainte en latin : sortant de leurs glottes avinées, la chanson faisait peser une immense culpabilité et donnait envie de se repentir du seul fait d'être né et d'avoir vécu.

Les flagellants recommencèrent à se frapper, suivis par la fanfare : cependant, les instruments ne couvraient pas le bruit des coups. À chacun d'eux, le bois de la foltoupie se fissurait.

Poum. La fois où on lui avait dit qu'Uvaspina était gracieux et qu'elle s'était sentie un pur produit de Forcella, une Dépareillée miniature.

Poum. Les collègues de Pasquale Riccio affirmant : « Ta gamine, l'est pas mal, mais ton petit gars est plus mignon. »

Poum. Les mains de Carlo Di Martino, qui avaient ouvert une faille.

Poum. Celles d'Antonio, qui ne savaient pas la refermer.

Poum. Les rasoirs, les lames, les drôles d'idées.

Poum. Antonio qui riait toujours, qui riait avec tout le monde, et dont le rire sonnait faux seulement avec elle.

Poum. Antonio qui demandait à Uvaspina comment il allait, s'il y avait trop d'air dans la voiture, qui le relevait quand il se cassait la figure, alors qu'elle était seule et qu'il ne la regardait même pas en face.

Qu'est-ce qu'il en avait à foutre, de ce *femminiello*, alors qu'elle, sa future femme, regardait le feu d'artifice seule dans son coin ? Pas un bras autour de la taille, une main sur l'épaule, rien, Antonio était aussi froid que la mort, et même quand ils s'étaient embrassés, elle avait eu l'impression d'avoir affaire à une putain de statue. *C'est ça, les hommes*, pensa Minuccia, *soit ils veulent pas de toi, soit ils te donnent envie de crever en te tripotant n'importe comment.*

À chaque coup des flagellants, une nouvelle fissure trouble et nerveuse craquelait la foltoupie.

À un moment donné, le rythme des tambours accéléra, une pluie de coups tous identiques, qui crevèrent quelque chose dans le ventre d'Uvaspina : en regardant sa sœur en robe fuchsia, son corps de dame bien installée, il éprouva un sentiment de culpabilité visqueux. Fuchsia comme le maillot à volants qu'elle avait mis ce jour-là au Bagno Elena, foltoupie tendre et impitoyable, qui revêtait cette couleur primitive où saignaient la haine la plus cruelle et l'amour jamais vaincu. Amour et haine s'entremêlaient dans d'innombrables coups de pinceau confluant dans le magenta, la couleur de Minuccia et de certaines plantes carnivores dont elle aurait pu orner ses cheveux. Uvaspina eut envie de prendre sa sœur dans ses bras et de la bercer, Minuccia petitoune qu'il fallait seulement supporter.

Plus il voulait étreindre Minuccia, plus il voulait s'éloigner d'Antonio, et une minute après, c'était l'inverse : étreindre Antonio, éloigner Minuccia, dans une valse au rythme identique et opposé à celui des flagellants.

Poum. Poum. Poum : la culpabilité était comme un tambour, à la peau toujours tendue.

La procession s'interrompit. Quelques personnes pleurèrent, d'autres se dirigèrent vers leurs voitures et d'autres encore entrèrent dans l'église pour saluer la Vierge au calme, à l'abri de tout le bordel qu'il y avait eu jusque-là.

Minuccia tenait entre ses mains une bougie à moitié fondue d'où la cire gouttait. Une vieille sacristaine qui en distribuait avant la procession la lui avait donnée. Antonio la lui prit.

— Regarde un peu, tu es toute pleine de cire.

Minuccia la reprit et la serra plus fort.

— Fallait que je m'en foute plein les mains pour que tu te souviennes que t'as une fiancée. T'avais même pas vu que je tenais une bougie.

Antonio ne dit rien, il glissa un regard à Uvaspina et lut dans ses yeux les règles de comportement face à la foltoupie : il les appliqua à la lettre.

Comme à toutes les fêtes, il y avait des camions qui vendaient des sandwichs dégoulinant d'huile : saucisse et patates, saucisse et courgettes à l'escabèche, saucisse et aubergines grillées avec de l'ail et du persil.

— Tu en veux un, Minù ? Tu as un petit creux ? demanda Antonio.

L'odeur de poudre et de sang faisait naître un étrange appétit.

Elle ne répondit pas, mais la note gentille qui avait vibré dans la voix d'Antonio l'apaisa un instant, et elle ralentit pour aller se mettre dans la queue devant un camion éclairé par des ampoules jaunes et vertes.

— Qu'est-ce qu'il vous faut ?

Antonio sortit machinalement son portefeuille, mais le vendeur lui dit qu'ils paieraient après.

Minuccia et Uvaspina réfléchirent un peu.

— Moi, rien, décréta Minuccia, puis elle se ravisa : Si, un sandwich avec juste de la saucisse.

Uvaspina et Antonio commandèrent la même chose.

Ils s'assirent à une table en bois, sur des bancs qui semblaient avoir été dérobés à l'église : un clou piquait les fesses de Minuccia. Ils n'échangèrent pas un mot ; ils mangèrent tous les trois en silence et se brûlèrent la langue : leurs sandwichs passés sur le gril fumaient encore. L'atmosphère était tendue, Minuccia mâchait la bouche ouverte en regardant fixement son frère.

Antonio se leva pour aller payer, et Uvaspina aussi : n'importe quoi pourvu qu'il se casse de cette table aussitôt que possible, chaque seconde passée à manger entre Minuccia et Antonio était un purgatoire. Et rien à foutre s'il dépensait ses quelques lires en sandwichs, du moment qu'il avait un prétexte pour se lever.

— Quoi, tu veux faire ton intéressant ? Si Antonio veut payer, de quoi tu te mêles ?

Minuccia essuya les commissures huileuses de ses lèvres.

— C'était pour être gentil, répondit Uvaspina.

— T'as besoin d'être gentil avec mon fiancé ?

Les mots de Minuccia étaient aussi gras que l'auréole luisante autour de sa bouche.

— L'argent que papa t'a donné, il devait pas servir à t'acheter un pantalon, Uvaspì ?

Uvaspina hocha la tête.

— Et tu préfères rester sans pantalon pour payer à manger à mon fiancé ? T'es tombé si bas ?

Uvaspina ne dit rien. La foltoupie était lancée, revigorée par le sandwich.

— D'ailleurs, à propos de futal, c'est quoi cette horreur ?

Minuccia lorgna d'un air dégoûté son pantalon kaki moulant et sa chemise.

— Depuis tout à l'heure tu te pavanes devant Antonio, tu crois que j'ai rien remarqué ?

Elle roula sa serviette en boule et la jeta dans la poubelle à côté du banc avec une violence mesurée.

Uvaspina fut envahi d'une honte sourde, honte de sa tenue, honte de sa démarche, honte de n'avoir peut-être pas su retenir quelques regards de trop en direction d'Antonio : il croyait avoir été vigilant et avoir concentré toute son attention sur le feu d'artifice, mais la ficelle de la foltoupie avait su emprisonner tous les mouvements de ses pupilles.

Antonio gardait le silence.

Autour d'eux, les gens riaient en déballant des assortiments de petits gâteaux et des sandwichs, les flagellants avaient enlevé leur tunique et leur cagoule : ils croquaient le pain et la viande d'où coulait du sang, comme celui qui auparavant coulait de leur poitrine. Peut-être Antonio et Uvaspina échangèrent-ils un regard du coin de l'œil. Peut-être la lèvre supérieure de Minuccia, encore grasse, trembla-t-elle.

— Je sais ce que t'es.

Minuccia avait les yeux brillants comme si elle était sur le point de pleurer, mais pas une larme ne coula.

— T'es qu'un envieux, tu me souhaites malemort parce que toi tu pourras jamais avoir de mari.

La honte explosa dans la bouche d'Uvaspina, entre les résidus de sandwich, et il ne sut pas si elle était si cuisante à cause des mots de sa sœur ou de la présence d'Antonio.

Sa relation avec sa sœur lui appartenait, c'était un secret caché dans un recoin de son cœur en compagnie de sa première dent de lait, de son examen de fin de lycée, de la langue de l'Éclopée. La foltoupie était son gouffre le plus abyssal et il ne voulait pas qu'Antonio le devine.

Minuccia but une gorgée d'eau, comme pour se rincer la bouche et la préparer à tous les mots qui se bousculaient en elle et qu'elle voulait expulser.

— Ben quoi ? T'as perdu ta langue ? J'ai compris ton plan, Uvaspì, mais faut que tu piges que c'est pas une bonne idée.

Autour d'eux, les gens parlaient, mangeaient, certains priaient, l'église dans le fond était encore ouverte et éclairée.

— Là, tu la fermes : ben ouais, faut que tu montres à Antonio comme t'es mignon, que tu mouftes pas, et moi je passe pour une tarée.

Elle se leva à son tour, comme pour rejoindre son frère, mais elle s'arrêta.

— Ouais, une tarée, c'est ça le rôle que vous voulez me refiler. La tarée, et puis c'est tout.

— Attends, Minuccia, qu'est-ce que ton frère t'a fait ? Pourquoi tu es agressive comme ça avec lui ?

Antonio avait l'air à la fois sérieux et curieux.

— Ah, tiens, voilà l'avocat des causes perdues. De quoi tu te mêles ? Ces trucs, ça regarde mon frère et moi, occupe-toi plutôt d'être mon fiancé, parce qu'à ce niveau t'es pas au point.

Minuccia et Uvaspina étaient deux coups frappés, jumeaux et dissemblables, sur le tambour des flagellants : deux maillets qui jouaient le même rythme en contrepoint. Entre ces deux maillets, il y avait Antonio : tous les deux le voulaient, mais refusaient qu'il soit mêlé à leurs affaires. La foltoupie leur appartenait, elle avait la saveur de l'enfance, des règlements de comptes, des souffrances nocturnes et des mains qui frappaient et pardonnaient.

— Ouais, non seulement t'es pas au point, mais maintenant tu te jettes au secours de mon frère. Il t'a fait devenir comme lui ou quoi ?

— Comment ça, comme lui ? demanda Antonio, plein d'une peur qu'il ne comprenait pas.

— Comme lui. Pourquoi tu tires cette gueule ? T'as vu le diable ?

Minuccia éclata de rire et, l'ombre d'un instant, elle sembla redevenue enfant.

— Le camion ferme, je vais payer.

Antonio se dirigea vers la caisse.

— Tu te barres ?

Minuccia continuait de rire.

— Uvaspì, grouille, montre-toi, roule du cul, l'est en train de s'enfuir !

Minuccia se mit à imiter la démarche de son frère : Uvaspina se vit, vulgaire et ridicule, bestiole outrancière, matérialisée dans les manières, dans l'attitude de Minuccia ; il se vit plus misérable que le dernier bout de mie de pain sur le comptoir du camion. La seule chose qui le soulageait un peu était qu'Antonio avait le dos tourné.

Minuccia riait et se dandinait, roulait des hanches et jouait des jambes sous sa robe bouffante : la foltoupie voulait s'amuser. *Qu'elle s'amuse donc*, pensa Uvaspina.

— Quoi ? T'as mis ta petite chemise neuve parce qu'il y a Antonio ? Tu crois qu'il te mate, Antonio ?

Ayant fini de se restaurer, les flagellants se relevèrent : ils étaient prêts à continuer, la pause était terminée.

Antonio revint, et ils suivirent tous trois la procession.

— L'a raison, papa, quand il dit que tu roules du cul, tu ressembles à une vieille pute.

Quand la foltoupie assenait ce genre de coup, ses mots créaient un désert autour d'eux.

Poum. Les flagellants recommencèrent à se lacérer.

Poum. Uvaspina se sentait vraiment comme une vieille pute, la pute d'Antonio, la pute de cet homme qui marchait à côté de sa future femme.

Bien fait pour ta gueule, Antonio, pensa Uvaspina. *Avec moi, tu prends tout ce qui y a de beauté, de douceur, de sucre, maintenant va t'empoisonner avec ma frangine, on va voir qui de toi ou elle va crever le premier.*

Une larme frémit dans son œil gauche : elle resta un instant immobile en équilibre au bord de ses cils, puis tomba sur sa joue.

— C'est tout ce qu'ils savent faire, les pauvres types comme toi : chialer et mater les hommes des autres, parce qu'un homme rien qu'à vous, vous en aurez jamais. Qui voudrait de quelqu'un comme toi ?

Minuccia caressa la joue de son frère, puis elle retourna prendre son mari par la main.

Les pauvres types comme toi.

À présent, Minuccia voulait rejoindre les flagellants parce que la foltoupie était repue, elle avait siphonné tout ce que le corps de son frère offrait de jus : maintenant, elle pompait directement son sang.

38

La veille de son mariage, Minuccia décréta qu'elle préparerait elle-même le gâteau. Antonio raffolait de la *delizia al limone* : si elle apprenait à la préparer, son mari la regarderait peut-être enfin avec des yeux amoureux.

Elle s'enferma dans la cuisine, vêtue d'une robe de chambre blanche, les cheveux retenus par des épingles, pour battre des œufs, presser des citrons, puis tout recommencer du début, parce qu'à la fin, le gâteau était si dégueulasse que même les chiens galeux dans la rue n'en auraient pas voulu.

— On en a commandé un, de gâteau, tu sais, se permit d'intervenir la Dépareillée, et Minuccia faillit lui sauter à la gorge.

La Dépareillée encaissa les maleparoles et s'en retourna s'épiler les sourcils devant le miroir : les deux arcs au-dessus de ses yeux se réduisaient autant que son envie de vivre chaque fois que sa fille ouvrait la bouche. Puis elle se concentra sur ses cheveux : elle allait se les laver, afin d'être prête pour le brushing, c'était ce que lui avait demandé la nouvelle coiffeuse, qui n'allait pas tarder. La Couaffèr lui avait fait de la mauvaise publicité : elle avait discuté avec ses collègues et avait déclaré qu'il valait mieux avoir un macchabée chez soi que Graziella comme cliente. Si bien que la Dépareillée avait dû se démener pour en trouver une autre, et elle avait fini par en choisir une de Fuorigrotta, une brave petite jeune qui débarquait dans le métier et ne connaissait pas la Couaffèr.

Quant à Pasquale Riccio, il allait et venait dans l'appartement depuis l'aube en passant des coups de fil aux membres du cercle : Antonio allait bientôt prendre la présidence et il fallait organiser les derniers détails.

— T'es pâtissière depuis quand, toi ? demanda-t-il à Minuccia. Tu ferais mieux de te préparer, que demain t'auras mille trucs à faire, et puis tu nettoieras ce bazar.

— Y a Svetlana pour ça, rétorqua Minuccia en séparant les blancs des jaunes.

— J'ai déjà commandé un gâteau sur la côte amalfitaine, faut vraiment que tu me fasses tourner en bourrique jusqu'à demain ?

Pasquale décrocha le téléphone pour passer un autre appel.

— Je me marie, et le gâteau, c'est moi qui le fais. Tu prendras un gâteau sur la côte amalfitaine pour le mariage d'Uvaspina, si tu veux.

Minuccia éclata de rire.

Heureusement qu'elle part de la maison, celle-là, on sera débarrassés de cette plaie, pensa Pasquale.

Uvaspina sortit de sa petite chambre pour aider sa mère, elle n'était pas douée avec la pince et allait finir par s'éborgner.

— M'man, tu t'es pelé les sourcils, constata-t-il avant d'essayer d'arranger la chose.

Minuccia poursuivit son entreprise : œufs, citron, farine, elle se calmait doucement. Vue de l'extérieur, elle avait l'air d'une jeune fille casée qui avait la tête sur les épaules. Elle riait, fredonnait « Era de maggio », puis ratait encore son gâteau et recommençait du début ; la poubelle à côté de l'évier débordait de coquilles d'œuf et de zestes de citron, le plan de travail en marbre, encore reluisant peu de temps auparavant, ressemblait à présent à une litière pour chat.

À mesure que les heures passaient et qu'elle continuait de cuisiner, l'atmosphère dans l'appartement se détendait et toute la pression liée au mariage s'évaporait dans les senteurs de cannelle.

Minuccia semblait être redevenue une fillette qui jouait à la pâtissière puis s'endormait, les mains poisseuses de miel après avoir préparé des *struffoli*. Toute son enfance caressait la cuisine : en l'absence de la foltoupie, elle était une rêverie de gamine se promenant aux heures chaudes dans Chiaia.

— Uvaspì, ramène-toi, goûte la pâte, ce coup-ci j'ai peut-être réussi.

Minuccia lui tendit la cuillère en bois, couverte d'une patine veloutée et luisante.

Elle va m'empoisonner, celle-là, pensa Uvaspina, mais il était incapable de lui refuser quoi que ce soit.

La pâte crue avait un fort goût de noix de muscade.

— Zut, j'ai confondu le pot de cannelle et de noix de muscade ! s'exclama Minuccia.

Elle était épaisse et asséchait la bouche, mais au moins elle n'était pas empoisonnée.

Minuccia était tendre, elle donnait la becquée à son frère, lui demandait s'il en voulait encore. Et Uvaspina regardait sa sœur qui, le lendemain, irait devant l'autel au bras de leur père.

Il avait vu Minuccia nue, en chaussettes, avec son petit uniforme de l'école maternelle, dans la tenue de sa confirmation, il ne manquait plus que la robe blanche. Celle-ci était suspendue à un cintre qui se déformait sous son poids, rangée dans l'armoire comme un animal empaillé, et personne n'avait le droit de la regarder car ça portait malheur.

Uvaspina imagina la foltoupie dire « Oui » derrière un voile transparent à l'église dell'Ascensione, la langue encore pâteuse à cause de l'hostie qu'il ne fallait pas mâcher, mais laisser fondre sur le palais. Il eut alors l'impulsion de la prendre dans ses bras, dans cette cuisine qui sentait l'œuf et la pâte crue.

Uvaspina et Minuccia se serrèrent contre le frigo, joue contre joue, haleine contre haleine. Les mains encore tachées d'œuf, de beurre et de pâte, Minuccia caressa le dos de son frère et l'attira à elle. Elle pressa sa main sale sur sa colonne vertébrale, comptant ses vertèbres. Dans un nuage de farine, elle l'encercla de ses bras. Uvaspina repensa à l'époque où ils se tenaient collés l'un contre l'autre dans le vico Belledonne, aplatis contre les portes rouillées pour ne pas qu'on les trouve à cache-cache, respirant tout doux. Minuccia étreignit son frère encore plus fort, et déposa un rire humide sur le lobe de son oreille.

À trois heures de l'après-midi, Chiaia sentait les dragées et le jus de fruits.

39

Dès son arrivée devant le palais Donn'Anna, Uvaspina donna une jarretelle à Antonio.

— La nuit avant le mariage, faut offrir un objet déjà utilisé au marié.

— Où tu l'as trouvée, Uvaspì ?

— Dans l'armoire de ma mère.

— Ah mon Dieu, si elle est à ta mère, non merci.

Antonio lui tendit la jarretière, tenue entre son pouce et son index, puis la lâcha.

Naples avait une lueur étrange, ce soir-là : les lumières qui glissaient sur l'eau noire ressemblaient à des dents, à un rictus méchant.

— T'as fait tomber la jarretière, ça porte malheur.

— Plus malheur que ça ?

Antonio éclata de rire, comme le gouape qu'il était autrefois : Antonio gouape, Antonio aux yeux vairons qui riait et se moquait de tout le monde, Père éternel compris.

— Bon, on va te trouver un autre truc qu'a déjà servi.

— Je ne vois pas quoi.

— Pourtant c'est évident, Antò !

Uvaspina se mit à rire à son tour, les yeux fixés sur le rictus malfaisant de la ville nocturne et malefemme.

Antonio retrouva son sérieux

— Qu'est-ce que tu entends par là, Uvaspì ?

— C'est moi, le truc qu'a servi. Tu m'as utilisé jusqu'à maintenant, t'as qu'à le faire encore un coup. Au point où on en est, une fois de plus ou de moins ça fera pas une grosse différence.

— Quand tu commences à dire des choses pareilles, j'ai envie de te tordre le cou comme à une poule, je te jure, Uvaspì.

— Ben vas-y, tue-moi, qu'est-ce j'en ai à foutre, maintenant ?

— Oh, tu rabâches, tu veux pas changer de refrain un peu ?

— Quoi, t'as pas les couilles de me tuer ?

La jarretière gisait sur le sable sombre et mouillé ; bientôt, un chien galeux viendrait la renifler.

— Tu sais ce que tu représentes pour moi, Uvaspì.

Uvaspina sentit ces mots couler aux coins de sa bouche, comme des filets d'eau usée.

— Non, quoi ? Le *femminiello* que tu siffles quand t'es pas occupé à jouer les futurs maris avec Minuccia ? Le type que t'emmènes au palais Donn'Anna la nuit pour faire les trucs que tu peux pas demander à ta femme ?

— Ah, parce que tu n'aimes pas ça, peut-être ? rétorqua Antonio en tournant la tête.

Uvaspina n'arriva pas à répondre.

Il regarda Naples, cette ville née de la queue d'une sirène nauséabonde, et pensa qu'elle puait. La nuit, à Naples, il ne pouvait se passer rien qui vaille, car la ville était une traîtresse, seulement capable de rire de toutes ses dents scintillant dans le noir qui cachait ses caries. Naples était une gangrène, et les rires d'Antonio une maladie où se dissimulait la saloperie de tous les hommes.

— Qu'est-ce je devrais aimer ? Qu'on se voie en cachette, qu'on baise et que tu te casses ? L'idée que demain faut en plus que je te félicite quand tu passeras la bague au doigt de la mariée ?

— Quelle énergie, Uvaspì ! Quand je pense que quand je t'ai connu, tu avais du mal à tenir sur tes jambes.

Antonio avait le même rictus mauvais que la ville et, dans la pénombre, il ne paraissait plus lui-même, mais une version vilaine de l'homme qu'Uvaspina aimait.

Uvaspina se recroquevilla par terre, le dos tourné à Antonio : il ne voulait pas regarder ce visage, dont chacun des traits était associé à quelque chose. Lèvres : mordillements, mots tels que *criaturiello mio*, baisers la bouche ouverte ; front : rides petitounes quand il réfléchissait ; yeux : plaque d'égout marron et émeraude ; mains : celles qui l'avaient attrapé par un pied quand il était en train de crever, celles qui à présent étaient en train de le rendre fou.

— Regarde-moi dans les yeux quand je te parle, puisque tu as le courage de tenir certains discours, assume-les, au moins.

— J'ai plus rien à dire, m'sieur le président.

Uvaspina resta assis sur le sable, ce titre semblait faire ricaner les ruines du palais Donn'Anna avec lui.

— Et il se moque de moi, maintenant. Ben oui, je vais prendre la présidence du cercle.

— T'as préparé ton beau costume pour demain ? Pour dire « Oui, je le veux » et te récupérer le calvaire Minuccia ?

Uvaspina ne riait plus qu'avec sa bouche, ses yeux étaient trop concentrés sur Naples étincelante dans la nuit, dont les diamants étaient comme des coups de poing dans la gueule.

— Évidemment. Il est suspendu dans mon armoire, je porterai même un nœud papillon.

— Ravi de l'apprendre. Si tu savais comme ils sont contents, chez moi, que tu sois pas né pédé, que demain tu te maries et que tu deviennes le président. T'as touché le gros lot, Antò.

Antonio s'assit derrière Uvaspina. Il lui effleura la cheville, lui caressa le lobe de l'oreille, de cette main à laquelle le lendemain brillerait une alliance.

— Me touche pas, reste pur pour ta femme : sinon, demain les crucifix vont se décrocher des murs.

— Je n'ai pas envie de te toucher, mais de te raconter une histoire.

En pensant à toutes les histoires qu'Antonio lui avait racontées, Uvaspina sentit un élancement dans la tache sous son œil gauche, sa souffrance entière se concentrait là. Il pensa à ces histoires bariolées, le seul bien que cette chienne de vie lui avait concédé. Puis il pensa qu'à Naples le bonheur se payait cher : plus on est heureux, plus on morfle, parce que Naples offre des miettes, puis les rebouffe, et il ne vous reste rien.

— Génial. Sors-moi une dernière histoire à la con avant ton mariage. Je t'écoute, toute façon j'ai rien de mieux à faire ce soir. Je vais quand même pas rentrer mater ma frangine qui prépare son gâteau en solo.

— Waouh, elle est pâtissière, en plus.

— T'as vu ? T'auras même plus à acheter des *delizie al limone* à toutes les gonzesses que tu croises.

— Oh, tu veux l'entendre, cette histoire, ou non, Uvaspì ? Tu es vraiment pénible, ce soir. Et tourne-toi vers moi.

— Allez, écoutons l'histoire de merde du soir. De la merde.

Les histoires d'Antonio étaient de la merde, cette ville était de la merde.

Uvaspina avait été trahi par tout. Par Procida, avec ses couleurs vives qui dissimulaient la noirceur des égouts de Naples, par les assiettes de spaghettis aux palourdes sur les tables des touristes, par les maisonnettes perchées comme des colombes. Par le crâne à oreilles de l'église Santa Luciella, ces oreilles qui avaient fait semblant de ne pas entendre toutes ces histoires de merde. Et aussi par Posillipo et Marechiaro, et s'il ne pouvait même pas faire confiance à Posillipo et Marechiaro, alors à qui pouvait-il se fier ?

— Allez, envoie, Antò, il commence à se faire tard.

— Tu sais pourquoi le palais Donn'Anna s'appelle comme ça ?

Uvaspina secoua la tête : non, il ne le savait pas, parce que pour lui le palais Donn'Anna n'existait qu'à travers Antonio, comme si un beau matin à son réveil, ce dernier l'avait inventé et posé sur le plan de Naples.

— Ce palais, c'est Anna Carafa qui l'a fait construire.

— C'était qui ? Quelqu'un de ta famille ?

Uvaspina essayait de retrouver ses réactions enjouées aux histoires d'Antonio, mais tout lui paraissait désormais si loin.

— Non, c'était une noble qui était née à Portici. Elle l'a fait édifier quand elle est devenue vice-reine de Naples. Tout peinturluré, baroque, classieux, comme elle : le cœur de ce palais, c'était le théâtre, elle faisait jouer une profusion de spectacles. De belles représentations.

Uvaspina se souvint de toutes les histoires d'Antonio, et des bribes de son enthousiasme d'autrefois lui revinrent : reines, princesses et vagues marines naquirent de la bouche de cet homme qui le lendemain épouserait Minuccia.

— Bref, un soir, donna Anna a fait jouer un spectacle dans son palais et elle a invité une foule de gens : la particularité, c'était que les invités devaient endosser le rôle de comédiens ! Tu imagines, tous ces nobles en train de jouer sur scène ?

— Carrément, ouais. C'est ce qu'ils font du matin au soir à Chiaia !

Uvaspina s'efforça de dissimuler sa montée d'hilarité, et son rire réprimé explosa dans sa gorge sous la forme d'un gémissement.

— Et notre donna Anna était drôlement éprise d'un noble, un certain Gaetano di Casapesenna... laisse tomber, un nom imprononçable. Sauf que le Gaetano en question voulait se marier à une autre noble, une Espagnole, une certaine Mercedes. Et donna Anna avait invité et Gaetano et Mercedes à sa fête...

— Pourquoi elle les avait invités tous les deux ? l'interrompit Uvaspina, dévoré d'une curiosité sincère.

— Peut-être qu'elle avait une idée derrière la tête...

Uvaspina regarda le palais, percé de fenêtres et de meurtrières aux allures d'yeux chagrins.

Antonio poursuivit.

— Elle les a fait jouer sur scène tous les deux, elle a fait jouer ensemble Gaetano, son amoureux, et Mercedes, la belle Espagnole. Et elle n'a pas perdu une miette du spectacle.

— Oh, elle était perverse, cette donna Anna ! s'exclama Uvaspina avec une stupeur enfantine.

— Ça te surprend, Uvaspì ? À croire que tu n'as jamais connu de personnes perverses, toi ! fit Antonio en riant d'un rire triste.

Uvaspina baissa la tête.

— Et pendant la représentation, Gaetano et la belle Mercedes devaient simuler un baiser. Devant donna Anna ! Mais ils n'ont pas fait semblant : Gaetano et Mercedes étaient vraiment amoureux, en secret, parce qu'ils craignaient que donna Anna leur fasse la peau à tous les deux.

Uvaspina sentit une épingle s'enfoncer dans son cœur.

— Elle finit comment, cette histoire ?

— Elle finit que tout le public a été conquis, leur baiser était magnifique. Donna Anna est la seule à ne pas avoir applaudi. Et, après avoir eu la confirmation qu'ils étaient bien amants, elle s'est vengée.

— Comment elle s'y est prise ?

À présent, Uvaspina brûlait de curiosité.

— Donna Anna a fait disparaître Mercedes : tu croyais qu'elle allait la laisser vivre comme si de rien n'était ? Certaines erreurs se paient au prix fort.

Antonio s'était fait plus doux, plus mélancolique.

— Du coup, elle l'a tuée ?

— Certains racontent que donna Anna a attrapé Mercedes par les cheveux et l'a poussée dans les oubliettes du palais, d'autres qu'elle l'a emmurée vive dans un couvent pour qu'elle y pourrisse. Mercedes est devenue un fantôme, et donna Anna a continué à la traquer même après sa mort. Si tu tends l'oreille, tu les entendras se poursuivre et hanter cet endroit.

Le palais Donn'Anna parut alors rire et pleurer à la fois : par sa façade, ses fenêtres, ses murs. La bâtisse entière sembla être sur le point de se jeter dans le golfe de Naples, pour ne jamais remonter à la surface.

Il était tard.

Ils entrèrent dans le palais et gagnèrent l'escalier qui était devenu le leur, c'était comme s'ils y avaient apposé leur sceau. Ce soir-là, un quart d'heure durant, Uvaspina pardonna Naples nauséabonde qui l'avait trahi. Il voulait connaître la saveur d'un homme sur le point de se marier, il se demandait s'il conserverait ce souffle, cette façon de le prendre par les hanches en lui susurrant : « *Criaturiello.* »

Le lendemain, le *criaturiello* serait un spectateur de ses noces avec la foltoupie, et de leur « Oui, je le veux ». Uvaspina voulait entendre ce « je le veux » d'Antonio au creux de son oreille pendant qu'ils faisaient ce qu'Antonio ne pouvait pas faire avec sa femme.

Pour la dernière fois avant qu'Antonio se présente devant le curé, ils s'entortillèrent sur les marches.

— Qu'est-ce que tu imagines ? Que je n'ai pas envie de tout lâcher pour rester avec toi ? lui lança Antonio, son œil marron mi-clos.

— Ben vas-y, lâche tout, alors.

— Je ne peux pas, Uvaspì.

Antonio le fit s'agenouiller sur les marches rugueuses foulées par les pieds de vice-rois, de reines et de barons.

— Comment tu peux faire ça ? piailla Uvaspina, à genoux devant l'homme qu'il aimait. Comment tu peux te marier demain ?

Il sentit la pierre brute sous sa peau et, dans les halètements d'Antonio, il imagina Minuccia dans sa robe de mariée, puis il pensa à la Dépareillée en train de s'arracher les sourcils à la pince à épiler, au cercle nautique, puis il revit Minuccia en train de fredonner dans la cuisine en mélangeant les œufs et la farine, Minuccia qui lui avait fait un câlin, les mains pleines de pâte, et à cet instant précis, Antonio lui demanda d'ouvrir la bouche et s'abandonna entre ses lèvres.

Ils restèrent un moment enlacés, se réchauffant l'un l'autre dans les entrailles de ce palais qui les avait élevés et sevrés dans leur amour.

— Comment tu peux aller là-bas pour de vrai, demain ? murmurait Uvaspina.

Jusqu'à quelques minutes avant, le ciel avait été éclairé par une lune rousse qui gouttait dans la mer et la nourrissait de sang chaud.

— T'es vraiment obligé d'y aller, t'es sûr ?

Il frotta sa joue contre celle de son amant. Antonio hocha la tête et lui ébouriffa les cheveux dans un geste doux et triste.

Ce palais serait pour toujours leur nation anonyme, une parcelle du monde indépendante, née de l'écaille d'une sirène, qui les protégeait de la fumée de la terre. De gros nuages s'amoncelaient dans le ciel, l'air avait refroidi. Un sentiment funèbre gonflait le cœur d'Antonio : il décida de raconter une ultime histoire à son *criaturiello*. Une histoire qu'il ne lui avait jamais racontée, un nouveau conte qui l'aiderait à dormir. Il lui en avait pourtant raconté, pendant tout le temps qu'ils avaient passé ensemble, des histoires de reines, de fantômes, de princes, d'amours heureuses et malheureuses, de misère et de révolution. Il n'en manquait plus qu'une : celle de l'Acquajola. Si authentique qu'il peinait à trouver les mots pour la narrer. Il contempla les ruines du palais Donn'Anna, palpitant de cendre et de sang volcanique. Il laissa errer son regard sur le contour royal du golfe, ses formes de belle femme endormie à la surface de l'eau, et il comprit que la ville elle-même lui soufflait que l'heure était venue de raconter.

Uvaspina revint chez lui à onze heures et demie : lui aussi devait se préparer pour le lendemain. Il rentra en pensant à un père mort prématurément, à une jeune femme qui depuis lors haïssait tellement l'eau salée qu'elle avait trouvé le salut dans l'eau douce, en pensant à une maladie qui requérait des traitements trop coûteux, à une frange vaporeuse et à un sourire si large qu'il effaçait le chagrin et la misère. En ouvrant la porte, il débordait tant d'amour pour Antonio qu'il n'était pas sûr de pouvoir le supporter. Un amour qui n'appartenait pas à cette ville nauséabonde, ni même peut-être à cette terre, mais qui, comme la pluie, venait du ciel et de la mer.

Minuccia, qui avait fini de préparer son gâteau de mariage – farine, une quantité incalculable d'œufs, zestes de citron, crème pâtissière, chantilly –, était allée se coucher. Cependant, vers minuit et demi, elle réveilla toute la famille pour demander si quelqu'un avait vu l'écrin avec ses boucles d'oreilles en corail. Elle ne le trouvait plus. Il était peut-être resté dans la voiture d'Antonio, quand il l'avait accompagnée la veille dans la via dei Mille et l'avait attendue pendant qu'elle se prenait le bec avec la vendeuse qui lui avait déclaré que le corail ne lui allait pas bien au teint : « Tu vas te marier, ma chérie, tu ne peux pas ressembler à une femme repêchée trois secondes avant de se noyer dans le lac Laceno. »

Minuccia lui téléphona.

— Passe en bas de chez moi, j'ai oublié quelque chose dans ta voiture.

— La veille du mariage, il ne faut pas que l'on se voie, répondit Antonio avec des mots pâteux, rendus traînants par le sommeil.

— J'en ai rien à foutre, si j'ai pas mes boucles en corail, je me marie pas.

Ce serait un miracle, pensa-t-il.

Minuccia descendit en entendant arriver la voiture. Elle fit trois pas : un pour sortir de l'immeuble, un pour rejoindre la voiture, un pour monter à l'intérieur.

Elle regarda le siège en souriant : des traînées de pâte à gâteau couvraient la tache laissée par son urine.

Elle les fixa, se figurant dans son esprit le cul qui s'était posé là, puis claqua la portière.

— Je viens de me rappeler que je les ai rangées dans le tiroir de ma chambre. Désolée et bonne nuit !

Elle revint dans l'immeuble. Elle gravit l'escalier, cramponnée à la rampe comme si elle avait le mal de mer. Un rire fort s'échappa de ses lèvres et la fit postillonner sur les marches.

Alors qu'elle ouvrait la porte, laissait ses sandales dans l'entrée et retournait pieds nus dans la chambre qu'elle occupait maintenant seule, elle sentit l'eau de mer secouer son ventre, monter à sa gorge et à ses yeux : cette eau brûlait sur ses bras comme du métal en fusion, car il n'y voguait pas un bateau à voile, mais deux.

40

Filomena Riccio se maria à l'église dell'Ascensione, où elle avait fait sa confirmation.

Le matin, elle se réveilla à cinq heures et se mit à jouer avec sa toupie à côté de la fenêtre : le salon était inondé par la lumière de la lune, dont les filets coulaient comme de l'huile sur le canapé.

À Chiaia, octobre sentait l'eau stagnante, le poisson et les crayons taillés : les enfants avaient repris l'école depuis quelques semaines.

Minuccia fixa la bonbonnière en forme d'épi de blé posée sur la table : elle pensa que la Dépareillée avait conservé le mauvais goût des gens de Forcella. Elle sortit une dragée de son sachet de velours, la cassa en deux et fourra sa langue à l'intérieur, puis laissa le sucre fondre sur son palais. Elle avait le goût de l'enfance qui mourait, une enfance à l'amande et au tabac.

Elle laissa traîner une dernière fois son regard sur les meubles, qui l'observaient comme de vieilles bêtes à l'agonie implorant une ultime caresse, mais Minuccia n'avait qu'une envie, leur assener le coup de grâce.

À sept heures et demie, elle commença à se préparer, entourée de Nunzia Cul-de-Traviole, qui s'était coupé les cheveux au carré, de deux femmes de la famille

Riccio habillées comme des enseignantes salésiennes, et de la Dépareillée.

Celle-ci s'était fait boucler les cheveux, dernière nouveauté de la coiffeuse de Fuorigrotta, et avait une anglaise toute tortillonnée qui lui tombait sur l'œil droit : elle paraissait regarder tout le monde de travers, mais la vérité c'était qu'elle n'y voyait pas bien.

Oppressée par ces présences, Minuccia s'impatientait.

— Lâchez-moi la grappe, disait-elle en faisant de grands gestes, semblable à une vache qui remue la queue pour se débarrasser des mouches.

Bois un peu d'eau, Minuccia ; grignote quelque chose de sucré, que tu devras rester debout pendant des heures, Minù ; tiens, prends une pâtisserie sur ce plateau ; attends, Mina, laisse-moi resserrer ton collier, il est trop lâche ; Mina, Mina, presse tes lèvres sur ce mouchoir, ton rouge tiendra mieux et ne restera pas sur ton verre quand tu trinqueras avec ton mari ; rentre le ventre, Minuccia, pour que ta robe tombe mieux.

— C'est quoi ton problème avec mon ventre ?

Minuccia retint son souffle et bomba la poitrine.

— Hein, t'as quoi à redire sur mon ventre ? Aujourd'hui au moins, fous-moi la paix.

Tout embijoutée, les yeux peinturlurés de fard couleur terre, elle poussa la Dépareillée pour la remettre à sa place, à côté de l'appui de la fenêtre où reposait un cendrier plein de mégots.

— Reste là, fume-toi une clope et bouge pas tant que les préparatifs sont pas finis.

L'œil masqué par son anglaise tortillonnée, la Dépareillée ne broncha pas. Les femmes de la famille Riccio grimacèrent, incrédules, mais à la vérité elles se délectaient de voir la Dépareillée se faire maltraiter par sa fille, le jour du mariage de cette dernière, en plus.

Minuccia continua de se faire coiffer, et la Dépareillée resta dans son coin à côté de la fenêtre, vêtue de sa robe de fête, comme les vilaines gamines de Forcella qui se peinturluraient le jour du saint patron, mais n'avaient pas le droit de sortir de chez elles parce qu'elles ne savaient pas se comporter en société.

Elle ne quittait pas sa fille des yeux, sa fille assistée par ces vieilles mégères qui la voyaient seulement à Noël, alors que sa main à elle, qui connaissait chaque repli de la peau de Minuccia, jusqu'à la raie de son cul, n'avait pas le droit de la toucher.

La Dépareillée était un pas derrière, là où Minuccia l'avait poussée. Cette place était la sienne.

— Qu'est-ce tu me fais, Minù ? Qu'est-ce tu me fais ?... murmurait-elle – et son anglaise lui masquait la vue de sa fille qui se levait et arrangeait son voile.

Il était l'heure d'aller à l'église.

Minuccia sortit dans le vico Belledonne sous les applaudissements enthousiastes des vieux débris du cercle nautique de Posillipo. Elle était au bras de son père : ses souliers à talonnettes aux pieds, Pasquale Riccio pensait que ces applaudissements lui étaient destinés, à lui qui avait su se sortir du pétrin.

La Dépareillée suivait, parmi les invités normaux, respectant la volonté de Minuccia. Au fond, la place assignée aux vilaines gamines de Forcella : celles qui, au mieux, pouvaient espérer récupérer les restes des repas de noces en se mettant sous la table la bouche ouverte.

Uvaspina était venu avec Teresa l'Éclopée, qui claudiquait avec une grâce maternelle et souriait à tout le monde. Elle avait enfilé une belle robe noir et bleu marine et s'était fait la raie sur le côté : on la complimenta et on lui dit que ça lui donnait l'air plus âgé. Il entra dans l'église en priant pour que ses yeux ne s'habituent pas à la pénombre des travées, et pourtant il le vit immédiatement : Antonio était devant l'autel, vêtu d'un costume bleu marine, une broche en forme de vague sur la poitrine. Son regard tourné vers le portail de l'église richement orné glissait parfois entre les colonnes. Puis il ajusta sa broche, qui se décrochait.

Uvaspina avança à petits pas, et quand il voulut s'asseoir au fond, l'Éclopée se moqua de lui : il était le frère de la mariée, il devait être au premier rang avec toute la famille ! Alors, il poursuivit jusqu'à l'autel, dans les rayons du soleil où dansait la poussière déchaînée. En s'asseyant, il entendit un petit bruit métallique : la broche d'Antonio était tombée et avait rebondi jusqu'à ses pieds. Avant qu'il ait le temps de la ramasser, une menotte aux doigts fins et à la peau rouge, crevassée, s'en empara et de petits pieds trottinèrent vers le marié.

Il mobilisa son courage pour lever les yeux : l'Acquajola, colombe blessée mais douce, heureuse en ce jour de fête, remettait la broche à son fils avec ce zèle laborieux qu'autrefois elle employait à traîner sa charrette à eau, cette opiniâtreté avec laquelle elle lui rapportait les livres payés au prix de son humiliation et de sa peine. Ce petit bout de femme était la raison pour laquelle Antonio s'immolait sur cet autel : enfin accorder une trêve, des soins, du repos à cette vieille fée qui avait puisé dans l'eau douce la vie pour lui, lui qui pourtant avait préféré retourner à la mer que son père avait tant aimée. Uvaspina entendit la Dépareillée souffler à côté de lui ; ne pouvant fumer dans l'église, elle s'éventait d'un geste agacé, et dans son esprit les membres graciles et purs de l'Acquajola se superposèrent à la graisse grisâtre de la Dépareillée, les muscles bruns d'Antonio à sa peau diaphane, et tout lui parut ombre luttant contre la lumière.

Antonio se pencha pour que sa mère puisse fixer sa broche et la caressa des yeux. *Voilà où m'ont conduit tes livres, maman*, pensa-t-il en raccompagnant à son banc l'Acquajola, fière que tout le monde la voie au son bras de son fils qui avait su panser toutes les blessures. Puis il déposa un baiser sur sa joue à l'odeur de talc et de santé défaillante.

Uvaspina se força à détourner le regard, ce jour-là Antonio avait la luminosité cruelle et douloureuse du soleil. Teresa l'Éclopée fit tout son possible pour l'égayer : elle lui raconta ce qu'elle avait mangé la veille, qu'elle avait appris à faire les pâtes aux patates toute seule ; elle lui énuméra les nouvelles modes vestimentaires qu'elle avait découvertes dans un magazine, et lui parla même d'un recueil de poésies trouvé sur une étagère chez ses grands-parents, car elle savait qu'Uvaspina aimait la littérature.

Uvaspina hochait la tête : il l'écoutait, comme les enfants malades à qui on raconte des fables, ces fables qui ont pour seul but de leur faire oublier qu'ils vont recevoir une piqûre.

Dans la rangée derrière les Riccio se trouvaient des membres du cercle. Les plus jeunes étaient certains que ce mariage apporterait la bouffée d'air frais dont le cercle avait besoin. Pasquale Riccio se tenait droit, soucieux et incrédule, ne parvenant pas à croire que tout s'arrangeait enfin.

Ce mariage fut semblable à beaucoup d'autres ; l'évêque célébra la messe, mais cette fois, la Dépareillée ne lui adressa même pas un regard : elle n'avait d'yeux que pour sa fille en robe blanche, tache claire et lointaine entre les stucs jaunes de l'église. Sa Minuccia chérie qui allait partir, sa Minuccia chérie qui n'avait pas voulu que sa maman touche sa robe. Minuccia qui l'abandonnait à Chiaia et ne vérifierait plus jamais qu'elle respirait encore le mercredi soir, plus jamais. Assise derrière Uvaspina, elle ne cessait de répéter : « Qu'est-ce tu me fais, Minù ? », et des femmes de la famille Riccio finirent par la faire taire. Vilaine gosse de Forcella qui ne connaissait rien de bon dans la vie, seulement les rues de son quartier.

La cérémonie s'acheva sans grandes émotions : échange d'alliances, promesses et tout le tintouin. Seul un timide applaudissement s'éleva des premières rangées au moment du « Oui », plus poli que spontané ; Uvaspina sentit ses mains de plomb à ce mot et les renfonça aussitôt dans ses poches.

Devant l'église, Minuccia et Antonio se donnèrent un baiser : les invités s'en aperçurent à peine, trop pressés d'aller se faire une ventrée de poisson digne de ce nom.

Les membres de la famille de la Dépareillée voulaient observer de près les gens du cercle, qui leur faisaient l'effet d'animaux exotiques jamais vus en liberté dans le centre-ville : les invités de Forcella étaient faciles à identifier à leur tête brune et à leurs habits de fête portés avec un orgueil éhonté.

Les femmes de la famille Riccio, quant à elles, puaient la naphtaline et arboraient une face de six pieds de long, un trait distinctif chez elles ; elles ne lâchaient jamais leur mouchoir, toujours prêtes à s'essuyer dans un environnement forcément trop crasseux pour elles.

Les rares personnes de la famille d'Antonio s'étaient regroupées autour de l'Acquajola. Du côté de son père, elles venaient des coins de Bacoli et de Monte di Procida. C'étaient presque uniquement des femmes, accompagnées de quelques petits garçons : les hommes de la branche paternelle d'Antonio se distinguaient par leur talent pour la pêche et par leur faible espérance de vie. Du côté de l'Acquajola, il ne restait presque plus personne. Les membres de la famille d'Antonio ressemblaient à ceux de Forcella, mais avec un air marin dans les yeux, dans les bras, dans leur bouche ouverte qui connaissait uniquement la saveur des spaghettis aux cailloux. La faim n'avait pas d'éclat méchant dans leurs yeux, c'était une petite touche sauvage que l'on ne remarquait que de près. Ceux de Forcella avaient le pas lourd de qui est habitué à fouler la pierre toute la journée, tandis que les parents d'Antonio s'étonnaient de porter des chaussures en ce jour de cérémonie : ils étaient accoutumés à la vie pieds nus, un filet à la main pour attraper de quoi manger, jour après jour.

La procession d'invités arriva en décalé au restaurant : selon certains, celui-ci s'appelait Reginella, selon d'autres, Terrazza Cerasa, et quelques-uns avaient commencé à se disputer sur son nom ; un brouhaha confus avait envahi toute la salle.

Le restaurant, situé sur la colline de Posillipo, surplombait la mer, il fallait prendre la voiture pour s'y rendre. Le déjeuner était prévu dans une pièce aux stucs rouge délavé. Les tables ovales avaient été disposées en fer à cheval, avec au centre celle des mariés : tous les invités n'arrêtaient pas de se lever et de se rasseoir, comme s'ils faisaient des flexions.

Les gens de Forcella avaient formé un groupe exclusif, dont les membres tendaient parfois le cou pour épier la manière de manger des femmes chichiteuses de la famille Riccio, en vertu d'une vieille rivalité puérile.

Minuccia n'ouvrait pas la bouche : elle souriait et tournait sans cesse la tête, sa seule obsession était de voir où était Antonio et de s'assurer qu'il ne s'éloignait pas d'elle. La famille de Forcella se mit à taquiner Uvaspina : et lui, quand est-ce qu'on le verrait devant l'autel ?

Uvaspina répondit qu'il épouserait Teresa l'année prochaine, on le félicita et lui donna un billet de mille lires : le petit gars de la famille se casait aussi, en grandissant il s'était mis sur le droit chemin, il avait arrêté ses bizarreries. Et il n'avait pas enfilé un de ces pantalons moulants qu'on lui voyait toujours : bon, l'aurait quand même pu choisir une autre cravate. C'était quoi, ce truc tout bariolé ?

Pasquale s'était assis avec les membres du cercle : il avait serré la main de Porzio et de son amante, et son cœur s'était serré lorsqu'il avait remarqué aux oreilles de cette dernière les créoles qu'il lui avait offertes quelques mois auparavant. Cette vision lui donna un tournis qui réveilla quelques espoirs douteux et tous ses souvenirs. Pour répondre à son salut, elle avait vivement tourné la tête dans un bruissement de cheveux : ses créoles avaient tinté, dans un son qui semblait dire « Oublie-moi ».

Tout le cercle s'était mis à la queue leu leu pour saluer le président sortant et le nouveau, assis à la table centrale au côté de son épouse, qui ne le lâchait pas des yeux.

Antonio plaisait à tout le monde, tout particulièrement aux membres du cercle : dans ce costume bleu marine orné de cette broche sur la poitrine, ils voyaient tous des eaux nouvelles et plus transparentes pour l'avenir, débarrassé de la crasse semée par Pasquale Riccio.

Minuccia était agacée du succès d'Antonio, parce qu'il ne devait plaire qu'à elle. Homme ou femme, adulte ou enfant, vieux ou vieille, elle ne supportait pas que quelqu'un le lui dérobe, ne fût-ce que le temps de le féliciter.

Elle avait mal à la bouche, à force de faire des bises aux personnes qui lui apportaient des enveloppes gonflées de billets : elle souriait avec les lèvres, mais ses yeux diffusaient un tout autre message. Un filet de sueur coulait entre ses seins et, provoqué par le frottement en marchant, un bleu s'était formé entre ses cuisses. Son fond de teint avait coulé dans les plis entre son nez et ses lèvres ; la légère couche de fard s'était transformée en pâte grumeleuse, elle sentait la salive des invités sécher sur ses joues : maintenant qu'elle y pensait, tout le monde l'embrassait, sauf son mari.

Antonio discutait avec les invités qui venaient à leur table, toutes les femmes de la famille de Forcella voulaient le voir et le toucher, mais délicatement, de peur qu'il décampe, c'était déjà un miracle qu'il ait épousé Minuccia, fallait pas le faire fuir : c'était quand même bizarre, ce beau jeune homme gracieux à côté d'elle.

D'un œil, Antonio observait les gens qui lui faisaient de la lèche ; de l'autre, il regardait Uvaspina : quand il repérait où il était, il se tournait vers lui, et toute la famille imitait cette rotation. Antonio ressemblait à ces cadrans qui suivent la course du soleil, et lui c'étaient Minuccia et tous les invités qui le suivaient, comme autant de pièces d'un jeu pour gosses.

À quatre heures de l'après-midi, l'entrée n'était toujours pas servie. Les hors-d'œuvre avaient été avalés depuis une heure et les parents venus de Forcella avaient mangé jusqu'aux coquilles des moules restées dans leur assiette.

Les membres de la famille d'Antonio restaient groupés comme un vol d'hirondelles, leurs visages bruns et propres disparaissaient derrière les assiettes soigneusement nettoyées. L'Acquajola était la plus lente : elle avait à la bouche la dernière moule de son hors-d'œuvre et la suçotait sans énergie, comme méfiante à l'égard de l'eau salée qui avait nourri ce fruit de mer.

Les femmes autour d'elles prenaient des morceaux de calamar et les coupaient en tout petit pour donner la becquée à leurs enfants, transpirant le bonheur innocent de qui n'a pas l'habitude de manger dans des services en porcelaine ni sur des nappes en brocart. Pour elles, tout était exotique, un mirage incandescent qui pouvait se dissiper au premier souffle de vent du golfe. Pour elles, la mer n'était pas une étendue d'eau à contempler depuis la terrasse d'un restaurant : c'était plutôt un dieu saumâtre, qui octroyait des poissons pleins d'arêtes à faire griller, ou un démon qui dévorait leurs hommes et les mâchait de ses dents d'algues.

L'attitude des femmes de la famille d'Antonio trahissait toute une série de souffrances : certaines regardaient les fruits de mer avec dévotion, d'autres avec crainte, certaines les découpaient soigneusement en lamelles pour les apprivoiser, d'autres enlevaient les arêtes d'un rouget en pensant aux mains de leur mari en train de le pêcher. Les tantes les plus âgées mangeaient avec les doigts, puis allaient se les laver aux toilettes, honteuses de cette odeur de poisson. Les cousines les plus jeunes portaient un maquillage discret, un chemisier blanc et une jupe au genou, elles avaient les cheveux attachés et leur visage brun était traversé de rides précoces, semblables à des coraux qui se ramifiaient autour de leurs yeux et de leur bouche. Les enfants, maigres et aussi hâlés que de petits Tunisiens, avaient des cheveux très épais et leurs yeux évoquaient les coquilles de tellines : ils recevaient la becquée et restaient longuement la bouche ouverte, le regard fixé sur la mer qui frémissait de l'autre côté des baies vitrées.

Les rares hommes de la famille d'Antonio étaient paisibles et paraissaient plus jeunes que leurs femmes jusqu'à ce qu'un sourire révèle la caverne noire et profonde de leur bouche. La sagesse qui brillait dans leurs yeux éclairait leurs traits d'une lumière rassurante.

L'Acquajola ne lâchait pas son Antonio du regard et se levait souvent pour aller vérifier que sa broche tenait bien, mais c'était de toute évidence un prétexte pour être à côté de son fils, si rayonnant. Les femmes Riccio riaient de cette vieille maigre et pauvre qui suivait son fils comme son ombre, pour elles c'était une bouseuse qui ne savait pas se comporter en société. Elles se demandaient qui d'entre elle ou de la famille de Forcella méritait le plus leurs railleries.

— Trois fruits de mer et quatre bouts de calamar, moi, des portions pareilles, ça me remplit autant le ventre qu'un verre d'eau, déclara un des proches de la Dépareillée, qui avaient vidé toutes les corbeilles de pain.

De temps à autre, ils allaient demander à Minuccia quand la suite serait servie, ce à quoi elle répondait, grinçante :

— Qu'est-ce j'en sais ? J'ai l'air de bosser aux cuisines ou quoi ?

Elle s'approcha de la Dépareillée, étonnée qu'elle n'ait pas touché à son assiette. D'habitude, sa mère gobait son plat et demandait du rab.

— Qu'est-ce t'as, m'man ?

— Rien, tout va bien.

Avec son maquillage à moitié fondu, sa fille ressemblait à une autre Minuccia, et la Dépareillée pensa à combien sa petitoune était loin : loin de Chiaia, loin d'elle. Elles s'étaient adressé la parole une seule fois, sur le parvis de l'église : comme une banale invitée, la mère avait présenté ses meilleurs vœux à la fille. Elle avait déposé un baiser sur sa joue, un baiser un peu vers la gauche, où la peau commençait à s'infléchir à proximité de l'oreille, et il lui avait semblé retrouver ce vieux parfum de talc, directement venu de l'époque où sa fille faisait ses besoins dans sa couche et où elle la lavait avec une patience infinie.

Les coquilles de palourdes, les calamars du hors-d'œuvre, les moules noires et luisantes renfermant encore leur fruit juteux, les supions noyés dans la sauce : tout brillait, intact, dans la porcelaine. Ces fruits de mer étaient les reliques de la défaite de Graziella la Dépareillée. En sentant l'odeur du quartier de citron qui n'avait été ni touché ni pressé, Minuccia fut prise d'un étrange vertige.

À présent, tous les invités attendaient l'entrée comme on attend un miracle : le soleil de seize heures pénétrait dans la salle, souverain, incendiant les tables et les visages de sa lumière orange.

Minuccia enleva ses chaussures pour reposer ses pieds ; la traîne de sa robe tout en volants, mousseline et soie l'entoura d'un nuage, touchée par le feu de l'après-midi.

Jusque-là, la Dépareillée était restée en retrait, à la place que sa fille lui avait assignée : derrière sa traîne, qu'elle mourait d'envie de toucher et de palper. À cet instant, elle eut le réflexe instinctif de se pencher vers les pieds de Minuccia pour s'assurer que tout allait bien : tel était le rôle d'une mère le jour des noces de sa fille, sa fille qui était sortie de ses entrailles, qui l'avait ouverte en deux et vidée de son sang pour venir au monde. La Dépareillée se pencha devant Minuccia pour arranger sa robe, afin qu'elle ne trébuche pas en se relevant. Ses mains découvrirent la soie, la souplesse de l'étoffe, dont elles rêvaient depuis le matin. Puis, soudain, elles découvrirent aussi le pied de Minuccia. Ce coup rappela à la Dépareillée ceux que sa fille lui donnait quand elle était dans son ventre.

Traitée comme un cabot errant, pensa-t-elle avant de se redresser pour retourner à sa place : en retrait.

Elle se releva et son dos lui fit mal, elle se releva et l'anglaise qui pendait sur sa figure lui cacha les gens qui avaient assisté à la scène : une chance, ainsi elle ne vit pas comment ils la regardaient.

Elle se releva et réussit seulement à penser : *Qu'est-ce tu m'as fait, Minù ?... Qu'est-ce tu m'as trafiqué ?* Puis, punie, défaite, elle alla se chercher un recoin sur la terrasse, à côté d'un cendrier. Elle oublia ce que signifiait être mère et retourna à l'état de chienne chassée à coups de pied : elle aurait été capable d'aboyer, pour contenter la foltoupie.

Quelque chose en elle se mit à saigner et se coagula dans un cylindre de cendre. Le cylindre resta en équilibre sur sa cigarette, la Dépareillée la secoua et la cendre tomba sur l'enseigne du restaurant : REGINELLA.

Uvaspina, qui avait bu beaucoup de vin, alla aux toilettes : il avait l'impression de retenir toute l'eau du golfe dans sa vessie.

Après s'être lavé les mains, il ne trouva pas de papier. Alors qu'il envisageait de s'essuyer sur son pantalon neuf, Antonio lui tendit des mouchoirs. Par réflexe, Uvaspina les prit, puis les lui rendit immédiatement.

— Qu'est-ce tu fous là ? T'es pas censé rester à côté de ta femme ?

— Quoi, je n'ai pas le droit de me laver les mains ?

Antonio passa la tête par la porte pour vérifier que personne n'approchait.

— Ils sont tous soûls et morts de faim, ils ne se soucieront pas de nous, dans ce bordel.

La porte des toilettes était ouverte et pas une seule seconde il avait désiré toucher sa femme : il entraîna Uvaspina et poussa le verrou.

— Assieds-toi sur la cuvette.

— Non, Antò, je porte un pantalon neuf.

— Je t'en rachèterai un.

Uvaspina avait certes un pantalon neuf, mais aussi trop d'alcool dans le corps pour respecter sa sœur et son mariage.

— OK, mais toi, assieds-toi sur les chiottes.

Uvaspina sourit, les yeux noyés.

Le roi de la journée s'assit et prit Uvaspina sur ses genoux : planqués, cachés, comme deux cafards dans les fondations du restaurant, à l'abri des regards.

Dans la chair de son *criaturiello*, Antonio recherchait quelque chose de familier : sa maison, son enfance, une odeur connue à même de l'éloigner de l'église qui l'avait proclamé mari fidèle, jusqu'à ce que la mort le sépare de la foltoupie. Il avait répertorié tout ce qui chez Minuccia pouvait lui rappeler Uvaspina : sa manière de rire, parfois, certaines bouderies, le timbre de quelques voyelles.

Uvaspina et lui étaient écrasés contre le marbre et la céramique, et Uvaspina tira plusieurs fois la chasse pour que personne n'entende que là-dedans ils étaient deux.

Voilà la place des gens comme moi, pensa Uvaspina : *dans les chiottes, dans les égouts, les endroits réservés aux blattes*. Et alors qu'Antonio le touchait dans des gestes hâtifs de désespoir réprimé, Uvaspina sentit tout le vin qu'il avait ingurgité couler en lui, s'échapper de lui comme un liquide douceâtre ayant perdu sa saveur et dont la destination était forcément cette cuvette bleu ciel.

Puis il entendit une toux qu'il connaissait bien. Une toux qu'il connaissait depuis l'enfance, pétrie de tabac et de catarrhe, de voix féminine, de prières et de malédictions : une toux qui d'habitude précédait les pleurs. Instinctivement, il se détacha d'Antonio.

— Qu'est-ce qu'il y a ?

Les yeux d'Antonio exprimaient chacun une tristesse différente.

Uvaspina resta debout contre la porte fermée. Il entendit de nouveau cette toux, un peu fêlée, s'ouvrant aux pleurs. Il tendit l'oreille : oh oui, il la connaissait, la toux de sa mère, qui se coinçait dans sa gorge sous forme de cristaux de larmes retenues. Puis il entendit l'eau couler, la porte claquer et la Dépareillée partir de son pas lourd en traînant les pieds.

Quand il fut sûr que sa mère était sortie, Uvaspina ouvrit le verrou. Il alla au lavabo où, peu après, Antonio le rejoignit. Ils se lavèrent les mains face au miroir, à tour de rôle, sans se regarder dans les yeux. Sous l'eau du robinet, leurs mains ne se connaissaient pas. Ils se mirent à échanger des banalités, au cas où quelqu'un serait entré : la beauté de l'église, le choix remarquable des fleurs, la grâce de la mariée, la disposition des tables, l'incompréhensible attente de l'entrée.

Alors qu'ils s'entretenaient du plat qui n'arrivait pas, quelqu'un haleta dans les autres toilettes. Peut-être une femme, même si la voix était plutôt celle d'une jument dans une écurie, qui jouissait violemment, sans se soucier de rester discrète. Antonio et Uvaspina se l'imaginèrent à califourchon sur quelqu'un assis sur la cuvette, exactement comme eux quelques minutes avant.

Uvaspina eut le réflexe de parler encore plus fort pour couvrir ces gémissements ; il refusait de les entendre, sans savoir pourquoi.

Puis ils entendirent un autre cri, un cri épouvantable. Ce hurlement ne provenait pas des toilettes : ce n'était pas la femme en train de jouir qui le poussait, mais une autre. Plusieurs autres. Accompagnées par des hommes : la voix unique s'était transformée en chœur. « Appelez les secours », « Personne est toubib, ici ? », « Faut que ceux qu'ont le cœur bien accroché descendent voir », « Moi je peux pas », « Appelez quelqu'un ».

Uvaspina et Antonio se précipitèrent dans la salle. Suivis par Pasquale Riccio et l'amante du juge Porzio, qui lissait sa jupe, rabattue à l'instant sur ses jambes.

Dans le restaurant, c'était la pagaille, tout le monde braillait.

L'Acquajola sortit aussi : quand elle flairait l'odeur de la mer et de la tragédie, elle avait la pulsion atavique d'aller vérifier que personne de sa famille n'était concerné.

Au pied du restaurant, il y avait le sable, la roche, la mer fraîche et chaude à la fois. Au pied du Reginella, il y avait le sable volcanique et les pierres, et dessus, quelque chose de sombre.

Cette chose avait deux bras raides et tordus, comme du bois flotté déposé par le ressac. Les yeux de la Dépareillée étaient tournés vers le golfe, la ville, pour toujours tournés vers Forcella, où les rues étaient entremêlées comme un nœud de vipères et où le soleil n'entrait jamais.

La Dépareillée était une ombre noire sur le sable, ses cheveux brossés par la mort avaient perdu leurs boucles. Mais la mort elle-même avait échoué à effacer ses racines grises, encore plus visibles sous le soleil assassin.

Depuis la terrasse, tout le monde voyait le crâne coupé en deux de la Dépareillée.

Morte, la Dépareillée était une gosse : une gosse de Forcella avec des gravillons dans sa culotte, chialeuse en tête des enterrements, connaisseuse des mystères des défunts et des vivants, diva aux cuisses écartées dans une voiture sur la péninsule de Sorrente ou sur la côte amalfitaine.

La Dépareillée était une gosse du centre-ville et des *bassi* nourrie au pain et au saindoux, la fumée d'une cigarette éternelle, la mère chassée à coups de pied comme un vieux cabot dans la poussière. Quelqu'un l'avait entendue répéter, en sortant des toilettes : « Qu'est-ce tu m'as trafiqué, Pasquale Rì ? »

Au moins quatre ou cinq femmes s'étaient évanouies à la vue de la tache de sang qui s'élargissait sous son corps, et c'était peut-être plutôt pour elles qu'il fallait appeler une ambulance.

Seule Minuccia descendit, trébuchant dans la robe de mariée que sa mère n'avait même pas eu le bonheur de lui remettre en place.

Penchée sur elle, Minuccia la bousculait, lui criait à l'oreille : « M'man ! Réveille-toi ! », la reniflait et humait son odeur de fer et de sang, comme les mammifères qui savent reconnaître n'importe où l'odeur de placenta de leur mère. Minuccia appelait sa mère, puis touchait le sable ensanglanté, et serrait ce qui restait de la tête de la Dépareillée contre sa robe blanche. « M'man, c'est mon mariage, réveille-toi, on va boire le prosecco ! » hurlait Minuccia, hors d'elle, et la Dépareillée la regardait avec cet amour obstiné et idiot, des yeux de chienne crevée. « M'man, réveille-toi, arrête tes conneries, tout le monde nous regarde », et Minuccia touchait la tête de sa mère, sans savoir si ses doigts rencontraient des cheveux ou bien des algues.

Pasquale Riccio, Antonio et Uvaspina se penchèrent par-dessus la rambarde : l'amante du juge Porzio se mêla discrètement à l'attroupement. Pasquale Riccio finit de fermer sa braguette qu'il n'avait pas entièrement remontée en sortant des toilettes : un de ses premiers gestes devant la Dépareillée quand il l'avait connue, le geste par lequel il lui faisait ses adieux.

Minuccia continua de secouer sa mère comme une grosse poupée de chiffon, en hurlant. Quand elle leva la tête, elle chercha seulement Uvaspina, qui la fixait depuis la terrasse : frère et sœur échangèrent le même regard que quand, petits, ils se prenaient par la main devant le lit de leur mère, et ils surent tous les deux que ce coup-ci, la Dépareillée ne faisait pas du cinéma.

41

Uvaspina pensa que la Dépareillée aurait été en rogne de ne pas pouvoir organiser son propre enterrement, elle qui toute sa vie avait animé ceux des autres.

En la regardant dans son cercueil, la tête bandée et les mains aux ongles vernis de rouge croisées sur son embonpoint, il eut l'impulsion de passer un doigt sous son nez : pour vérifier si elle respirait encore. Il s'attendait à ce que, d'un instant à l'autre, elle se lève et aille se placer devant les musiciens pour chanter de sa voix puissante, qui réveillait les morts mais ne la ferait pas revenir parmi les vivants.

Pendant des semaines, on parla de ce mariage qui avait viré au cauchemar, et tout le monde s'accordait pour dire que la Dépareillée avait réussi un joli tour de chiale et de gruge pour sa sortie de scène.

Elle fut enterrée à Chiaia, et son nom, Graziella Marino, gravé dans une pierre blanche et sobre. Le marbre immaculé ignorait qu'il renfermait les mercredis soir, les cigarettes de contrebande, les chemins de croix du salon à la chambre à coucher et les racines grises qui pousseraient encore car, comme on sait, les cheveux et les ongles poursuivent leur croissance après la mort.

Antonio, à présent officiellement président du cercle nautique, passait tout son temps à Posillipo pour organiser des événements et parler de canoé, voile et canotage, signer des papiers et dire oui à des hommes qui auraient pu être son père.

Pasquale Riccio, lui, était redevenu un simple notaire ; depuis la mort de son épouse, les femmes de sa famille venaient sans cesse chez lui, elles s'étaient mis en tête de tout nettoyer et de faire disparaître l'odeur de Forcella des draps et des meubles. Elles avaient enlevé le cendrier du rebord de la fenêtre et l'avaient balancé à la poubelle. Pasquale Riccio était allé le repêcher quelques heures après et le conservait dans son tiroir : la céramique portait l'empreinte de la Dépareillée, qui y avait écrasé des milliers de mégots. Il ne s'en servit pas une seule fois.

Antonio et Minuccia s'étaient installés dans la rue du palais Sirignano.

Une autre odeur entrait par la terrasse le matin, un parfum d'agrumes et de confiture de figues provenant des appartements voisins, occupés par des dames à la retraite aux boucles d'oreilles en or qui sortaient sur leur balcon, les épaules couvertes d'un châle clair, pour contempler Capri noyée dans la brume.

Minuccia n'aurait jamais imaginé qu'elle regretterait l'odeur de tabac tous les matins à son réveil.

La nuit, Antonio et elle ne se touchaient pas : parfois seulement, leurs pieds se frôlaient, gros orteil contre gros orteil, mais alors Antonio se tournait de l'autre côté et se mettait à dormir comme un enfant. Il ne ronflait même pas. Minuccia si, par contre, elle ronflait comme un tracteur, et ce faisant, elle se sentait plus proche de sa mère.

Quand Antonio dormait, rien, pas même la procession des flagellants, n'aurait pu le réveiller. Quelquefois Minuccia l'avait secoué, mais il restait renfermé dans sa coquille de sommeil, indifférent. Elle avait également déposé des baisers sur sa bouche, tenté de l'ouvrir un peu plus avec sa langue, pour connaître sa saveur. Elle espérait qu'il se réveillerait, mais cela n'arrivait jamais.

Une fois, elle avait brusquement glissé sa main entre ses jambes, pour savoir si sa présence faisait bander son mari.

— Maintenant, tu vas me dire pourquoi je te débecte tant ! avait-elle crié.

Antonio avait déplacé sa main sur le drap.

— Tu ne me dégoûtes pas, c'est seulement que j'ai l'esprit accaparé par les choses à faire, lui avait-il répondu d'une voix guindée, âgée, fausse.

— Y a des maris qu'en font deux fois plus que toi, mais quand ils rentrent, ils baisent leur femme, et comme il faut. Y a que toi et moi pour rester à attraper les mouches.

Minuccia avait donné des coups de poing au lit. Antonio n'avait pas dit un mot.

Le scénario se reproduisait chaque fois que Minuccia prenait l'initiative. Quand elle le touchait sous la couverture, quand elle enlevait sa culotte : toujours cette chair molle, flasque, où elle voyait tout son échec. Et elle se sentait de nouveau grosse, petitoune avec son bedon, gosse qui rejetait tout le monde et rêvait du jour où son mari rentrerait à la maison et la couvrirait de baisers tout entière, de la tête aux pieds. Cela n'arrivait jamais, alors elle allait s'enfermer dans les toilettes, s'asseyait sur la cuvette en robe de chambre et apaisait le feu qui l'embrasait : et tout en passant des objets pointus sur son corps, la foltoupie pensait à sa mère, à son frère, à son mari qui dormait sans bruit, elle se demandait si la Dépareillée continuait de ronfler dans son manteau en bois et si sa tombe puait le tabac froid. Puis elle pensait à Uvaspina, en train de dormir dans le petit lit de leur enfance, qui pouvait maintenant se reposer tranquillement, resté seul à la maison.

Elle pensait à la tache de pâte à gâteau trouvée dans la voiture de son mari, oh oui elle y pensait, elle en rêvait et sentait une saveur d'œuf et de sucre dans sa bouche. Et quand, ensuite, elle se rinçait les bras et les poignets, les épongeait avec la serviette, elle pensait que dans ce sang qui avait coulé se trouvait aussi celui de son frère.

Antonio et Uvaspina se voyaient encore, mais moins fréquemment.

Leurs rendez-vous étaient fixés en fonction des obligations d'Antonio, qui devait jongler entre le cercle, la voile, sa femme, son appartement et d'autres emmerdes. Il prenait les choses à bras-le-corps, mais par moments il avait besoin de sortir de son apnée et de retrouver son *criaturiello*.

Un *criaturiello* qui, pour finir, s'était inscrit à la fac de droit. Uvaspina rêvait d'étudier la littérature, la vie des poètes, les sonnets, il rêvait de se remettre à écrire, de rencontrer des gens comme lui, mais maintenant que sa mère était morte, il voulait faire plaisir à son père, dans toute cette sinistrose. Cela ne l'empêcherait pas de reprendre l'écriture dans son coin, il verrait plus tard, comme pour tout ce qui comptait à ses yeux.

Il se rendait sur le corso Umberto tous les jours, à l'université dont l'entrée était flanquée de deux sphinx. Là-bas, tout le monde l'appelait Carmine le Pédé, et il lui arrivait de réviser dans une salle surnommée « les catacombes » : il avait rencontré d'autres jeunes qui, le matin, descendaient de l'Arenella ou du Rione Alto et lui avaient demandé si c'était une tache de café qu'il avait sous l'œil gauche.

Antonio et lui se voyaient toujours au palais Donn'Anna, mais avec la fin des jours cléments, ils devaient trouver un autre point de rendez-vous : dans l'escalier, ils allaient crever de froid. Le désespoir d'Antonio avait changé de nature. Parfois, ils se prenaient sans même s'embrasser, avec une urgence comme née des fondations mêmes du palais.

Jambes, bras, lune décroissante, premiers froids.

Alors que son corps frottait sur la pierre, il arrivait à Uvaspina de penser à Minuccia ; les mouvements d'Antonio qui le baisait lui évoquaient sa sœur secouant leur mère sur la plage et il avait envie d'arrêter là. Mais ensuite, il se figurait Minuccia assise dans la cuisine de son appartement, en sa qualité d'épouse de l'homme qui était en train de le pénétrer, et il continuait.

Après leurs rendez-vous, Antonio rentrait chez lui réconcilié avec la création ; Uvaspina, lui, s'en retournait à Chiaia où, en l'absence de sa sœur et de sa mère, la nuit il reniflait les vieux draps dans l'armoire, à la recherche de l'odeur de tabac froid qui lui rappelait son appartenance à quelque chose. La vie à Chiaia en tête à tête avec Pasquale Riccio n'avait aucune saveur. C'était la vie de deux hommes seuls, deux orphelins de Minuccia et de la Dépareillée.

Ces pièces, ces balcons, ces lits et ces meubles transpiraient l'absence : ce n'était plus une absence, c'était un siège. Une absence rampante, qui s'était nichée dans les feuilles de toutes les plantes et les faisait mourir sur pied les unes après les autres. Et quand, le soir, Pasquale et Uvaspina dînaient seuls, Pasquale avait comme un nœud de serpents dans le ventre, car ce fils était tout ce que sa femme lui avait laissé à la maison. Ce fils né des journées lumineuses sur la côte amalfitaine, ce fils qui portait le nom d'un fruit inadapté à Naples, exception, abjection, rareté au milieu des arbustes méditerranéens. L'*uvaspina* servait seulement à guérir et à soulager les souffrances d'autrui. Et désormais, il n'y avait plus rien à soulager, car Graziella et Minuccia n'étaient plus là : l'une en train de se décomposer dans son manteau en bois, bientôt il ne resterait plus rien de ses seins, de ses hanches, de ses racines et de sa voix qui réveillait les morts. L'autre, quant à elle, se trouvait dans un monde trop éloigné du leur, sidéralement distant : la seule différence avec la Dépareillée, c'était que Minuccia respirait encore. Et il faisait froid, trop froid à la maison sans la présence désespérée de Graziella et Minuccia, il faisait froid, et cet endroit était le seul où son fils pâle pouvait vivre, car la groseille est une baie qui pousse dans un environnement frais, et l'atmosphère de cet appartement était si glaciale qu'à côté les tombes étaient un lieu de fête.

Certaines nuits, quand il n'arrivait pas à s'endormir, Uvaspina ouvrait les yeux dans le noir et désirait l'odeur nauséabonde des Merit de contrebande, la seule odeur maternelle qu'il connaissait : le tabac était son talc, son lait. Certaines nuits, Uvaspina pleurait et désirait aussi que la foltoupie vienne le réveiller de ses mains de bois, à jamais.

42

Un matin, Minuccia ouvrit les yeux avec un goût de pâte sucrée dans la bouche. Une saveur de jaune d'œuf sur la langue.

Elle se leva et huma l'odeur de propre de son appartement, qui désormais l'écœurait et lui retournait le ventre. Elle se mit quelque chose sur le dos et sortit.

À mesure qu'elle avançait, le quartier de Chiaia s'éloignait et pâlissait, il devenait une carte postale délavée. Minuccia descendit les *gradoni*, arriva sur la piazza del Plebiscito, traversa la piazza Trieste e Trento et déboucha sur la via Toledo.

Elle plongea dans un bain de gens, de voix et de bordel : elle poursuivit son chemin jusqu'à ce que la ville cesse d'être un corps plan et devienne double, triple, se fasse écheveau.

Minuccia connaissait la puanteur de ces rues, ammoniac et chair souffrante : le monde changeait tous les jours, mais dans ces venelles tout restait identique, comme conservé dans une châsse. Des chats léchaient le fond de lait dans de petites casseroles en fer déposées dans la rue ; un homme passa la tête à sa fenêtre, la paume tendue, où luisait de la couenne de jambon :

« Minou minou, regarde un peu ce qui y a à bouffer pour toi », et un d'eux vint manger dans sa main.

Minuccia continua : les étals de cigarettes de contrebande étaient couverts de paquets blancs brillants aux inscriptions bleues écrites en cyrillique.

Elle arriva à proximité du *cippo*, les vestiges des murs grecs de la ville, d'où l'on pouvait soit monter par le vico delle Zite, soit par le vico della Tofa. Elle opta pour le premier parcours.

Elle poussa une porte qu'elle connaissait bien et entra dans un *basso* dont elle aurait pu décrire chaque détail les yeux fermés.

— Qu'est-ce qui t'amène ?

Nunzia Cul-de-Traviole était sur le canapé, les jambes au chaud sous une couverture écossaise. Ses mi-bas en nylon tirés jusqu'au-dessus des genoux cisaillaient ses cuisses grasses, qui faisaient une tache blanche dans la pénombre de la pièce.

Sur la gazinière, des plats simples : des pois chiches dans une casserole, deux patates à réchauffer. Sur la table, des croûtes de fromage, des noix et une grande tasse de lait où flottaient des tranches de pain.

— Qu'est-ce qui t'amène ? C'est toi, Minù, hein ?

Nunzia Cul-de-Traviole toisa Minuccia, comme pour déceler ses changements depuis son mariage et la mort de sa mère.

— Non, c'est la Vierge, rétorqua Minuccia. À ton avis ?

Elle jeta un regard autour d'elle, reconnaissant tous ses repères : la cuisine avec des aliments à frire sur le feu, la table en plastique ; derrière le rideau entrouvert, le grand lit couvert de laine rêche, la figurine de chien borgne, les images pieuses qui changeaient sans cesse, ce jour-là, c'en était une de l'église de la Pietatella a Carbonara. Et puis cette porte toujours fermée.

— On en a bavé, hein. Qu'est-ce qu'elle nous a fait, Graziella ?

Depuis le canapé, Nunzia Cul-de-Traviole attrapa Minuccia et enlaça ses jambes en sanglotant.

— Qu'est-ce qu'elle nous a fait, ta maman ? Elle voulait plus rester avec nous ? Qu'est-ce qu'elle nous a fait, ta maman ? – et elle serrait Minuccia comme si elle pouvait toucher la Dépareillée à travers la chair que celle-ci avait enfantée.

Les gémissements des femmes telles que la Dépareillée ou Nunzia Cul-de-Traviole avaient quelque chose de peu humain : des échos de la truie dans son enclos, de la chienne battue par son maître, de la prêtresse, de la mante religieuse, de la lavandière, de la putain vulgaire pleurant sur les plaies du corps purulent et divin de Naples, dont les métastases gagnaient les territoires alentour. La maladie de Naples s'enracinait dans les appartements, dans le dédale de ruelles, dans les pavés, dans la bouche ouverte des gens et dans la couche de fard sur les joues des femmes en pleurs ; l'art de la chiale requérait souffrance et talent, la Dépareillée l'avait su mieux que quiconque.

Minuccia laissa Nunzia finir, entendre quelqu'un pleurer lui avait manqué : les rires étaient devenus obscènes à ses oreilles alors que les pleurs la rassuraient, lui donnaient un sentiment de sécurité.

Nunzia Cul-de-Traviole émergea des cuisses de Minuccia.

— Comment ça va, avec ton mari ?

— Bien, mais il bosse beaucoup. On dirait qu'il porte tout le poids du monde sur ses épaules.

— Toi, faut que tu fasses attention à toi, que tu restes tranquille. Tu te reposes, hein ?

Minuccia ignora sa question et se mit à fouiller dans les objets posés sur l'égouttoir.

— Qu'est-ce tu cherches ?

Nunzia se leva, faisant tomber sa couverture écossaise.

— C'est pas ton problème, Nù.

— Tu veux fâcher ta pauvre maman qu'est au paradis ?

— Mêle pas ma mère à ça.

Minuccia se saisit d'une casserole.

— Je vais pas me gêner, tu y as toujours fait faire un sang d'encre, à ma Graziella. Regarde où elle est, maintenant. Si tu t'étais bien comportée, ta maman elle serait peut-être encore à la maison, et pas entre quatre planches. Tu y as jamais pensé à ça, hé, Minù ?

— Et les autres, ils pensent à moi, peut-être ?

Minuccia ouvrit la bonbonne de gaz.

— Écoute-moi, je sais que t'as des problèmes, mais faut que tu te calmes maintenant, t'es mariée, t'as plus de maman, et dans pas long, si le Père éternel le veut bien, toi aussi tu seras maman.

— Ouais ouais, en attendant, j'ai des trucs à faire.

Minuccia remplit la casserole d'eau et la fit claquer sur la cuisinière. Elle alluma le gaz.

— Qu'est-ce tu trafiques, Minù ?

Nunzia Cul-de-Traviole vint derrière elle : elle lui arrivait à peine aux épaules.

— Ferme-la, tu parleras quand je t'aurai sonnée, Nù.

L'eau frémissait. Minuccia fouilla dans son sac et en sortit la coquille d'un des œufs utilisés pour la pâte à gâteau qui avait atterri sur le cul d'Uvaspina puis dans la voiture de son mari, la veille au soir de son mariage. Elle-même ne savait pas exactement pourquoi cette nuit-là elle s'était mise à fouiller dans la poubelle, c'était peut-être sur une injonction de la foltoupie.

Elle jeta la coquille dans l'eau tremblotante. Puis elle sortit de son sac la broche d'Antonio en forme de vague, qu'il portait le jour des noces, et la jeta à son tour.

Nunzia Cul-de-Traviole se cramponna à elle.

— Qu'est-ce tu fabriques, Minù ? Coupe le gaz et fous le camp d'ici, ou je t'envoie rejoindre ta mère. Faut vraiment que t'arrêtes avec cette manie de débarquer chez moi et de faire tout ce qui te passe par la tête, t'as encore du lait au coin de la bouche, arrête de t'amuser avec ces choses-là ou, je le jure sur Dieu, ça va mal tourner, Minù. Ça t'a pas suffi ce que t'as trafiqué avec l'autre gars, ce pauvre malheureux qu'est mort et enterré ? Arrête ça ou je t'expédie rejoindre ta mère, je le jure sur Dieu.

Nunzia braillait, une veine palpitante au milieu du front.

— Ah ouais ? Et comment tu comptes t'y prendre ? Raconte, Nù.

Minuccia fit tourbillonner l'eau bouillante à l'aide d'une cuillère en bois.

— Je sais pas, mais Graziella a bien fait de crever, moi aussi j'en aurais claqué avec une fille comme toi.

Minuccia se mit à rire la bouche ouverte, les yeux fixés sur l'eau.

— Ah oui ? Moi, je pensais que si tu claquais, c'était pour rejoindre ton mari. D'ailleurs, l'est où ton mari, Nù ?

Nunzia resta silencieuse.

Une série de petites bulles s'étaient formées autour de la coquille, la couvrant d'une nouvelle peau gouttelée ; la broche dansait et allait se cogner contre les bords de la casserole.

— Allez, Nù, récite la formule, j'en ai besoin et je m'en souviens pas en entier.

Minuccia poussa Nunzia devant le gaz.

— Graziè, je t'en prie, reviens et récupère cette criminelle, invoqua Nunzia Cul-de-Traviole, le visage déformé par une grimace. Je dirai rien, je réciterai rien, je le jure sur Dieu, ça se fait pas, ces choses-là.

— D'accord, Nù. Le fais pas. Je vais me débrouiller. L'est où, ton mari, Nù ? Tu veux que tout le monde sache où il est, ton mari ?

— Mon mari, l'est au cimetière de Poggioreale, et tu ferais mieux de te laver la bouche à la Javel avant de parler de lui.

Nunzia Cul-de-Traviole tremblait, à présent.

— Tu veux pas faire ce que je te demande ? Pas de problème.

Minuccia s'élança vers la porte à côté du frigo.

— T'es bien sûre qu'il est à Poggioreale ?

Minuccia éclata de rire et ouvrit la porte, mais elle dut se tenir au frigo pour ne pas tomber dans les pommes en voyant le mari de Nunzia Cul-de-Traviole couché sur un matelas, dans un calme irréel, vêtu de son habit du dimanche.

Sa peau avait la couleur des bougies qui l'entouraient, le matelas épousait la forme de son corps. Il ressemblait à un poupon géant aux cheveux en synthétique et aux pieds tout droits.

— Tu veux que tout le monde sache que t'as fait empailler ton mari et que tu te le gardes comme un objet de déco dans la pièce où soi-disant tu ranges tes couvertures ? Tu veux qu'on te l'enlève ?

Nunzia Cul-de-Traviole sentit une déchirure s'ouvrir en elle à l'idée de ne plus avoir son mari, qu'il soit véritablement enterré à Poggioreale.

— Alors, Nù ? Tu viens la dire, cette formule, ou je te dénonce et tu seras privée de ton jouet ?

Minuccia se remit à rire en scrutant la moustache du mari de Nunzia, au poil mou et terne comme celui des chiens crevés.

— Les gens qui racontent que t'es mauvaise imaginent pas à quel point ils ont raison, Minù. T'es un monstre.

— Tu crois que je dormais, la fois où t'as parlé à maman dans la cuisine ?

Sans cesser de rire, Minuccia s'approcha du lit dans le halo des bougies ; puis, regardant Nunzia droit dans les yeux, elle abattit son poing sur le matelas, faisant tressauter le mari embaumé.

Le soir, Nunzia Cul-de-Traviole troquait ses habits de tous les jours contre une tenue plus élégante et allait s'asseoir à côté de lui pour lui raconter sa journée. Elle époussetait la table de chevet et les pommettes en plastique de son mari. Puis elle prenait sa main froide et la caressait : parfois, elle la passait même sur son visage, pour sentir le contact de son homme sur sa peau. Après quoi elle refermait et chuchotait : « Attends-moi là. » C'était son quotidien, à Nunzia Cul-de-Traviole.

— Tu te pionces aussi avec lui ?

Le rire de Minuccia n'en finissait pas. Il arrivait à Nunzia de se caresser avec la main de son mari, ces soirs où la malecolie l'accablait, et après, sa honte était si grande qu'à la messe elle ne se sentait même pas digne de communier.

Elle n'avait pas le choix. Nunzia ferma la pièce à clé et revint devant la gazinière avec Minuccia, la maudissant à chaque pas, maudissant la fente de la Dépareillée d'où elle était sortie. Devant l'eau bouillante, elle récita la formule.

— Montre-toi en rêve, ajouta Minuccia, car c'était la seule partie dont elle se souvenait. Montre-toi en rêve, répéta-t-elle.

Puis elle rentra chez elle : sur le trajet, une fatigue immense s'empara d'elle.

Ce soir-là, Minuccia se coucha, comme toujours, à côté de son mari. Pour une fois, elle s'endormit la première et Antonio en fut content. En se concentrant, il parvenait à déceler sur la joue de Minuccia une fossette qu'Uvaspina avait aussi.

Antonio ne pouvait pas savoir que Minuccia était en train de rêver d'une voile qui tournait dans le plomb et d'un palais en ruine dont les fenêtres étaient comme des yeux.

43

Le jour où Minuccia vit son frère et son mari ensemble, à son réveil elle avait mouillé son lit.

Elle avait rêvé qu'elle se noyait à Posillipo, elle avait vu les paillettes dorées du soleil à travers la surface de l'eau, puis elle avait senti la mer se refermer au-dessus de sa tête ; alors, quelqu'un l'avait attrapée par la cheville et l'avait sauvée. Elle avait vu un palais, y était entrée et s'était agenouillée dans un escalier rugueux : elle était habillée en courtisane, princesse, chiffonnière et reine tout en force et en grâce. Puis une coquille d'œuf et une broche lui étaient tombées dessus et l'eau s'était agitée et avait fait des vagues. L'eau et le plomb fondu, l'eau et les mains de la Dépareillée qui touchaient le fond de la bassine et créaient des tourbillons. La voile, au milieu : la voile en plomb s'était formée dans les vagues, puis des yeux vairons, l'un couleur plaque d'égout, l'autre couleur d'émeraude.

Elle avait le goût âpre d'un fruit vert sur la langue. Elle s'était pissée dessus, comme quand, gamine, on l'envoyait au lit en punition. La puanteur de l'urine la réveilla et son premier réflexe fut d'appeler sa maman pour se faire laver, mais sa maman était morte.

À présent, elle savait où aller.

Elle se leva et s'approcha de la fenêtre de son appartement de femme mariée ; elle prit une cigarette de contrebande fauchée dans le tiroir de sa mère pendant le partage des biens. Elle se l'alluma : comme on sait, les cigarettes de contrebande aident à supporter l'attente.

Le jour où Minuccia vit son mari et son frère ensemble, c'était le carnaval à Naples.

Au carnaval d'automne mouillé d'eau salée, les masques étaient faits d'embruns. Monstres, polichinelles et divinités grecques occupaient la rue, jouant du *putipù* et du *triccheballacche*, dans une compétition à qui ferait le plus rire ou le plus peur : c'était la fête de Piedigrotta, fête du roi et de la canaille tout à la fois.

Cette célébration rappelait que le peuple de Naples naissait de la mer et y fabriquait ses masques : il les façonnait en coraux qui épousaient parfaitement le visage. Et les gens de mer ne sont pas fiables, ils rient et pleurent en même temps, et leurs sanglots se transforment en moquerie et en pied de nez.

La trace des empereurs d'antan, de Néron jouant de la cithare et obligeant les gens à applaudir, se nichait au détour des rues encombrées de chars pour la parade, où flottaient encore les vers de Salvatore Di Giacomo et de Libero Bovio.

Entourée par les *strambotti* et les villanelles, les chants des ménagères, Minuccia pensa à sa mère qui aimait tout ce foutoir que la ville reproduisait obstinément : comme les gosses, certains Napolitains avaient besoin de croire en quelque chose. Ils entretenaient la tradition parce que c'était dans leur nature : si le volcan ne les tuait pas, c'était la réalité qui s'en chargeait.

Le chemin jusqu'au palais Donn'Anna était comme incendié : le Castel dell'Ovo semblait flamber à la surface de l'eau, partout des pétards et des feux d'artifice s'élevaient vers le ciel.

Minuccia avait besoin de faire des pauses sur son parcours. Elle savait où elle devait se rendre, mais plus elle approchait, plus elle avait envie de faire demi-tour.

La foltoupie aussi avait parfois peur : avant de sortir, elle avait mangé une *zuppa di latte* qui remontait dans sa gorge sous forme de ricotta. Elle pensa à toutes les fois où, petite, elle avait voulu étouffer son frère dans son sommeil : elle s'était toujours retenue. À présent que même sa mère n'était plus là, les scrupules l'avaient désertée : c'était quoi, un scrupule ? Minuccia ne le savait plus.

— Elle a compris quelque chose.

— Non, Uvaspì : ta sœur n'est pas un génie. Quand on ne lui dit pas les choses clairement, elle ne saisit pas.

Antonio n'avait jamais évoqué sa femme avec autant de colère, et ce mépris à l'égard de Minuccia irrita Uvaspina.

Antonio avait un rire nerveux, son ricanement continu était différent de d'habitude. Leur recoin d'escalier taillé dans la pierre s'éclairait d'orange, les feux d'artifice leur blessaient les yeux.

— Ce soir, j'ai pas envie, c'est peut-être mieux qu'on s'arrête là.

Ces mots débordèrent de la bouche d'Uvaspina comme un trop-plein.

— Qu'y a-t-il de bon dans ta vie ? Si tu me rayes de ta vie, qu'est-ce qu'il te restera ?

La question, sincère et accompagnée de ce rire nerveux inhabituel, fit à Uvaspina l'effet d'une écorchure.

— Qu'est-ce t'en sais, de ma vie ?

— Tu en parles tout le temps. Ta mère, paix à son âme. Ton père ? Ta sœur ?

— Ta femme.

— Oui, ma femme. Je suis sérieux : qu'est-ce qu'il te restera, si je ne suis plus là ?

Antonio était arrogant, ce soir-là.

Uvaspina sentit un élancement, il pensa à sa vie, et elle lui parut si misérable, désertique. Antonio était tout ce qu'il avait. Sans la Dépareillée et Minuccia, l'appartement était un musée sinistre. Il était devenu apathique, il s'était rendu compte qu'il était incapable de supporter une existence où il n'avait pas à se défendre quotidiennement. Il descendait dans les catacombes de l'université Federico II, dans la via Marina, pour réviser les premiers polycopiés de droit : il assimilait les notions tout en repensant à ses nuits passées à lire le mort dénommé Salvatore Di Giacomo, dans la peur que la foltoupie se réveille. Il lisait le mort, et le souffle de la foltoupie ponctuait ces poèmes, rythmait ces vers anciens. Que voulait-il faire, quand il serait grand ? Certainement pas avocat, il y avait plus d'aspirants avocats à Naples que de grains de sable sur la plage de l'Arenile. De petits groupes s'étaient formés parmi ses camarades, notamment un mené par une fille au double menton, aux cheveux très lisses couleur miel et à la voix nasillarde, qui lui évoquait un bêlement. C'était une de ces filles à papa de la via Tasso, qui se vantait de vouloir devenir juge et s'adressait aux autres avec un mélange de despotisme et de douceur veloutée. Elle était entourée de garçons et de filles serviles qui auraient léché le sol pour elle :

elle avait organisé un groupe pour réviser le partiel d'histoire du droit romain, mais Uvaspina avait peur de se mêler à eux.

Il lui était arrivé de demander à l'Éclopée de réviser avec lui, même s'ils étaient dans des facs différentes. Teresa s'était inscrite en pharmacie au pôle du Rione Alto, elle avait maintenant un petit ami et passait de moins en moins de temps avec Uvaspina. Elle s'était entichée d'un assistant, un larbin divorcé à l'air un peu crétin, qui se faisait traiter comme de la merde par le professeur de biologie moléculaire. Teresa avait eu l'impression de trouver pour la première fois un homme qui la considérait comme un être humain. Le bonheur se fout de tout : le bonheur amoureux est le plus cruel, et Teresa portait son égoïsme comme un manteau de vanité, une vanité terrible et claudicante.

Tout en regardant Antonio, Uvaspina conclut que oui, il était tout ce qui lui était arrivé dans la vie. Il pensa à lui-même et à la foltoupie, puis à l'Acquajola, puis à tout ce qu'il faut sacrifier pour avoir droit à une pincée de joie : un calvaire valable pour tous les deux, mais Uvaspina avait les mains calleuses à force de porter sa croix.

— Hein, qu'est-ce qu'il te restera, si je ne suis plus là ? répéta Antonio, comme si Uvaspina n'avait pas entendu.

— … Peut-être qu'au début, toi et moi ça me faisait du bien, mais maintenant j'arrive plus à regarder ma sœur en face, les rares fois où je la vois.

— Pourtant, tu disais qu'elle le méritait.

— Oui, et je le pense toujours.

Les yeux fixés sur la mer sombre, Uvaspina songea que Minuccia le mériterait pour toujours. Continuer encore un peu ne changerait pas grand-chose.

— Ne pense pas à ta sœur, alors. Tu es obsédé par elle, même moi qui suis son mari, je ne pense pas autant à elle.

Une exultation aussi incontrôlable qu'une crise de hoquet envahit Uvaspina : peut-être avait-il tenu ce discours uniquement pour avoir confirmation qu'Antonio désirait plus que lui poursuivre leur histoire.

Les feux d'artifice qui étincelaient dans le ciel lui évoquaient Minuccia, qui faisait la pluie et le beau temps. Néanmoins, on pouvait parfois faire abstraction de l'existence du ciel et fixer son regard au ras du sol, précisément sur l'escalier.

Uvaspina s'assit sur une marche. Il avait envie de récits.

— Pourquoi tu me racontes plus rien ?

— Parce que je n'en ai pas l'occasion.

— C'était quoi déjà, l'histoire de la dernière fois, sur notre palais ?

— Ah, celle de la reine Anna Carafa…

Le jour où Minuccia découvrit son mari et son frère ensemble, dans la rue quelqu'un chantait « Te voglio bene assaje ». Les ménagères et les habitantes des *bassi* s'égosillaient et semblaient croire à tout ce qu'elles racontaient.

Ce qu'il est loin, ce palais, ils allaient se planquer au bout du monde, et Minuccia étouffa ses larmes dans la voix des femmes qui criaient : elle pensa à elle-même en train de dormir dans son lit, ou de se préparer pour son mariage, et pendant ce temps son frère lui faisait ce genre de préparatifs.

Avant de démarrer, la foltoupie devait endurer. À chacun de ses pas, le lait continuait de remonter dans sa gorge sous forme de ricotta. La colère explosa dans sa poitrine et lui fit accélérer l'allure : elle gicla partout, comme si son corps renfermait une poche de calamar pleine d'encre soudain percée par une aiguille.

Elle se sentit la dernière des crétines de Naples : tout le monde pouvait se foutre d'elle. Elle n'avait plus qu'à se planter au milieu de la rue pour que tous les participants du carnaval viennent lui rire au nez : à quoi servaient les masques de Piedigrotta si, de toute la foule, c'était elle la plus ridicule ?

Minuccia toute petitoune, gamine moche dont les cuisses frottaient l'une contre l'autre quand elle marchait. Minuccia qui ne s'était sentie belle ni le jour de sa confirmation ni celui de son mariage : les feux d'artifice explosaient, les enfants levaient les mains vers le ciel et leurs mères les prenaient dans leurs bras. La Dépareillée l'avait-elle jamais prise dans ses bras ? Que se rappelait-elle de sa mère ?

Elle se rappelait sa peau, son épiderme qui exsudait le tabac, comme la sève vénéneuse d'un hortensia ; elle se rappelait sa mère haletant sur son lit, qui demandait : « Si votre maman meurt, vous lui apporterez une fleur au cimetière ? » ; le rouge qui débordait de sa lèvre inférieure, comme une bouderie ensanglantée ; sa manière de saucer en écrasant le pain dans son assiette. Enfin, elle se rappelait le regard de sa mère, vache blessée, chienne battue et épuisée, après le coup de pied qu'elle, Minuccia, lui avait donné sous le nuage blanc de sa robe de mariée.

Et son frère, que se rappelait-elle de lui ?

Elle sentit une puanteur de fruit avarié dans la rue : ce fruit-là, lui, ne pourrissait jamais, putain de misère.

— Anna Carafa, qui faisait jouer des pièces de théâtre ici, dans ce palais ?

— Oui, celle qui a perdu les pédales.

Antonio éclata de rire, mais son rire restait différent ; Uvaspina avait appris à en lire toutes les nuances.

— Donc, elle fait jouer son amoureux sur scène.

— C'est ça, celui qui a un nom difficile, d'ailleurs, je m'en souviens pas.

— Gaetano di Casapesenna.

Uvaspina imita Antonio et répéta « Casapesenna » avec une intonation solennelle.

— Sauf que lui, il est amoureux d'une Espagnole, Mercedes, et ces deux-là s'embrassent sur scène : tout le monde applaudit, sauf donna Anna. Ça te revient, Uvaspì ?

— Oui, elle les a détestés. Elle devait être pleine de haine.

Il faisait frisquet. La pierre sous eux était glaciale, mais Uvaspina pensa que si des reines l'avaient supportée sans se plaindre, eux aussi pouvaient. Il en avait marre de baiser sur cette marche : il tapait toujours contre l'arête et ça lui faisait mal. Ce soir-là, Antonio avait une ardeur particulière et le bruit des feux d'artifice ne suffisait pas à le faire taire.

Tandis qu'Antonio le prenait, Uvaspina pensa à tous les bleus qu'il aurait le lendemain, il pensa aux salles du palais où ils n'étaient jamais entrés. Pour eux, il n'y avait que l'escalier, les arêtes, la pénombre où filaient des rats aussi gros que des chiens. Les pièces ornées de stucs au-dessus, l'escalier en dessous. Tout était entouré de ruines aux couleurs des siècles, dont ce palais ne s'était jamais défait.

Uvaspina pensa que Naples pleurait à l'envers : d'en bas, pas d'en haut. Et toutes les vagues qui venaient se briser sur le palais Donn'Anna étaient, peut-être, les larmes de cette reine qui n'avait pas su applaudir.

Uvaspina se tourna et se détacha de l'ardeur d'Antonio, mais il se cramponna à son cou pour ne pas vaciller car quelqu'un, tout juste arrivé, s'était mis à applaudir en les regardant.

44

Une larve. Un ver sorti des fondations du palais. Une blatte vivant dans les égouts. Un pédé. Un *femminiello*.

La foltoupie applaudissait, se délectant du spectacle.

— Dans l'escalier. Comme des rats.

Elle riait, ses yeux brillaient : ses mains claquaient au rythme des feux d'artifice.

— Dans la rue, sur les marches, t'aimes ça : c'est au pieu que ça te plaît pas.

Antonio resta impassible.

Le jour où Minuccia découvrit son mari et son frère ensemble, à Naples il y avait le carnaval. La mer avait brûlé les masques et les madones s'étaient retrouvées sans visage.

Anna Carafa, son mari et l'amant étaient tous trois au palais Donn'Anna, et le ciel couvrait la ville comme un couvercle, car pas un œil humain ne devait voir la scène : uniquement les bêtes rampantes.

— Toutes les nuits où je suis venue à côté de toi, je t'ai pas buté parce que tu me faisais peine. Jamais j'aurais imaginé que tu pouvais me faire plus peine que ça.

Chaque mot de Minuccia adressé à Uvaspina était un serpent marin qui traversait le sable pour venir le mordre. Minuccia ne voyait plus Antonio : Uvaspina et elle étaient au centre d'un cercle magique que personne ne pouvait pénétrer.

Uvaspina se couvrit avec les habits qu'il parvint à récupérer : un animal en guenilles, dans le palais où il s'était rêvé reine.

— Tu te rappelles, quand j'étais gosse, on m'avait offert Rosetta, une poupée moche et bigleuse.

Minuccia s'approcha de son frère : un goéland, dehors, poussa un cri.

Uvaspina hocha la tête et se souvint de Rosetta : un cadeau de la Dépareillée. La Dépareillée aimait les poupées, elle disait qu'elle-même n'en avait jamais eu et que les épis de maïs étaient ses seuls jouets. Minuccia s'était fichue en rogne et l'avait jetée, parce que Rosetta avait un œil qui disait merde à l'autre.

— Tu te rappelles. Et moi, je me rappelle que t'es allé fouiller dans la poubelle pour récupérer Rosetta. Et je t'ai chopé en train de jouer avec.

Oui, Uvaspina l'avait repêchée dans la poubelle, et Rosetta lui avait apporté un peu de joie : il la voulait pour lui, cette poupée. Il jouait à lui donner la becquée, puis un jour il l'avait perdue et, dès lors, il avait été incapable de prononcer le prénom de Rosetta sans se mettre à pleurer.

— C'est ce que t'as fait toute ta vie, récupérer mes restes, tout ce qu'était passé entre mes mains.

Minuccia était à présent à un millimètre de son frère, de cette chair qu'elle connaissait par cœur.

— T'aurais dû continuer à jouer avec Rosetta. Elle, au moins, elle te prenait pas pour un con.

Uvaspina sentit l'haleine de Minuccia : elle avait mangé de la *zuppa di latte*.

Antonio n'arrivait pas à lever les yeux. Uvaspina fit semblant de ne pas avoir entendu la phrase de la foltoupie.

— T'as pas misé sur le bon joujou. Qu'est-ce t'as cru, qu'Antonio était un jouet pour toi ?

Le soir du carnaval à Naples, les masques brûlaient. Les rois bourboniens et les Masaniello étaient nus, les chiffonnières et les habitantes des *bassi* riaient au nez de tout le monde, et leurs rires piquaient comme des épingles.

Uvaspina baissa la tête. Minuccia lui riait à la figure, son nez presque écrasé contre le sien : dans cette odeur de lait caillé, Uvaspina sentit toute sa misère.

— D'après toi, j'y suis arrivée comment, ici ? C'est qui qui me l'a dit ? Mon petit doigt ?

Uvaspina se tourna vers Antonio, mais ce dernier garda les yeux rivés sur la pierre rugueuse.

— Tu croyais quoi ? Que t'avais trouvé ton bonheur avec lui ? T'as la folie des grandeurs, Uvaspì.

Et la foltoupie démarra, chacun des mots qu'elle vomissait était une flèche. Elle s'approcha d'Antonio et le serra dans ses bras.

— Tu l'embrasses, ta femme, ou t'as honte devant ton amoureux ? Toute façon, tu l'as baisé, un coup de poignard de plus ou de moins, ça changera quoi ?

Minuccia riait aux éclats, les yeux rouges d'excitation : elle avait déjà tout vu en rêve, la voile, le palais, on pouvait dire bien des choses sur la foltoupie, mais pas qu'elle était bête ou se faisait rouler. Ah çà, elle n'allait pas laisser Antonio continuer ses saloperies à ses dépens.

Le palais Donn'Anna semblait se retirer un peu plus à chaque phrase de Minuccia, ses murs semblaient reculer.

— Tu veux savoir ce qu'il m'a dit, ton amoureux, Uvaspì ?

Il répondit non, instinctivement, comme les gosses qui secouent la tête devant leur mère.

— Ben, je te le répète quand même. Ton amoureux m'a avoué où vous allez faire vos dégueulasseries.

Minuccia rit plus fort.

— Et il m'a dit aussi que c'est toujours toi qui lui cours derrière, à vouloir l'embarquer ici, à lui casser les couilles, et que tu l'as fait putain de chier : un vrai morbac, il a dit, je le cite.

Uvaspina ne voyait plus le palais Donn'Anna, il ne sentait plus l'odeur de lait de Minuccia. Quelque chose en lui se cassa, comme le cou de la poupée Rosetta quand elle avait été jetée à la poubelle.

— Me l'a dit, Antonio, qu'il est pas comme toi. Je sais pas ce que t'es allé t'imaginer, mais Antonio a été clair : l'est pas comme toi et comme ceux de ta race.

Uvaspina se tourna encore vers Antonio. Il était contre le mur, on ne voyait que la moitié de son visage. Un œil vert broussaille, aussi luisant qu'une bille tombée dans la mer.

Le jour où Minuccia découvrit son mari et son frère ensemble, on brûla le corps de Polichinelle sur la promenade : certains exultèrent, car le bûcher était beau, et de la fumée pouvait naître la vérité.

Uvaspina regarda sa sœur, il était prêt. Le moment était venu. Il arrêta de penser et se livra à la foltoupie, à ce qu'elle voulait lui faire. De toute façon, il ne restait plus en lui une seule goutte de jus à presser.

Uvaspina regarda Minuccia et parvint seulement à lui dire :

— Fais vite.

45

La première chose que Minuccia remarqua quand elle franchit la porte de l'hôpital psychiatrique Leonardo Bianchi à Capodichino, ce fut l'inscription qui trônait au-dessus de la volée de marches à l'entrée : CACA.

Minuccia supposa qu'elle avait été tracée par la main d'un enfant : elle ignorait encore que quiconque mettait les pieds dans ces lieux restait ensuite un gosse à jamais.

Les murs en tuf, qui rappelaient certains palais du centre-ville, devenaient, à Leonardo Bianchi, une toile pour écrire ou dessiner des obscénités : Minuccia vit des bites et des chattes, un MANGE TES MORTS et quelques exhortations à faire mieux adressées au Père éternel, car Notre-Seigneur aussi avait besoin d'encouragements.

À l'hôpital Leonardo Bianchi, les grandes fenêtres cintrées ressemblaient à des niches pour les saints ; à la place des statues sacrées se trouvaient les patients, et chacun d'eux portait une croix invisible : elle se cachait dans leurs yeux, qui scrutaient les nouveaux venus.

Dans la cour, les infirmiers fumaient des Pall Mall bulgares, et dans le parc on avait planté des tomates, des fleurs jaunes et même des arbres apparemment venus d'Afrique du Nord.

Là-dedans, on l'appelait Filomena et on lui disait qu'on la tiendrait loin de l'eau, parce qu'elle avait un problème avec cet élément : « De l'eau pour te laver et c'est tout », lui répétait-on en souriant. Tout le monde savait pourquoi elle était là : Minuccia, elle, se rappelait seulement le moment où on l'avait embarquée de force.

Une bande de gars qui se rendaient au carnaval avait vu une fille sur la plage à côté du palais Donn'Anna, mais quelque chose ne tournait pas rond dans la scène. Cette fille se débattait sur le rivage contre une autre personne. Une autre personne qui pouvait aussi bien être un garçon qu'une fille, ou alors une bête d'une espèce étrange, tous deux s'agitaient dans l'eau, il était dur de saisir à qui appartenaient ces bras, ces jambes ou cette tête. On entendait seulement des gémissements, des voix animales braillant des mots confus : les feux d'artifice éclairaient par intermittence leurs lamentations orangées.

Le soir du carnaval, Minuccia s'était jetée sur Uvaspina et lui avait présenté l'étendue noire de la mer de Posillipo, dont dans la nuit on n'aurait su dire s'il s'agissait d'une mer ou d'un manteau de velours sombre en mesure d'avaler toute chose. Elle voulait enfoncer la tête de son frère sous l'eau jusqu'à ce que les petites bulles cessent de gargouiller. Au début, Uvaspina avait souhaité que Minuccia fasse vite, qu'elle en finisse une fois pour toutes. Cependant, sous l'eau, il s'était découvert une force d'homme mûr et avait décidé qu'il ne boirait pas de nouveau la tasse, comme le jour lointain de la confirmation de sa sœur. Ils avaient roulé sur le sable, unis dans une forme indémêlable et effrayante. Tour à tour, ils se jetaient l'un l'autre dans la mer, s'en arrachaient et s'empoignaient, puis retournaient à l'eau noire.

Les gars avaient ceinturé la fille car elle semblait la plus forte, ils l'avaient vue maintenir la tête de l'autre personne sous l'eau pendant un temps interminable. Mais elle était sauvage : elle leur avait hurlé qu'il y avait assez de flotte pour tout le monde, elle leur avait demandé s'ils voulaient boire un coup eux aussi et avait essayé de les enfoncer dans la mer.

Un gars plus robuste avait réussi à l'arracher à son adversaire, mais ensuite ils avaient dû s'y mettre à trois pour l'immobiliser. Uvaspina était resté pantelant sur le sable. Cette fois encore, malgré la résistance qui lui était née dans la poitrine, il avait bu la tasse : il passerait la nuit à éternuer de l'eau de mer et à se souvenir d'une journée de bien des années auparavant, où il avait mangé du carpaccio d'espadon.

Antonio s'était tenu à l'écart jusque-là : quand il s'approcha d'Uvaspina, celui-ci ne le vit pas, ses yeux pleins d'eau furent incapables de reconnaître les yeux vairons d'Antonio dans la pénombre. Ce dernier s'en rendit compte, et ainsi il disparut de la vie d'Uvaspina : il l'avait remis au monde une fois en l'attrapant par la cheville ; deux fois, ce n'était pas possible.

Le lendemain matin, Pasquale Riccio, informé de l'affaire, s'était creusé la cervelle pour ne pas que Naples apprenne que sa fille était folle.

À présent, la Dépareillée n'était plus là pour dire que Minuccia allait bien et qu'on pouvait la maîtriser avec deux formules de Nunzia Cul-de-Traviole, des superstitions dignes de l'époque de Masaniello.

Minuccia avait souhaité parler à son père en secret, Uvaspina ne devait pas entendre : elle l'avait traîné dans la ruelle et lui avait tout expliqué. Elle lui avait dit pour Antonio et Uvaspina, Antonio couchait avec Uvaspina, mais c'était son frère qui le cherchait parce qu'il avait la rage contre elle. Quand elle avait affirmé cela, les yeux cernés de violet, elle lui avait rappelé la Dépareillée, et Pasquale Riccio avait éprouvé une douleur sourde et confuse.

Il était médusé. Les propos de Minuccia avaient une étrange résonance. Il repensait aux semaines passées à la maison en tête à tête avec Uvaspina, à certains soirs où son fils rentrait tard sans dire d'où il venait. Il s'était souvenu du soir où il l'avait croisé dans le couloir : pour la première fois, il l'avait regardé comme une créature voluptueuse et lascive, il avait étudié sa chair et découvert son bleu, si visible. Non, pas un bleu, mais un suçon reproduisant le contour des lèvres d'Antonio. Il avait instinctivement porté une main à son front, mais tâché de garder le contrôle : ce ne pouvait pas être vrai, et d'ailleurs, ça ne l'était pas, avait-il conclu.

Minuccia parlait et se plaignait. Brusquement elle avait sorti un paquet de Merit de son sac et en avait allumé une, et en voyant sa silhouette à contre-jour, Pasquale avait pensé à la Dépareillée qui s'était jetée sur les rochers alors que lui-même avait encore la braguette ouverte, et il avait décidé de ne pas la croire : Antonio, s'abaisser à faire des pédaleries, pensez-vous, allez savoir ce que sa fille avait vu, elle avait toujours été dérangée et ses caprices avaient tué sa mère.

— Je le sais, que c'est la faute d'Uvaspina, parce que ces types-là peuvent pas se marier, mais vire

Antonio du cercle parce que tu peux pas lui faire confiance, avait exigé Minuccia.

Son père lui avait répondu d'une voix paisible :

— T'as raison, demain on mettra quelqu'un d'autre à sa place.

Il réfléchissait déjà à comment arranger cette histoire. Antonio ne bougerait pas d'un millimètre de sa place de président. Pasquale ne retournerait pas se rouler dans la merde, il ne voulait plus entendre parler du cercle, et Antonio y était très bien. Il s'alluma une de ses cigarettes, les bonnes, en pensant qu'il préférerait rouvrir la tombe de sa femme plutôt que s'emmerder encore à danser la tarentelle pour le cercle. Ça suffisait comme ça. Il avait aspiré une grande taffe, qui lui avait provoqué une quinte de toux catarrheuse.

— On y va de suite parler à Antonio, papa ?

Minuccia le regardait avec une expression vide qui le blessait, car ce jour-là la fille était le portrait craché de la mère.

— Non, on ira demain, là je monte passer des coups de fil aux membres du cercle pour préparer son remplacement. Je viendrai te chercher demain matin pour qu'on aille parler ensemble à ton mari.

Dans l'escalier de l'immeuble, la décision de Pasquale Riccio était déjà prise. Si on lui demandait où était sa fille, il répondrait : « Elle est hospitalisée, elle est enceinte et elle a une grossesse à risque. » Comme ça, personne ne lui péterait les couilles, au moins pendant un temps, et personne n'aurait de malepensées sur Antonio.

Il avait téléphoné à son gendre.

— Allô ?

La voix d'Antonio était étranglée, formelle et gênée.

— Écoute, je veux pas te faire perdre de temps. T'es au courant pour ta femme, pas vrai ?

Il n'arrivait pas à chasser l'image d'Antonio et Uvaspina ensemble de son esprit.

— Qu'est-ce qu'il y a ?

— Elle va pas bien, Antò.

Antonio avait toussoté.

— Oui, je sais.

Pasquale Riccio avait encore pensé au suçon sur la peau d'Uvaspina et une nausée rance lui était montée à la gorge. Il avait sorti une cigarette de sa poche.

— Si tu m'y autorises, je vais l'emmener à Leonardo Bianchi.

— Je ne m'y oppose pas, avait répondu Antonio de cette voix qui n'était toujours pas la sienne. Vu la situation, ça me paraît la meilleure solution.

Pasquale Riccio avait imaginé Antonio écarter un peu le combiné de son visage et jeter un regard lâche à Minuccia : en proie à un agacement insidieux, il avait raccroché.

Sa décision était prise, de toute façon.

Minuccia arriva à l'hôpital Leonardo Bianchi le lendemain vers l'heure du déjeuner et, par chance, elle avait déjà mangé, car ce qu'elle vit dans les assiettes des autres l'écœura : une substance jaunâtre qui lui rappelait la pâte de son gâteau de mariage. Il s'en dégageait une odeur d'oignon et elle s'efforça de ne pas penser à la Dépareillée, qui aimait tant la sauce *genovese* et n'en mangerait plus jamais.

Dans le couloir, des filles aux dents noires et aux cheveux couleur d'étoupe étaient attachées à un radiateur ; elles se moquaient d'elle en la montrant du doigt. « Vise-moi un peu la princesse de mon cul », faisaient-elles en indiquant la petite robe de Minuccia, celle avec la jupe bouffante. Minuccia ignorait que c'était la dernière fois qu'elle la portait.

L'hôpital Leonardo Bianchi n'était pas un lieu, mais plutôt une sorte d'oiseau mythologique à cinq ailes ; Minuccia apprit rapidement leur nom : Tranquilles ; Semi-agités ; Sales-Idiots-Paralytiques-Épileptiques ; Agités ; Vieux et Enfants.

À côté des bâtiments se trouvait une statue bleue et lumineuse de la Vierge. Minuccia repensa à ce que la Dépareillée lui disait toujours : « Que la Sainte Vierge soit avec toi, petitoune », mais dans cet endroit, la Vierge ne pouvait pas l'accompagner.

Il était quatorze heures trente lorsque Minuccia entra dans l'aile « Vieux et Enfants », et quand la foltoupie comprit que son père l'avait grugée, Pasquale Riccio était déjà reparti.

Elle passa la journée du lendemain attachée à un radiateur à regarder l'aéroport de Capodichino par la fenêtre : de là partaient des avions qui décollaient et s'élevaient dans le ciel, ils prenaient leur élan et volaient comme la ficelle de la foltoupie.

Autour d'elle, des gamines griffaient les murs, d'autres la regardaient sans jamais ciller, d'autres encore s'étaient retrouvées là après avoir bu un flacon d'acétone.

Minuccia sentit sa peur se concentrer tout entière sur sa nuque, froide et visqueuse.

Elle prit l'habitude de se cacher dans les chambres mortuaires et d'imaginer des histoires à côté des lits qui conservaient encore la forme des personnes qui avaient crevé à l'étage au-dessus : là, en dessous, à la morgue, où personne ne pouvait la trouver, elle fixait les murs grisâtres et voyait les murs du salon de l'appartement de Chiaia.

Elle ne sentait plus l'odeur de pisse des couches de ses compagnes et des vieux, mais un parfum maternel tabagique, qu'elle humait avidement en souvenir. Minuccia se remémorait les mercredis où sa mère faisait semblant de mourir et elle mordait les oreillers où la tête des cadavres avait reposé.

On découvrit cette petite manie de la foltoupie et on l'avertit que si elle continuait, elle finirait dans le mixeur. Ce qui arriva effectivement deux semaines après : ce jour-là, la foltoupie sut ce que l'on ressent au moment où l'on meurt.

C'était vraiment comme être dans un mixeur où son corps était secoué tout entier : l'électricité était semblable à un vent de terre sec et chaud qui pénétrait dans ses reins, dans sa colonne vertébrale, et même dans sa fente.

Minuccia, les yeux chavirés, voyait tout en blanc : dans les lames du mixeur, elle reconnaissait les mains de sa mère, une tache de naissance en forme de grain de raisin, Carlo Di Martino, des yeux vairons. Puis, quand l'eau se mettait à tourbillonner et qu'une voile bleue apparaissait, en général elle s'évanouissait et ne voyait plus rien. Elle se réveillait mouillée d'urine : dans le meilleur des cas, elle était sur son lit, sinon sur un sommier dont les fils métalliques lui égratignaient les cuisses.

Une fois, elle se réveilla pendant la nuit : sa chair vibrait et bouillait encore, comme habitée par la Solfatara et tous les champs Phlégréens. Elle chercha le grain de raisin dans le lit d'à côté et ne le trouva pas : elle l'avait vu dans l'électricité, dans les prières, dans les yeux de la Vierge inutile placée en face de son pavillon, dans les dents pourries de ses camarades. Elle se palpa tous les os, du cou jusqu'au pubis, comme pour en faire le décompte et s'assurer qu'elle vivait encore : ils étaient effectivement toujours là, mais de la foltoupie il ne restait plus rien. Elle ouvrit la fenêtre : sa chambre était au premier étage, mais elle se foutait de s'éclater la tête comme une nectarine, et même ce serait préférable.

Dans la cour de l'hôpital Leonardo Bianchi, il y avait de l'herbe et l'air frais de l'automne, la lune rousse était celle qui caressait aussi Mergellina.

Minuccia marcha, marcha encore, un pied devant l'autre, et s'étonna d'être capable de le faire. Si la foltoupie savait marcher, elle était encore vivante. Derrière elle avançaient les surveillantes, en silence. D'ici peu, elles la rattraperaient pour la remettre sur son étagère comme une poupée de chiffon. Minuccia avança, heureuse de sentir le contact de l'herbe sous ses talons nus.

Un parfum de fruit douceâtre, de peur et d'enfance manqua de la faire tomber à genoux, et elle pensa que cet endroit lui avait vraiment bouffé le cerveau.

— Minù ?

Uvaspina se tenait de l'autre côté du portail, il avait la face pâle de qui a oublié ce qu'est le sommeil. La tache sous son œil gauche paraissait plus claire, comme lavée et décolorée par les innombrables larmes.

Cet appel l'inonda d'une douceur qu'elle n'avait jamais connue, comme si tout le jus pressé avait fermenté et était devenu nectar divin. Si cette voix l'appelait, la reconnaissait, alors le mixeur ne l'avait pas avalée pour toujours.

Minuccia s'élança vers Uvaspina : elle chercha son visage, sa tache de naissance, de la même manière qu'elle avait cherché la voile dans le plomb, lequel avait fondu et s'était transformé en barreaux de l'asile.

Le frère et la sœur se regardèrent et tendirent les mains l'un vers l'autre à travers le portail. Pour eux, le métal n'était plus rien.

NOTE DE L'AUTEURE

J'ai rédigé l'essentiel de ce roman dans le vicoletto San Giorgio ai Mannesi, à Naples.

J'ai passé l'été 2021 à écrire dans le quartier de Forcella : je me réveillais déjà en nage, je braquais le ventilateur sur mon visage et retournais auprès d'Uvaspina, de Minuccia et de la Dépareillée. J'ai fumé une quantité honteuse de cigarettes, j'ai attrapé une bronchite et j'ai pleuré en écoutant Enzo Avitabile, dans une petite chambre donnant sur le *San Gennaro* de Jorit.

J'ai vécu l'écriture de ce roman dans un état de grâce terrible et de cruauté : Anna Maria Ortese parlait de la mer comme dépaysement, et Naples est tout ce qui parvient à me rassurer et à me désorienter.

L'intégralité de ce livre est le fruit de ce dépaysement et de cette névrose.

Naples écarte les jambes, elle m'accouche et me remet au monde, avec naturel et méchanceté. Naples m'a rendue femme et gitane, familière et étrangère, animale et aliénée à moi-même, Naples ne connaît pas le temps, car tout dans cette ville a une durée millénaire et instantanée : quand je respire à Naples, je respire le sang des siècles et aussi celui de demain.

Quand j'allais fumer sur le balcon entre deux paragraphes, j'avais l'impression de revivre la même journée à l'infini. Je n'ai jamais imaginé le temps à Naples déroulé sur une ligne droite, mais concentré à un endroit où un univers entier se tient recroquevillé, prêt à éclater d'un instant à l'autre et à tout éclabousser de son encre noire de calamar.

Dans cette ville, la chronologie n'existe pas, tout est perte de l'orientation, sombre et lumineuse à la fois. Anna Maria Ortese dit encore : « Ici, la mer ne baignait pas Naples. Dans les ténèbres de cette fosse ne brillait que le feu du sexe, sous le ciel noir du surnaturel[1]. »

C'est précisément en vertu de ce dépaysement que j'ai pris quelques libertés narratives et chronologiques. Par exemple, la procession des flagellants à Guardia Sanframondi se déroule en août ; je l'ai déplacée de quelques semaines. J'espère que tout le monde me pardonnera, mais dans mon esprit, les choses devaient se passer exactement ainsi. Le même procédé se répète à d'autres endroits du texte, où la fiction et la réalité se mêlent pour adhérer à ma seule vérité, à mon dépaysement personnel, à la cruauté si douce que j'ai éprouvée en écrivant chacune des lignes de ce roman, qui m'a donné tout l'amour possible.

Ce roman qui porte toute ma faim d'amour, l'amour désiré et l'amour refusé.

1. Trad. Louis Bonalumi.

REMERCIEMENTS

« Pourquoi je suis née avec cette manie de l'écriture ? Je n'aurais pas pu être une enfant normale ? » Je te demandais toujours cela, maman.

Je participais en cachette à des concours littéraires pour enfants, puis je refusais d'aller aux remises de prix, par peur que les autres me détestent encore plus. J'ai passé mon enfance à me cacher, je n'ai trouvé le courage de dire à voix haute « J'écris » qu'au lycée. Ce remerciement est pour toi, maman, car tu m'as donné le courage de sortir de l'ombre, tu m'as aidée à arrêter de toujours me placer une marche en dessous des autres. Tu m'as aidée à ne pas avoir peur de ma lumière, à ne pas la réprimer pour mieux la faire sentir aux autres. Pour toutes les fois où j'ai pleuré au téléphone avec toi, à mille kilomètres, pour les fois où je redeviens une gamine qui se ronge les ongles jusqu'au sang. Pour toutes les fois où j'ai eu peur de te perdre : maman, reste encore avec moi et viens me chercher chaque fois que je me cache.

Papa, à dix-huit ans je suis partie vivre toute seule dans le centre-ville de Naples. Tu m'as emmenée au pied de la statue de Garibaldi et tu m'as dit qu'à présent je devais me débrouiller toute seule. Pour toutes les fois où tu m'as montré le quartier de la Sanità et le vicolo Santa Maria Antesaecula, celui-là même où tu habitais quand tu étais jeune, pour toutes les fois où nous avons regardé jusque tard les comédies d'Eduardo De Filippo et les films de Luciano De Crescenzo, pour tes larmes à la mort de Maradona et quand je t'ai lu l'incipit d'*Uvaspina*. Pour la fois où tu m'as accompagnée à Turin et où nous nous sommes séparés en sanglotant. Mon papa, qui a le même visage que moi, moi qui semble sortie de ton ventre tant notre ressemblance est frappante, pour toi qui quand tu regardes le Vésuve redeviens un petit enfant, un *scugnizzo* que j'aimerai pour toujours.

Donatella, ma sœur, celui-ci est pour toi : tu m'as appris le courage, la force qui naît de la douleur. Tu as beaucoup souffert dans ta vie, tu as dû faire face à des événements terribles, je n'ai pas une once de ton courage. Pour toutes les fois où je me suis projetée en toi, pour les fois où tu as écouté mes pleurs, pour celles où on s'est perdues puis retrouvées. Même de loin, je te chercherai. Mon reflet spéculaire, ma joie. Même de loin, je reconnaîtrai ton nom. Garde-moi toujours, ma sœur, garde-nous toujours, la petite Mely et moi.

Melissa, grand amour de ma vie, ma petite sœur, beauté, délice et merveille. Tu es née le 10 juillet 2003 et tu es ma miniature. Tu es ma chair, le feu, le sang, tu es tout ce qui me tient en vie, tu es la créature la plus lumineuse que j'aie jamais connue. Petite Mely, avec tes tresses et tes lunettes, petite Mely qui apprends à marcher, petite Mely que j'ai bercée dans mes bras, petit être humain que j'ai endormi dans son berceau, petite sœur étoile et papillon, astre minuscule de jeux et de chansons. Je t'aime comme de ma vie je n'aimerai aucun être humain.

Chiara, mon âme pour toujours. Tu es la meilleure amie dont j'aurais pu rêver. Tu es le courage, la crevardise, la force, la musique, l'art et les rires qui nous unissent au fil du temps. Femme fantastique tout en fantaisie et en venelles, sirène des quartiers et du soleil. Je ne suis jamais seule parce que tu es là, et chacun de mes succès porte aussi ton nom. Tu as toujours été avec moi, même quand je n'étais rien. À toi, qui as vu naître *Uvaspina* et l'as aimé avant moi. Tu es mon sang-mêlé, tu es l'amitié au-delà de tout, et ce soir je lève mon verre à ces deux adolescentes assises sur la piazza San Domenico, à Naples : il est temps de les prendre dans nos bras et de leur dire qu'elles avaient raison.

À Maddalena, amie douce et fidèle, Maddalena, toi qui m'as appris la beauté de n'être rien et m'as donné une demeure dans ton âme. À toi qui m'as ramassée sur le bord de tant de routes et m'as ramenée à la maison.

À Elisabetta, qui m'a ouvert la porte de chez elle et de son cœur. Amie de tous les jours, compagne quotidienne, souffle de chacun de mes pas à Turin. À toi qui m'as prise par la main : je voudrais que tout le monde ait une amie comme toi.

À Genny, tatie Filomena, tonton Luigi, Mariagrazia et mamie Lina : à vous qui m'avez appris la vie rude et pénible des campagnes du Cilento. À tonton Luigi, qui n'est plus là et est parti injustement, trop jeune : je t'avais promis que j'y arriverais. À mamie Lina, qui ne parle plus : tu me souris toujours avec les yeux.

À tatie Filomena, l'autre. De ton vivant, tu me disais toujours qu'un jour tu lirais un de mes livres. J'espère que tu es fière de moi, où que tu sois.

À Betty, pour l'écriture et l'amitié que nous avons partagées. À notre vie à la Casa dei Guaglioni, qui a été heureuse.

À Carmen Prestia, mon agente. Nous nous sommes rencontrées un jour de mai, puis nous sommes revues un matin du début d'été, je portais une longue robe noire, un rouge à lèvres bien rouge et je montais sur une estrade pour dire à l'assemblée que tous les mercredis soir, Uvaspina et Minuccia attendaient la mort de leur mère. Tu n'as pas seulement été une agente pour moi, tu as été une amie, une mère, une confidente ; tu as été la personne qui a cru en *Uvaspina* dès le début. Je t'en serai toujours reconnaissante, de tout mon cœur.

À Giulia Ichino, merveilleuse éditrice. À toi qui, avec ta délicatesse et ton enthousiasme, as su illuminer chaque ligne de ce roman. À toi qui as pris soin d'*Uvaspina* avec un amour et un professionnalisme immenses.

À Beatrice Masini, Antonio Franchini et toute la famille Bompiani. Merci pour votre confiance en ma créature, du fond du cœur.

À Alessandra Maffiolini, gentille et fantastique réviseuse. À toi qui as manipulé *Uvaspina* avec joie, harmonie et sérieux, me faisant sentir toute ta chaleur et ton immense talent.

À Andrea Tarabbia, qui a été le premier à lire les quarante premiers feuillets d'*Uvaspina*. Merci d'avoir cru en moi, tu as été le meilleur maître que j'aie jamais eu.

Enfin, à A., mon ex.

Je ne devrais peut-être rien écrire sur toi, car nous nous sommes quittés il y a deux ans, mais sache que chaque ruelle de Naples porte ton nom, chaque pierre résonne de l'amour que nous nous sommes donné. Je n'ai jamais aimé comme je t'ai aimé : tu as été ma famille, mon tout, mon compagnon.

Ce roman contient beaucoup de notre amour : même s'il est fini, il s'est transformé en chaleur heureuse qui irrigue ma peau, et en vent du golfe, en brise qui m'ébouriffe les cheveux quand je m'assieds sur les rochers à Mergellina.